少数民族大学生就业创业的

内生与外化

主编　杨如安

参编　刘　耀　肖泽平　史玉丁　赖　昀　王　宇　潘中多　周丹丹

西南师范大学出版社
国家一级出版社　全国百佳图书出版单位

图书在版编目(CIP)数据

少数民族大学生就业创业的内生与外化 / 杨如安主编. — 重庆 : 西南师范大学出版社, 2020.1
ISBN 978-7-5697-0026-8

Ⅰ. ①少… Ⅱ. ①杨… Ⅲ. ①少数民族 - 大学生 - 职业选择 - 研究 - 中国 Ⅳ. ①G647.38

中国版本图书馆CIP数据核字(2019)第285757号

少数民族大学生就业创业的内生与外化
SHAOSHU MINZU DAXUESHENG JIUYE CHUANGYE DE NEISHENG YU WAIHUA

杨如安　主编

责任编辑: 钟小族
责任校对: 鲁　艺
装帧设计: 观止堂_ 朱璇
排　　版: 重庆大雅数码印刷有限公司·夏洁
出版发行: 西南师范大学出版社
网址:http://www.xscbs.com
地址:重庆市北碚区天生路2号
市场营销部:023-68868624
邮编:400715
印　　刷: 重庆市正前方彩色印刷有限公司
幅面尺寸: 185mm×260mm
印　　张: 15
字　　数: 294千字
版　　次: 2020年5月 第1版
印　　次: 2020年5月 第1次印刷
书　　号: ISBN 978-7-5697-0026-8

定　　价: 59.00元

前言

在教育部民族教育发展中心的支持下，2014年，全国民族教育研究重大项目“以‘产城教融合’推动少数民族大学生就业创业的实证研究”（课题号：mjzxzd1409）获准立项。课题组通过调查研究、文献分析、理论建构、案例解剖等方法，构建了产城教融合的理论体系，形成了产城教融合理念、产城教融合就业、产城教融合创业、产城教融合结果四类典型案例。

课题组把少数民族大学生的就业创业现状作为研究的起点。这里主要选取了位于民族自治州的17所高职院校进行调查，发现这些高职院校的生源情况为：少数民族学生占全校学生的60%，女生数多于男生数，省内学生数高达88%；就业情况为：就业率逐年提高且以省内就业为主，创业率不高且典型案例的社会影响力不足。究其原因，是民族地区高职院校的专业结构与区域经济发展对接不充分，与当地城镇化建设结合不紧密，致使民族地区的产业和城镇化建设“招不到”熟悉本土文化、具有本土情怀的人才，而少数民族大学生又“找不到”合适的工作，出现结构性矛盾。因此课题组认为，少数民族大学生的就业问题不能只盯在“出口”环节，更要注重“培养”环节。最后，课题组经过认真分析，认为就业是“出口”环节，而产城教融合是“培养”环节。做好了“培养”环节，“出口”环节就顺畅，所以产城教融合的“培养”环节是“内生”的过程，而就业的“出口”环节是“外化”的展示和新的起点。

课题组把产城教融合发展的理论构建作为研究的理论支撑。项目以系统理论的视角，综合少数民族大学生就业创业的相关要素，统筹“产教融合理论”、“产城融合理论”、“城教融合理论”、“三螺旋理论”等相关理论，结合少数民族大学生就业创业的客观情况，依托少数民族地区产业、新型城镇化和高等职业教育的内在关系，提出了产城教融合理论。通过高职教育、区域产业、新型城镇化建设三者之间的互动与共荣关系，实现少数民族地区经济与社会发展、民族文化传承与创新、少数民族大学生就业与创业。

课题组把产城教融合发展的田野调查作为研究的数据支撑。按照课题组成员分工，5个小组分别对和田师范专科学校、新疆维吾尔医学专科学校、保山学院珠宝学院、滇西科技师范学院、重庆旅游职业学院、重庆经贸职业学院、铜仁职业技术学院、黔东南民族职业技术学院、桂林旅游学院、青海畜牧兽医职业技术学院等10所院校及其周边的产业、城镇进行了调查研究，从生源分布、专业布局、课程设置、政策导向、市场需求、就业质量、创业情况七个方面进行了资料搜集与数据统计，总结了这些高职院校与所在地区的产业、城镇融合得比较好的做法，为本研究提供了典型案例。从调查看，这些高职院校普遍存在专业设置陈旧保守、僵化固定，缺乏灵活性，不能与产业发展、城镇化建设协同共进等问题。高职院校与地方优势产业的龙头企业交流不畅，对城镇化建设的参与较少，为少数民族大学生创造就业渠道与建设创业平台不足。少数民族大学生就业观念缺乏前瞻性，对产业发展与城镇化建设需求的感知度较低。现实社会中的就业导向与创业氛围不利于少数民族大学生的就业创业，少数民族大学生与汉族大学生之间的人为划分较为明显，使得少数民族大学生在就业创业中处于劣势地位。

课题组把产城教融合发展的典型案例作为研究的重要成果。课题组运用产教融合、产城融合、城教融合、三螺旋等理论对调研的问题进行了总结、分析，形成了四类产城教融合发展和推进就业创业的典型案例。第一类是贵州铜仁职业教育集团案例，由贵州铜仁职业技术学院牵头，铜仁地区的10所中职学校组建职业教育集团，形成与中职学校所在的区域产业相配套，所在区域政府为支撑，资源重组、错位发展，作为产城教融合理念的典型案例。第二类是新疆和田的新疆维吾尔医学专科学校与麦迪森维药企业合作案例。麦迪森维药企业是新疆维吾尔医学专科学校毕业生创立的，既是该校学生的重要教学实验基地，又是该校毕业生重要的就业基地，是边疆少数民族大学生产城教融合就业的典型案例。第三类是云南保山学院宝玉石鉴定与加工专业学生创业案例。该专业培养了四届高职三年制的毕业生114人，其中有50人自主创业，创业率达到44%，每年的创业比例持续增加，原因是专业结合产业优势，加强学生的创业能力培养，是少数民族大学生产城教融合创业的典型案例。第四类是重庆彭水的蚩尤九黎城与重庆旅游职业学院合作推进少数民族大学生就业和高校共同发展案例。蚩尤九黎城是彭水县新建设的4A级景区，景区建成后，缺少城市依托，缺少城市管理和旅游经营的人才，于是与重庆旅游职业学院联合培养具有本土情怀的少数民族人才，实现了产业、城镇化建设、旅游教育三方受益，是产城教融合发展促进三方受益的典型案例。这四个案例分别从产城教融合理念、产城教融合就业、产城教融合创业、产城教融合结果四个方面论证了课题的研究价值。

课题组把产城教融合推动少数民族大学生就业创业的对策作为研究的终点，提出以政府为主导，建立产城教融合发展的框架；以产业为引导，发挥产教融合的带动作用；以城镇为依托，增强城镇对人才的吸纳能力；以学校为主体，夯实学校教育的基础作用；以学生为主位，激发学生自身的能动作用。

产城教融合发展的研究才刚刚起步。对于推动少数民族大学生的就业创业能力提升，我们还只是从高职院校这一个类型去做了一些研究，还不能代表全部大学，还需要对各个不同类型的大学继续深入研究。

杨如安

2019年10月

目 录

绪　论

第一节　研究缘起：民族地区少数民族大学生就业创业困境

民族地区少数民族大学生的就业状况，关系到千千万万少数民族大学生自身和少数民族家庭的切身利益，关系到少数民族地区和族群的发展权益与未来前程，更关系到国家政治稳定、经济发展和多元文化兴盛的宏伟事业。与汉族大学毕业生相比较，少数民族大学毕业生在就业创业方面因其特殊性显得更加困难。分析与探讨少数民族大学生就业创业中存在的问题与解决途径，具有较强的现实意义和实践价值。随着我国经济结构调整、地方产业升级以及城镇化的不断推进，民族地区出现城镇“招工难”与大学生“就业难”的两难困境。一方面，尽管受语言、饮食、生活习惯和民族文化等影响，少数民族大学生本人及其家庭更倾向于就近就业或创业，但由于民族地区就业政策吸引力不足，产业结构、城镇规划与大学毕业生所受的高等教育之间不能很好地匹配，民族地区的少数民族大学生想留留不了；另一方面，民族文化传承人老龄化甚至传承失人，找不到适合的本民族传承者，民族文化产业难以吸引和接纳更多的大学毕业生，城镇转型发展所需要的人才想留留不住。产业发展、城镇建设与教育转型之间的矛盾十分明显。

2014年5月，国务院印发《国务院关于加快发展现代职业教育的决定》，明确了加快发展现代职业教育的指导思想、基本原则、目标任务和政策措施，提出“到2020年，形成适应发展需求、产教深度融合、中职高职衔接、职业教育与普通教育相互沟通，体现终身教育理念，具有中国特色、世界水平的现代职业教育体系”。同年6月，教育部等六部门又联合印发《现代职业教育体系建设规划（2014—2020年）》，进一步明确了中国特色现代职业教育的体系架构，即“现代职业教育理念深入人心，行业企业和职业院校共同推进的技术技能积累创新机制基本形成，职业教育体系的层次、结构更加科学，院校布局和专业设置适应经济社会需求，现代职业教育的基本制度、运行机制、重大政策更加完善，社会力量广泛参与，建成一批高水平职业院校，各类职业人才培养水平大幅提升”。十九大报告中也明确提出“完善职业教育和培训体系，深化产教融合、校企合作”的要求。因此，将民族地区、职业教育、大学生就业等各方因素结合起来思考如何解决各方发展中的问题，为本书的研究提供了一个新的思路。

鉴于上述现实需求和政策导向，全书基于产教融合、产城融合、城教融合的新思维，以产业为载体，以城镇为依托，以职业教育为手段，将“人”作为产、城、教三方的联结点，实现教育、产业和城镇之间的融合，寻求提高少数民族大学生就业创业能力的新途径。基于这一新的思考方式，本书将着力解决“如何通过实现城镇规划、产业发展与教育转型之间的融合提升少数民族大学生就业率”这个问题。为此，课题组成员自2014年11月起，着手进行了大量的文献研究、田野调研和分析论证等工作。在理论构建方面，课题组试图对产教融合理论、产城融合理论、城教融合理论、三螺旋理论等相关理论进行分析整理、融合构建，以期形成“产城教融合理论”的框架。在实地调研方面，课题组深入云南、贵州、广西、重庆、新疆，对10所高职院校、6个产业地区进行田野调查，总结他们在产城教融合与就业创业方面的经验与体会，并形成调研报告。在实践应用方面，相关研究成果形成一系列政策建议，被政府相关部门采纳后，尝试将研究成果在高职高专定点院校进行实验。本书正是这些理论与实践成果的集中展示，既包括理论建构的成果，也有不少田野调查的实证案例分析，力图以产城结合、产教结合、城教融合形成的“产城教融合”理论为指导，在少数民族地区的产业、地方、高等学校三者之间实现良性互动、无缝对接，使研究成果既能促进产业的发展，又能推进城镇化建设与服务，还能推进高等学校的教育改革，提高少数民族大学生的就业率，使产、城、教三方都能受益。

第二节　国内外研究现状

一、大学生就业创业问题研究

（一）大学生就业创业研究的纵向梳理

就业和创业本是两种相关的社会现象。广义上，创业是就业的一种。因此，本研究不对就业创业做分开论述。对大学生就业问题的讨论由来已久,它随着我国经济结构的调整、国家政策的变迁以及大学毕业生就业形势的变化而逐渐成为研究热点。最初的相关文献多属于中外比较研究,主要研究国外大学生的就业状况及其对我国高等教育的启示。到20世纪80年代末,始出现探讨我国大学生就业问题的专题学术论文,其研究多集中在大学生就业心理和性别等问题造成的小范围大学生群体就业困境上。其原因在于当时我国大学毕业生就业主要由国家统一分配,大学生就业困境不具备普遍性、时代性和代表性;也正是由于研究范围较小,在当时并未引起学术界的太多关注。当然,这种状况并没有持续太久,随着国家就业政策逐渐发生变化,学术界的关注点也在慢慢转变。

其实,早在1984年上海就开始试验大学生毕业分配的"双向选择"。到大学生就业政策的调整在全国范围内广泛施行,学术界对大学生就业问题才开始普遍关注。到了20世纪90年代,高等教育逐渐从中华人民共和国成立后的"稳定规模"进入"适度发展"时期,此时国家经济体制深化改革开始进行。由于产业结构的调整,社会对高校毕业生的需求和大学生的就业观念发生了很大的变化。90年代,大学生就业问题的探讨多集中在对大学生就业"供需"模式的调试、大学生就业观念从被动向主动的转变、就业指导工作从组织(高校)对组织(政府)的接洽转向组织(高校/用人单位)与个人(大学生)的互选等方面。到90年代末,社会主义市场经济体制进一步发展,大学生就业制度改革正式启动。大学生进入市场进行自主择业,于是探索大学生的自由择业模式和就业指导制度成为这一时期的焦点。从心理学、人口学(性别、生源地、地域等)、学科专业等方面探究大学生就业困境成为研究的趋势。进入21世纪,这一研究领域的学术论文每年以百篇计。

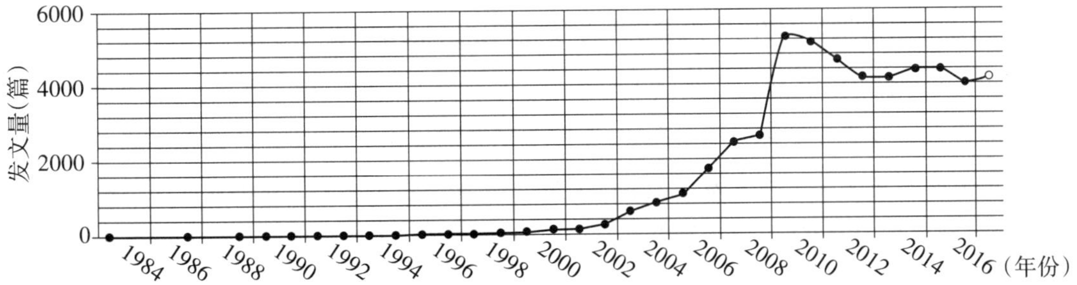

图0.1　大学生就业文献计量可视化分析图

1999年,高校扩招以后,人们对大学生就业问题尤为关注。从2002年到2003年的短短一年间,探索大学生就业问题的学术论文陡增,从200多篇增加到600多篇。此后,这方面论文的数量大幅度增长,2005年突破4位数,峰值出现在2009年和2010年,论文数达到5000篇以上,之后基本上稳定在不低于4000篇。截至2017年10月,期刊网上收录的关于大学生就业问题的学术论文达到40000余篇,当之无愧地成为学术界最受关注的研究主题之一。

在对大学生就业问题的已有研究进行纵向梳理的过程中，我们发现最初对大学生就业现象的研究比较单一，并没有将创业问题纳入其中，更谈不上将其视为解决就业问题的重要方式。一方面，这与我国对大学生就业政策的限定和支撑有关；另一方面，也源于绝大多数人——不仅是大学生本人，也包括政府和企业相关人员——都认为大学生群体与创业的相关性甚微。20世纪90年代末专门探究大学生就业创业问题的论文出现，①此后，将大学生就业问题与创业结合起来研究的论文逐年增加。随着国家政策的出台，人们对大学和大学毕业生的认识越来越紧跟市场经济发展的需要，这类论文逐渐成为研究大学生就业问题的重要组成部分。综合图0.1和图0.2来看，关于大学生创业的论文数量与研究大学生就业的论文数量的增幅基本一致，因此本书将两类论文统合起来进行分析。一方面将就业视为创业的总体统计指标，一方面将创业视为就业的一种重要途径。因此，书中第四至第七章的4个实践案例集中体现出两者间的密切关系：好的就业离不开创业的努力，创业是解决就业问题的重要手段；同时，两者之间还有互相促进的关系。

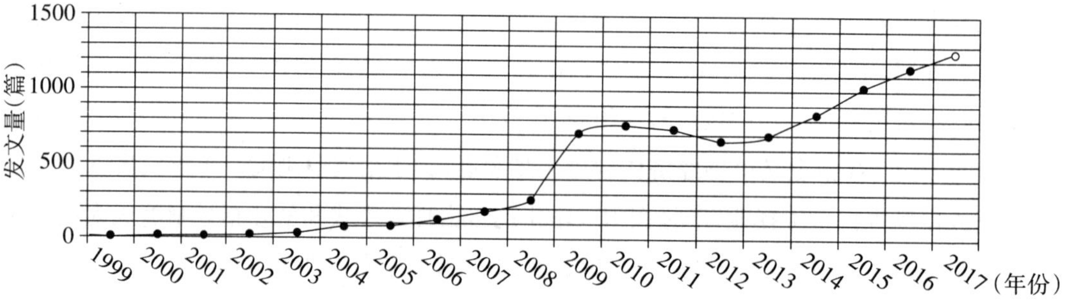

图0.2 大学生就业创业文献计量可视化分析图

（二）民族地区少数民族大学生就业创业的研究视角与研究内容

民族地区少数民族大学生是大学生中一个特殊的群体。就本书而言，这里的特殊性并非指由民族成分带来的不同之处，而是主要强调其地域性、文化心理特性以及由风俗习惯造成的文化身份和主体意识上的差异。少数民族大学生就业创业问题逐渐成为教育学、民族学、社会学等专业学者的研究热点。以下将主要从研究视角和研究内容两个方面对相关文献进行梳理。

1. 研究视角

就研究视角来看，已有研究主要从少数民族大学生的地域、性别、家庭、专业、院校、民族成分等六个方面对少数民族大学生就业问题进行了探讨。

① 高菊生.转变观念，按市场经济规律做好大学生就业工作——高校扩招后的几点思考[J].南通职业大学学报（综合版），1999(04)：80-83.

(1)以地域为区分研究少数民族大学生就业问题。

已有研究主要涉及新疆、内蒙古、西藏、广西、贵州、云南等省区,还包括西北、西南两大地区。此类论文基于一个共同的研究背景,即民族地区少数民族大学生就业形势十分严峻,就业预期不容乐观,因此有必要对民族地区少数民族大学生就业问题予以充分的重视。已有文献对新疆少数民族大学生就业现象的研究最为丰富也最有代表性,比较全面地反映出少数民族学生由于自身原因、地方原因、经济原因、政治原因、文化原因等,在就业质量和就业范围上都不尽如人意。[①]此外,对西北和西南地区少数民族大学毕业生的研究也相对比较充分。[②]可见,就地域范围进行的相关研究,对民族地区划分的范围都比较大,研究较为宏观,尚未覆盖到少数民族聚居的中小城镇;而这些中小城镇的民族院校和民族学生更容易与当地的实际发展情况相对接,这正是本书所要关注的重点。

此类论文还涉及少数民族大学生跨区域流动。已有研究认为,跨区域的各族人口流动应摆在国家发展战略的高度。在实施策略上,有研究认为可通过跨区域流动和迁移,在全国经济结构中各族劳动者均匀分布和相互"嵌入",改变传统以族群为核心的聚居模式。[③]有学者认为,少数民族迁移者在城市民族特色经营的企业中,"亲缘关系"比"民族特色"显得更重要;"民族特色"更有可能脱离"亲缘关系"而成为独立的就业竞争优势。[④]可见,这类研究鼓励少数民族大学生跨区域就业创业,甚至不惜将其与民族特色相分离。这不失为缓解大学生就业压力的一种方式,但对整个民族地区来说,其经济发展并不能很好地利用当地的人力资源,因此不宜作为长久之计。此外,跨区域流动的障碍也有很多。例如,户籍管理制度制约少数民族流动人口就业;少数民族流动人口能够享受的社会保障不明确或被排除在外;劳动力市场障碍,地方和部门对少数民族流动人口存在偏

① 综合参考:刘茹.新疆少数民族大学生就业问题个案调查与分析[J].科技风,2018(14):30;陈举.内地新疆少数民族大学生就业意愿与困难调研[J].中国民族教育,2018(06):35-37;卡米拉·艾合买提,奥斯曼·玉散.少数民族大学生就业意愿调查分析——以新疆大学生为例[J].经济论坛,2017(01):126-129;段杰鑫.新疆籍少数民族大学生就业软实力测评模型——基于雇主需求[J].现代商贸工业,2016(32):81-82;李曦辉,王卓东.以多元化教育推进少数民族大学生就业——以新疆民族教育为例[J].民族高等教育研究,2016(05):60-64+93;徐玮嘉.新疆少数民族大学生就业遭遇与困境的研究[D].石河子:石河子大学,2016.

② 综合参考:高岳涵.西北地区少数民族大学生就业预期研究——基于八所本科院校的实证调查[D].兰州:兰州大学,2016.;高岳涵.西北少数民族大学生就业影响因素的性别差异化研究[J].西北师大学报(社会科学版),2016(03):118-123;陈千柳.少数民族地区双语教育与就业的关联性研究——以阿坝藏族羌族自治州为例[D].成都:西南交通大学,2016.;耿俊茂,张瑞.西南民族地区大学生失业群体就业保障机制探究[J].山东社会科学,2015(S2):230-232.;温爱花,姚辉.西南民族地区高校专业结构与行业就业结构的适应性评价——基于云南省的实证分析[J].民族教育研究,2014(01):35-40.

③ 徐顽强,孙丹.大学生就业地域歧视现象的理性反思[J].黑龙江高教研究,2014(08):64-67.

④ 李玉雄.民族地区大学生就业选择的社会行动视角[J].广西民族大学学报(哲学社会科学版),2010(05):81-83.

见；宗教信仰及思想观念的障碍；语言、习俗方面障碍等等，[①]都让鼓励少数民族大学生跨区域流动的策略变得不太符合实际。有很多研究探讨了如何促进我国少数民族流动人口就业政策的完善，如加强民族团结教育，减少对少数民族流动人口的偏见和歧视；改变少数民族流动人口的负面刻板形象；在全社会普及各民族风俗文化的宣传教育；培育多元共生共荣的文化生态；建立和完善城市少数民族流动人口利益表达机制；积极发展和少数民族流动人口有关的社会组织，形成利益协调社会机制；将少数民族流动人口纳入基本公共服务的覆盖范围；完善社区服务网络等。[②]可见，已有研究基本上没有涉及鼓励少数民族大学生回到生源地或者外地人口留在民族地区就业的情况，而这正是本研究关注的重点，即让民族地区留得住人、引得进人，做好当地产业、城市需求与职业教育相融合的工作，从而从根本上解决民族地区大学生就业问题，并在很大程度上缓解民族人口流动带来的各种社会问题。

（2）以性别为区分研究少数民族大学生就业问题。

少数民族大学生作为一个特殊群体，性别特征是研究其就业状况的一个重要指标。已有研究对少数民族女大学生就业状况的探讨所占比重较大。研究发现，少数民族女大学生存在的问题主要有：自我评价有一定偏差；求职、就业中缺少必要的学习、包装和训练；择业倾向性有待调整；职业技能急需提高。针对这些问题，研究中提出的解决策略有：培养少数民族女大学生的综合素质，塑造复合型人才；调整择业观念；加强基本职业技能的学习和训练；提高外语和计算机的学习能力；培养团队协作精神等。[③]就上述现状和策略来看，已有研究并没有凸显少数民族女大学生相对于男大学生具有的就业上的劣势或优势，她们所面临的就业困境很大程度上具有少数民族大学生或者女大学生就业困境的普遍性。尤其是随着国家鼓励创业就业政策的推行甚至是对少数民族某种程度上的倾斜，性别因素的区分意义较为有限。这类研究有不少比较研究的成果，引介日本、加拿大、美国、澳大利亚等国家少数民族女大学生就业策略，其国别借鉴意义大于性别区分意义。

① 张薇.教育视野下新疆少数民族社会分层流动研究[D].石河子：石河子大学，2013.

② 高岳涵.国内少数民族大学生就业问题研究综述[J].贵州民族研究，2015(09)：225-228.

③ 综合参考：刘敏.少数民族女大学生就业困境破解思路——以北方民族大学为例[J].贵州民族研究，2014(10)：224-227.；马文霞，杨波.南疆少数民族女大学生就业难问题的思考——以喀什师范学院为例[J].喀什师范学院学报，2012(05)：79-82.；丁伟，朱宁明.新疆少数民族女大学生就业出路探微[J].中国集体经济，2016(24)：164-166.；李刚.新疆少数民族女大学生就业影响因素调查与分析——基于塔里木大学的实证调查[J].科教文汇(下旬刊)，2016(04)：144-145+157.；范宏民，朱爱荣，樊磊.新疆少数民族女大学生就业调查分析[J].和田师范专科学校学报，2015(01)：112-115.

(3)以家庭为区分研究少数民族大学生就业问题。

此类论文主要区分了少数民族大学生中的贫困生的家境特征。研究发现,少数民族贫困生绝对数量多、贫困程度重,且主要集中在民族院校、中西部地方院校。他们以家庭经济困难为主要身份特征,多有畏难、悲观失望等情绪。特困生更容易出现自卑和缺乏自信,择业时重实惠、求稳定,有较强的“补偿”和“回报”心理。他们的就业状况多表现为就业成本高,就业过程艰辛,待业时间长。即使能就业,就业层次也大多较低,平均收入较少。尽管这类学生的升学率上升,但就业率却逐年降低,他们的就业期望与就业现实反差极大。不论是现实状况,还是主观意愿,这类学生都更倾向于回到西部偏远地区或生源地就业,去东中部发达地区的就业意愿较低。①此类研究对影响少数民族贫困生就业的原因进行了分析,主要有三个方面:就地区因素来说,经济欠发达,供给的就业岗位偏少;对就读高校而论,专业结构调整滞后,课程学习与就业实际需求的差距过大;基于学生个人而言,择业观念陈旧,择业就业综合素质极为欠缺,又不能很好地规划自己的职业道路,盲目就业情况较为严重。②已有研究提出的对策建议主要集中在对高校和学生两方面的改进策略上,如加强对高校少数民族特困生的理想信念教育;加大就业指导力度;强化少数民族特困生的生存及耐挫折教育;积极开展心理咨询、就业辅导等。③需要注意的是,此类论文在讨论如何解决少数民族贫困大学生困境时,大多没有走出教育领域,主要强调高校或者学生自身提升能力以扩大就业机会,提高就业率。而本书是将解决民族地区贫困大学生就业问题的根本途径放在教育领域之外,结合当地经济产业、城

① 综合参考:阳镇,李炟.民族地区农村大学生就业选择的实证研究——基于人力资本与家庭资本的视角[J].农业部管理干部学院学报,2015(01):85-90;韩燕燕,苏瑜,李志霄.民族地区高校家庭经济困难大学生就业能力调查分析[J].人才资源开发,2017(16):54-56.;辉进宇,褚远辉.云南省边疆民族地区贫困大学生就业思想的现状与对策[J].中国大学生就业,2014(10).;田米香.民族地区贫困大学生就业竞争力存在的问题及原因分析[J].大众科技,2014(06):40-43+10;刘艳.以新农村建设为机遇　促进新疆少数民族大学生就业[J].新疆财经学院学报,2007(02):70-72.;冯用军,赵雪.省域民族农村地区返乡大学生就业状态调查——以河北省为例[J].决策与信息,2017(07):95-112.

② 综合参考:王成,唐仁贵.贵州少数民族贫困大学生如何应对进入企业的挑战[J].河北企业,2015(04):76-78.;夏雪花,陈多宁.贫困大学生就业难问题的思考与对策探讨——以宁夏大学少数民族贫困大学生为例[J].宁夏大学学报(人文社会科学版),2009(05):183-184.;田米香.以思想政治教育促进民族地区贫困大学生就业竞争力提升[J].考试周刊,2014(88):169-171.;辉进宇,褚远辉.云南省边疆民族地区贫困大学生就业思想的现状与对策[J].中国大学生就业,2014(10):40-43+10.

③ 综合参考:王璐.基于心理应激理论的少数民族大学生就业研究[J].青海民族研究,2012(02):63-66.;刘建平,聂曲,刘钰.边疆民族地区大学生就业心理研究的民族视野[J].学术探索,2013(09):76-79.;何世冰.民族地区外语师范类大学生就业心理问题及对策[J].教育教学论坛,2013(10):155-157.;常海亮.新疆高校少数民族大学生就业指导课程建设研究[J].西部素质教育,2017(06):84-85.;马春春.新时期新疆少数民族大学生就业指导工作的几点思考[J].中国科教创新导刊,2014(04):132.;张春燕.加强职业指导　促进少数民族地区高校大学生就业能力的提升[J].亚太教育,2015(18):241-242.

镇建设、教育发展综合解决，针对民族地区贫困、民族学生贫困、城镇产业供需不合理、民族院校专业结构有待调整、学生回到生源地意向明显等突出问题，寻求产、城、教共同发展的解决策略。

(4)以专业为区分研究少数民族大学生就业问题。

此类论文主要研究艺术专业、体育专业、美术专业、商学/金融专业以及师范专业中的少数民族大学生在就业中遇到的问题。研究认为，随着毕业生人数激增、就业双向选择政策不断深化和劳动力市场化机制等多个因素的交互作用，少数民族大学毕业生受教育背景、专业选择和专业知识水平等多个因素的影响，在就业竞争中处于劣势。①不仅如此，高校学科专业结构与区域行业就业结构的适应性不够，地方高校专业的自我发展、专业设置与行业的规模及发展状况不适应，使上述专业的就业前景堪忧。②有研究特别指出，如果少数民族大学生在学科选择和专业成绩等方面较汉族学生都不占优势，必然会在劳动力就业市场上处于劣势地位。这极易激发带有族群背景的民族情绪，有可能对当地的社会稳定和民族关系造成极为不利的影响。③从所涉及的专业来看，此类论文大多关注应用性强、民族特色突出或者实用价值较大的专业的毕业生就业问题。显然，结合学校特色定位，在“双一流”建设中强调优化学科设置和打造特色专业背景下，通过调整专业结构提升民族地区大学生就业率具有很大的研究潜力。这为本书探究高等教育专业设置与当地产业结构和城镇发展规划对接提供了广阔的空间。

(5)以高等院校为区分研究少数民族大学生就业的案例。

已有研究对民族院校的理解有两种：一是以“民族大学/学院”命名的高等院校；二是位于民族地区的院校。以民族大学/学院为案例的研究更常见，而对非民族地区的民族院校有所涉及但论文数量很少，多集中在北京或省会城市中的民族院校，对民族地区中小城镇的民族院校关注不够。

数据显示，2005年9月，我国民族院校本科毕业生初次就业率仅在73%左右，除少数高校外，有近30%的毕业生不能实现一次性就业，就业率、就业质量都与全国重点高校有

---

① 综合参考：张明进，侯宗毅.就业视觉下少数民族地区高校统计学专业应用型人才培养的探索——以河池学院为例[J].教育现代化，2016(15)：9-11+14.；李颖霞.针对艺术类专业特点促进艺术生就业工作方法探析——以北方民族大学音乐舞蹈学院2011届毕业生就业工作为例[J].长沙铁道学院学报(社会科学版)，2012(04)：235-236.；黎静.广东省高校民族传统体育专业就业及对策[J].当代体育科技，2014(30)：144-145.

② 综合参考：陈晨，石莎，彭静媛，杨涛.从系统论的角度讨论提高少数民族地区高校外语专业女大学生就业能力的问题[J].科教导刊(上旬刊)，2011(01)：244-246；温爱花，姚辉.西南民族地区高校专业结构与行业就业结构的适应性评价——基于云南省的实证分析[J].民族教育研究，2014(01)：35-40.；九月，赵剑峰.专业对我区少数民族大学生就业的影响分析[J].内蒙古民族大学学报(社会科学版)，2009(03)：113-114.

③ 吕东梅.就业压力下广西体育专业大学生心理健康状况的研究[D].桂林：广西师范大学，2009.

非常大的差距。[①]究其原因,民族院校教育教学模式陈旧和国家扶持政策缺位是重要因素。一方面,民族院校的人才培养计划和培养目标与社会需求严重脱节,使其毕业生综合素质和适应能力相对较弱;另一方面,高等教育的扩张导致社会经济的发展不能提供相匹配的就业岗位,国家缺乏解决少数民族毕业生就业的优惠政策。[②]再者,少数民族地区大学生的就业受社会严峻的就业形势、高校招生规模的扩张、产业发展与教育衔接不够等全国高校大学生普遍面临的就业困境的综合影响,[③]民族院校的竞争压力和就业劣势更为明显。相关研究提出的对策建议分为政策、高校和家庭三个层面。首先,政府应出台助力少数民族大学生就业的相关政策法规,使区域产业结构调整、民族经济发展、民族品牌文化打造与高校的人才培养能够紧密结合;其次,高校应合理配置教育资源,加强就业指导工作、完善就业服务体系,加强少数民族大学生的心理健康教育,抓好职业生涯规划,拓展就业渠道,完善就业指导体系,鼓励支持大学生自主创业,建立相对公平的就业环境,进一步增强为民族院校毕业生提供公共就业服务的意识,建立健全毕业生的跟踪和反馈机制;再次,学生所在家庭应更新教育观念及就业态度,培养多元化的就业观念,提高就业竞争力,转变毕业生的就业观念。[④]

本书拟在此类研究基础上,进一步探究民族地区高校如何结合当地产业转型、城镇建设的需求,解决少数民族大学毕业生就业创业问题。事实上,民族地区的高等院校,无论是否是民族院校,都与当地的民族特质息息相关。民族地区院校能够且应该与民族城镇更好地融合、共同发展,寻求共赢。

(6)以民族成分为区分研究少数民族大学生就业问题。

尽管本书所搜集的相关文献均以“民族”作为关键检索信息,但正如上文所界定的那样,此处的民族并不特指“民族成分/身份”。以民族成分作为主要区分特征分析就业问题,主要关注的是由民族成分造成的生活习惯和思维方式上的差异,并非仅就民族成分

---

① 综合参考:高岳涵.国内少数民族大学生就业问题研究综述[J].贵州民族研究,2015(09):225-228.;杨如安,张诗亚.少数民族地区高职院校产城教融合的理论基础与实践探索[J].民族教育研究,2016(03):77-82.

② 综合参考:李勇.民族高校大学生就业竞争策略分析[J].四川省情,2008(07):55-56.;许莎.以少数民族大学生就业为导向的民族高校人才培养模式改革[J].商,2015(47):45.;徐莹,李天华.民族高校大学生就业问题与对策分析——基于中南民族大学的调查[J].科教文汇(上旬刊),2012(06):193+195.

③ 综合参考:钟文勇.论民族高校毕业生基层就业[D].武汉:中南民族大学,2008.;冯瑛,王一帆.就业结构性型矛盾下的民族高校学生内职业生涯发展对策[J].教育与职业,2013(12):82-83.;刘颖.当代民族高校大学生就业观受需求层次的影响——以延边大学为例[J].教育教学论坛,2016(49):6-7.;晏昊,刘渝西.民族高校少数民族大学生就业价值取向问题与对策研究[J].科教文汇(中旬刊),2016(07):171-172.;哈达.少数民族高校毕业生就业促进政策的作用与经验初探——以内蒙古自治区少数民族高校毕业生政策为例[J].陕西学前师范学院学报,2016(08):126-130.

④ 综合参考:祁帆.民族高校大学生社会实践机制研究[D].武汉:中南民族大学,2010.;钟文勇.论民族高校毕业生基层就业[D].武汉:中南民族大学,2008.

与就业状况之间的相关性进行探讨。已有研究多集中于回族、哈萨克族、蒙古族、朝鲜族以及维吾尔族等民族。研究指出，蒙古族相较其他少数民族在整体就业上有一定优势，而回族在工业、商业、服务业中存在优势；干部、专业技术人员、办公室人员中维吾尔族的比例几乎是最低，而其作为农民的比例显著高于其他群体，除了柯尔克孜族。[①]还有一类将少数民族与汉族大学生的就业进行对比研究的论文，虽没有突出某个民族身份，但实际上是以民族身份进行区分。[②]这类区分淡化了民族成分，尊重特殊的民俗民风。

通过对已有文献从以上六个视角进行归类与整理，本研究发现，随着时代的发展，性别和民族成分等特征的区分价值在逐渐减弱。其原因，一是政策补强淡化了民族成分，补足了性别劣势；二是民族大融合使民族特征不再被过分强调。性别特征和民族成分等都不再具备明确的筛选性。于是，民族地区、民族院校（主要是民族地区的院校）、专业背景、家庭背景成为被强化的区分视角。本书将进一步加强民族地区与当地民族院校对接，并辅之以高等院校随环境变迁而具有民族特色的专业建设，作为解决民族地区大学生就业问题的重要突破口。这也正是本书要关注的一个重要研究主题：从民族地区的产业结构、城镇发展需求和教育特色相融合的角度寻求解决民族地区大学生就业创业困境的根本途径。

2. 研究内容

就研究内容来看，对少数民族大学生就业问题的已有研究大致从就业现状、就业对策、就业心理、就业质量、民汉就业对比、就业指导等六个方面进行了探讨。

（1）对民族大学生就业现状的研究。

对民族大学生就业现状的研究有调查描述、问题分析和成因梳理等。调查描述多以就业困境呈现为主：一次就业率呈现逐年下降的趋势，就业过程艰辛，等待就业时间长，就业层次较低；从事的工作与所学专业无关，专业不对口情况严重；学生自身对就业情况认识不够充分，就业期望值过高，功利化倾向较重，且就业选择盲目性大，缺乏就业主动性；基础文化差异大；职业技能欠缺等。[③]同时，就业环境在恶化，结构性（地区性、行业性）失衡日渐突出，产业结构不合理，拉动就业有限；高校自身定位不明，忽视民族地区、民族学生的诉求，有的地区和行业甚至对少数民族大学生有歧视现象，特别是在非民族地区，少数民族大学生择业空间狭小，他们特有的优势在现有的评价标准中很难

① 九月，赵剑峰．民族身份对我区少数民族大学生就业的影响分析[J]．中国大学生就业，2008(10)：63.

② 综合参考：刘雪梅．少数民族与汉族大学生就业价值取向比较研究[J]．贵州民族研究，2014(07)：213-216.；郝娜，李光明．新疆民汉大学生就业差异比较分析[J]．人力资源管理，2011(02)：116-117.；吴健强．新疆大学民汉毕业生就业差异比较[J]．佳木斯教育学院学报，2012(01)：138-139.

③ 综合参考：杨如安，张诗亚．少数民族地区高职院校产城教融合的理论基础与实践探索[J]．民族教育研究，2016(03)：77-82.；唐红菱，杨雪宁，黄俊华．少数民族大学生就业障碍调查研究[J]．商，2016(02)：19-20.

体现。[①]

对于就业困境的形成原因，有学者认为民族地区大学生就业压力主要来自六个方面，按程度大小排位依次为：社会环境因素、知识与能力素质因素、就业期望值因素、专业因素、家庭和社会关系因素、职业规划因素等。[②]少数民族大学生感受到的来自知识与能力素质、就业期望值、职业规划等三个因素的压力较汉族学生大。[③]有研究发现，少数民族大学生就业难主要是历史原因和社会变革造成的：历史上，由于民族地区经济社会发展落后，基础教育十分薄弱，国家对少数民族学生实施优惠招生政策，把落实民族政策作为政治任务来抓，少数民族学生进入大学后，生源质量不高，文化基础落后于其他学生，综合实力较差。高校自身并没有为大众化教育做好充分的准备，加之职业技术教育不完善，对少数民族大学生就业缺乏相应的指导，从而减弱了少数民族大学生在社会上的竞争力，加剧了就业压力。在以往的计划经济体制下，少数民族大学生的就业不是问题，在入学及分配制度上都享受政策照顾。不论学生自身实力以及现实表现如何，都是统一安排就业。随着社会主义市场经济体制的不断健全和完善，高校大学生就业政策实施“双向选择”，少数民族大学生在适应就业制度转变的过程中日渐落后，造成认识上的误区和思想、行动准备不足等状况。[④]

上述文献对民族大学生就业创业的研究成果，为本书集中探讨调整民族地区产业结构、刺激民族聚居的中小城镇的行业需求、挖掘民族院校的民族特色三方面互动共建提供了认识论的基础；调研形成的数据也作为本书的素材，为基于“产城教融合”理念下搜集民族地区大学生就业创业的典型案例提供了现实依据。

(2)对解决民族大学生就业困境的对策研究。

这类研究往往将现状描述和问题分析放在一起，之所以单列出来，是因为其侧重点不同，提出对策的角度也不同。就提出对策的维度来看，包括就业前指导、就业中指导和

---

① 综合参考：陈婷婷.四川省少数民族毕业生就业创业现状及对策研究[D].呼和浩特：内蒙古师范大学，2016.；武大伟.高校少数民族大学生职业生涯规划教育现状研究[J].才智，2015(30)：125.；温健琳，谭婧怡，王文辰.渝东南少数民族地区少数民族大学生返乡就业创业现状探析[J].中国大学生就业，2014(24)：52-56.；冯风雷，李丽.新疆少数民族大学生就业问题研究综述[J].中国市场，2014(24)：66-67.；李锴，彭克锋，邓宽，谢梦雄.湘西州民族地区在校大学生创业现状调查[J].才智，2012(14)：312-313.

② 关锋.少数民族大学生就业压力水平状况及其压力源研究[C].中国心理学会.第十一届全国心理学学术会议论文摘要集.中国心理学会，2007：384-385.

③ 曹绍平.民族地区大三学生就业压力源因素分析及对策[J].河池学院学报，2011(05)：116-120.

④ 综合参考：白雪莲.蒙古族女大学生就业压力研究[D].呼和浩特：内蒙古农业大学，2014.；张耀庭，马金焕.少数民族大学生就业压力的影响因素及对策研究[J].理论观察，2015(12)：120-121.；曹绍平.民族地区大三学生就业压力源因素分析及对策[J].河池学院学报，2011(05)：116-120.；邓晓宇.西部民族地区高校大学生就业压力成因分析及对策探讨[J].阿坝师范高等专科学校学报，2011(03)：125-128.；李锴，彭克锋，邓宽，谢梦雄.湘西州民族地区在校大学生创业现状调查[J].才智，2012(14)：312-313.

就业后分析。已有文献从政府、政策方面提出的解决途径包括：强调政策支持与引导，加快社会保障制度改革，完善社会保障制度，消除劳动力资源优化配置的体制障碍；借助财政补贴、税收优惠等政策，广泛发动、引导社会力量，通过各种方式方法，直接或间接地创造就业岗位；政府加大对少数民族基础教育的投入力度，加强对中小学师资的培训，尤其在基础教育阶段应加强汉语、英语和计算机的教学，提高少数民族学生基础知识水平和基本技能；对在校的家庭困难少数民族大学生发放补助金，设立专项奖学金等。从高校和学生方面提出的对策包括：高校需加强针对性教育和就业指导；少数民族大学生应做好就业的心理准备、就业中的行动准备以及就业后的职业规划。①

此外，该类文献中还有从比较研究的视角提出的对策建议：政府要充分考虑民族区域自治和各族人民的现实能力与文化特色，以促进就业创业为基本目标，充分利用国外就业市场，实行由政府统一组织的劳务输出，拓展少数民族毕业生就业途径。培养少数民族学生在全国性劳动力市场的竞争力；夯实民族基础教育，加强少数民族预科教育；通过立法加强对民族教育的支持和保护；依托民族文化与地方性知识编写乡土教材；既尊重又改造各民族毕业生的择业文化。②

已有研究还剖析了少数民族大学生及其所在院校在面对就业市场转换时的就业难点问题，并提出相应对策。例如，首先要对民族高等院校的办学理念、办学水平进行新的评估，借评估促进改革形成新的发展思路；其次，要促进学科专业设置的合理性，使之与社会需求相接轨、相适应、相吻合，从而使少数民族大学生能够完全适应社会需求，从容地接受市场竞争带来的挑战；再次，要根据学校的具体实际，开展针对少数民族大学生就业能力提升的就业指导工作，使少数民族大学生树立正确的就业观和择业观。③

---

① 综合参考：夏劲钢．贵州省少数民族大学生的就业困境和对策研究[D]．贵阳：贵州大学，2010.；吴琼，吴欣欣，吴欣慰．少数民族大学生创业的困境以及对策研究[J]．中国市场，2017(04)：245-246.；李吉．高校少数民族学生就业困境及对策探析[J]．开封教育学院学报，2016(11)：152-153.

② 综合参考：蔡其明，时昌桂．高校毕业生东南亚就业市场拓展的途径与方法——以广西民族大学为例[J]．太原城市职业技术学院学报，2014(02)：13-14.；刘青广，王红萍，马玉香．民汉同宿：提高少数民族大学生就业能力的有效途径[J]．新余学院学报，2013(01)：97-98.；罗黎．高校民汉合宿工作对大学生就业的影响作用——以新疆师范大学为例[C]．《决策与信息》杂志社、北京大学经济管理学院．"决策论坛——创新思维与领导决策学术研讨会"论文集(上)．《决策与信息》杂志社、北京大学经济管理学院，2017：79.；郝娜，李光明．新疆民汉大学生就业差异比较分析[J]．人力资源管理，2011(02)：116-117.

③ 综合参考：阙斐艳．基于劳动力市场分割理论的少数民族毕业生就业难研究[J]．商，2016(04)：19.；张久献．民族院校大学生创业教育模式研究[J]．中国大学生就业，2012(22)：7-11.；李晓旭．教育生态学视角下民族院校学生就业实效性研究[J]．中国成人教育，2016(21)：84-86.；徐莹．民族院校大学生就业与创业指导教学改革探讨[J]．市场论坛，2010(09)：87-88.；马钟范，郑喜淑．民族院校少数民族大学生就业状况调查研究[J]．民族教育研究，2008(04)：36-41.；张正华．民族院校大学生就业指导与思想教育相结合的思考[J]．广西教育学院学报，2006(01)：9-12.

(3)对少数民族大学生就业心理的分析。

这类论文的分析多集中在对少数民族大学生的就业意识、就业意向、就业观念以及对就业方式、就业渠道、就业技巧等方面的认识和理解上。有研究认为,从自身能力及素质提升的角度出发,少数民族大学生因为来自社会条件落后且家庭经济困难的边远山区,自然环境条件闭塞,造成缺乏面对现实生活的自信,在竞争压力过大的就业市场中适应能力不强,表现力较差,很难应对“双向选择”就业制度带来的竞争压力。①严峻的就业形势导致少数民族大学生表现出就业期望值过高、就业焦虑凸显和依赖心理明显等就业心理问题。②为解决少数民族大学生就业心理问题困扰,政府应加强少数民族大学生就业工作力度,营造关怀少数民族大学生的人文氛围,不断健全完善就业政策体系和服务体系,在政策、法规、制度上予以保障;高校方面,相对于经济发达地区的高校而言,加强就业指导和心理辅导,加强职业规划和就业指导的教师队伍建设,专业教师应掌握教育学、人力资源、心理学、社会学等背景知识;家庭教育方面,应及时更新就业观念,鼓励学生结合当地需求进行职业规划,不做不切实际的就业设计,并积极探索创业模式;学生个人方面,少数民族大学生应借助各种社会实践活动,不断提高就业能力,如积极参与教师课题、参加各类校园文化活动和实践锻炼等。通过学习期间知识和经验的积累,客观分析自己的专业技能、通用技能、性格爱好等,认清自身的优势和劣势,增强自身的心理素质,积极面对就业困难,不断提高就业能力。③

(4)对少数民族大学生就业质量进行分析。

已有研究认为,设立民族院校是我国高等教育的创举,经过多年的发展,民族院校已成为我国培养少数民族人才、研究民族问题和民族理论政策的重要基地,为国家发展、社会和谐做出了重要贡献。④因此,面对当前少数民族大学生就业形势越发严峻的现实,做好民族院校的就业工作,提高民族院校学生的就业质量意义重大,具体体现在三个方面:

---

① 张和梅.民族院校大学毕业生就业心理研究[J].中国西部科技,2008(10):78-79.

② 吴胜男.少数民族大学生和汉族大学生就业期望对比分析[D].乌鲁木齐:新疆财经大学,2015.

③ 综合参考:吴胜男.少数民族大学生和汉族大学生就业期望对比分析[D].乌鲁木齐:新疆财经大学,2015.;杨琴.贵州省少数民族大学生就业心理调查与研究[J].兰州教育学院学报,2016(09):66-69.;陈静,金珠措姆,平措央金.西藏自治区本科生就业心理调查与分析[J].中国民族医药杂志,2015(03):74-75.;韩伟,张虹.少数民族大学生就业心理问题及对策思考[J].世纪桥,2014(11):83-84.;刘建平,聂曲,刘钰.边疆民族地区大学生就业心理研究的民族视野[J].学术探索,2013(09):76-79.;潘光才.少数民族大学生就业心理对策研究[J].新西部(理论版),2012(Z4):178-179.;王璐.基于心理应激理论的少数民族大学生就业研究[J].青海民族研究,2012(02):63.;张玉柱.目的性和手段性职业价值观问卷在蒙古族大学生中的适用性验证[C].中国心理学会.第十二届全国心理学学术大会论文摘要集.中国心理学会,2009:538.

④ 岳爱华,郭红英.民族院校大学生就业质量评价体系建构与实施[J].沧州师范学院学报,2015(02):120-122.

第一，少数民族大学生的就业问题解决的好坏，直接影响到少数民族大学生的工作、心理和价值观，并对社会的安定团结形成潜在影响；第二，民族院校大学生就业质量是衡量民族院校办学水平及就业指导工作成效的重要指标；第三，民族院校大学生就业质量，对民族地区小康社会和新农村建设都会产生影响，进而影响到民族地区社会、经济的发展。① 有研究发现少数民族大学毕业生存在过高的就业预期，从而导致薪资待遇、工作环境、行业偏好、就业地域等成为影响就业质量的主要因素，具体体现在就业岗位与专业对口要求较高、工作地域具有家乡偏好、择业和薪资水平期望不尽合理、专业能力不足以及行业偏好影响择业取向等方面；应采取精心选派专职辅导员，进行针对性就业辅导、鼓励学生返乡创业、加大就业政策倾斜度等措施。②

（5）民汉大学生就业状况的比较研究。

研究认为，少数民族和汉族人口就业差异的根本表现是劳动力纵向分割的差异，即少数民族毕业生在诸如高精尖技术或金融等对人员素质有着较高要求的领域，就业非常困难。③相关专题研究特别指出，由于藏族劳动力的汉语能力和实际教育水平与其他从业者存在着一定的差距，在城镇发展或产业升级中处于不利的地位。④也有学者认为在民族地区，由于少数民族与汉族在受教育程度、人力资源分布上的差距，出现了经济结构的二元化。⑤另外，少数民族如果不能接受高等教育，就很难跨越职业的代际效应，这就要求民族高等教育具备培养少数民族学生与汉族趋同化的就业能力。⑥

此类研究也包括内地少数民族大学生和民族地区大学生就业的比较。研究发现，内地的少数民族大学生缺乏专门的教育、管理部门；缺乏帮助其尽快适应学习、生活方面的指南或辅助项目；少数民族大学生的餐饮设施及服务仍存在问题；政策倾斜反而培养了部分民族生的学习惰性。为此，学者们指出应该设立专门的少数民族学生部门及顾问；分阶段做好少数民族学生的教育工作；改善少数民族学生的餐饮服务；改单纯的政策倾

① 综合参考：岳爱华，郭红英．民族院校大学生就业质量评价体系建构与实施[J]．沧州师范学院学报，2015(02)：120-122.；谭建伟，孙慧玲．少数民族聚居地少数民族大学生就业质量评价研究[J]．重庆理工大学学报(社会科学)，2016(10)：80-87.

② 综合参考：岳爱华，郭红英．民族院校大学生就业质量评价体系建构与实施[J]．沧州师范学院学报，2015(02)：120-122.；阿丽也·吾买尔．新疆少数民族大学生就业质量调查研究——以新疆师范大学为例[J]．中国高新区，2017(17)：82.；蒋志辉，马爱艳．新疆少数民族大学生就业质量问题与对策思考——以塔里木大学为例[J]．塔里木大学学报，2017(02)：57-63.；杨兆梅．大学生就业与高等教育质量观研究[D]．济南：山东大学，2010.

③ 刘雪梅．少数民族与汉族大学生就业价值取向比较研究[J]．贵州民族研究，2014(07)：213-216.

④ 王德芳，许可峰，孙淑文．西藏就业形势对西藏藏族大学生学习影响的调查研究——以西藏民族学院250名藏族大学生的调查为例[J]．西藏研究，2013(05)：111-120.

⑤ 郝娜，李光明．新疆民汉大学生就业差异比较分析[J]．人力资源管理，2011(02)：116-117.

⑥ 杨建超．新疆南疆维吾尔族大学生就业现状与维汉民族关系的相互影响[D]．兰州：兰州大学，2012.

斜为政策激励，激发民族生的学习积极性；拓宽民族生的交流渠道；疏通少数民族毕业生就业渠道。[①]

(6)对少数民族大学生就业指导课程设置的研究。

已有研究认为，民族地区相对于许多非民族地区来说，经济不够发达，教育比较薄弱，就业形势更为严峻，因此就业指导课程的合理设置更为重要。[②]通过对就业指导课程现状的了解，有研究发现由于没有很好地把握民族地区少数民族大学生的特点，现有的辅导课程不能充分引发少数民族大学生的学习热情，课程评价不高，课程没有在大学生的就业工作中发挥出真正的作用。其结果是讲课老师满腔热情，真正听课的学生寥寥无几；虽然经过了就业指导教育，但学生在就业时还是不知所措。[③]解决的对策探讨集中在教育时机、教学时间、教育内容和教学方式应充分考虑到少数民族大学生的特征和需求，体现出全过程教育、集中教学、特色教育和素质观念提升等民族特点。[④]

这类研究中还有少部分特意区分了以民族语言和汉语言进行的“双语教育”对少数民族大学生的影响。研究认为，由于各地区的语言条件和教师队伍基础不一样，语言教学模式的转型对教学效果的影响也存在较大差异。“双语教育”并不是将单一的“汉语教育”改变为“少数民族学汉语，汉族不学少数民族语言”的单向语言学习模式，而是鼓励形成双语教学模式，培养合格的双语教师；安排不能适应双语教学工作要求的教师转岗；补充和提高少数民族语文的相应教材和课外阅读材料的数量和质量；加强现代科技知识的民文出版物的种类和数量以及翻译介绍工作等等。[⑤]这些都意味着从教学语言的使用上加强少数民族大学生对自身民族特色的了解和认同，增强民族意识和民族心理。这不仅是为了提升就业率，也是为民族文化传承奠定基础，为国家多元文化兴盛提供前提条件。

---

① 综合参考：高岳涵．西北地区少数民族大学生就业预期研究[D]．兰州：兰州大学，2016.；向前．对民族地区院校大学生就业偏见的实证研究——以四川民族学院为例[J]．长春大学学报，2016(08)：58-62.；白亮，万明钢．西部地区少数民族大学生就业问题研究——基于教育供给侧的分析[J]．高等教育研究，2016(07)：21-26.

② 白亮，万明钢．西部地区少数民族大学生就业问题研究——基于教育供给侧的分析[J]．高等教育研究，2016(07)：21-26.

③ 张春燕．加强职业指导促进少数民族地区高校大学生就业能力的提升[J]．亚太教育，2015(18)：241-242.

④ 综合参考：常海亮．新疆高校少数民族大学生就业指导课程建设研究[J]．西部素质教育，2017(06)：84-85.；赵盼，邓琴．地方本科院校“大学生创业教育”课程设置与教学思考——以广西民族师范学院为例[J]．质量探索，2016(05)：84+83.；白洁．少数民族大学生就业工作渗透精细化理念研究[J]．新课程研究(中旬刊)，2014(05)：4-6.；莫仕德．关于西部民族地区高师院校大学生就业指导课程教学的思考[J]．教育教学论坛，2012(10)：26-28.

⑤ 综合参考：沙文杰．双语教育对少数民族大学生就业影响的调查研究及思考——以甘肃藏汉、维汉双语大学生为例[J]．西北成人教育学报，2012(05)：100-101.；荷叶．双语教育对蒙古语授课大学生就业的作用和影响[J]．民族高等教育研究，2013(05)：64-66.；陈千柳．少数民族地区双语教育与就业的关联性研究——以阿坝藏族羌族自治州为例[D]．成都：西南交通大学，2016.

这也正是本书在构建产业升级、城镇发展和教育转型三者融合时着重要考虑的文化基点。

二、本课题的研究价值

通过对少数民族大学生就业创业已有研究的整理，我们发现少数民族大学生就业困境不仅存在，而且十分严重，这一困境的症结所在是政府、高校和学生三者之间缺乏解决问题的就业系统。鉴于此，全书将研究对象确立为民族地区的高等院校，主要通过民族地区高等职业院校的民族特色建设寻求解决就业困境之道；研究切入点是将民族地区的产业结构、城镇建设与院校特色统合考虑；研究重点在于产城教融合理论下民族地区大学生就业创业的实践论证。

本书拟从产城教融合理论出发，从调查少数民族大学毕业生的就业创业现状入手，深入分析少数民族大学毕业生的就业问题，从大学毕业生本身、高校专业设置、家庭观念偏好、社会认知因素和政府政策导向五个方面分析并提炼少数民族大学毕业生就业问题产生的原因，并在产城教融合的背景下，以产业发展、城镇建设、职教革新及三者之间的相互促进为研究核心，从扭转少数民族大学生就业观念、改革高校专业设置、营造良好的社会氛围和优化政府政策导向四个方面挖掘促进少数民族大学生就业创业的具体措施。全书的研究问题主要集中在“就业难”、“招工难”和职业教育大发展的背景下，探究产业发展、城镇建设中人力资源的空缺和少数民族大学毕业生就业率较低之间的矛盾。在我国城镇化过程中，以产业为载体，以城镇为依托，不断促进产业和城镇之间的融合是一种健康的发展路径。实施这条可持续发展的路径，需要大量的人力资源，尤其是优秀的大学毕业生；与此发展路径要求不相符的是，城镇大量的人才缺口无人弥补的同时，每年大量的少数民族大学毕业生却处于未就业状态。本书拟用“产城教融合”的模式解决此矛盾，通过城镇的发展，调整产业结构，以容纳更多的民族地区大学毕业生就业；民族地区的高等院校，其中又以与市场结合更紧密的高等职业院校为主，根据城镇的发展规划和产业结构的需求，积极调整学校建设思路和专业设置方式。在三者互动发展的过程中，城镇注重发挥民族地区的民族特色优势，从民族文化、民族习俗、民族心理等方面吸引大学毕业生回乡，留住大学毕业生在家乡就业创业；民族地区高校也要发挥具有民族特色的学科、专业和实习优势，为民族地区特色发展培养更对口、更具有适应性的大学毕业生，为他们留在家乡工作提供知识储备和实践基础。与此同时，实现发展民族地区城镇经济产业、提升民族院校大学生就业率、弘扬多元民族文化的三方共赢目标。

为此，本书的研究价值体现在两个方面。一方面，通过了解少数民族大学生群体的具体就业状况和就业竞争力，为政府制定相关政策提供理论依据。书中首次提出“产城教融合”理论，在此视域下研究少数民族大学生的就业问题，以期为高校教育教学改革提供参考，丰富就业工作理论，为政府、社会、家庭等各方促进少数民族大学生就业开创理论研究的先河。另一方面，关于少数民族大学生能否就业，就业质量如何，能否做到人尽其才、才尽其用等的探讨，对我国社会主义经济建设有重要的实践指导意义，尤其对民族地区的经济、政治、文化发展有较强的针对性。不仅如此，促进少数民族大学生就业可以更好地促进和谐社会的构建，增进社会的公平正义，这也是增进民族团结、实现中华民族伟大复兴的具体体现。

第三节　研究对象和研究目的

本书以少数民族大学生为研究对象，以“三螺旋理论”为支撑，从产业、城镇和教育三个方面的互动入手，研究少数民族大学生就业创业问题，从而使全书具有了新的时代意义和实践价值。

基于“三螺旋理论”，本书的研究对象有三：一是理论框架，通过对产城、产教和城教三方面理论的梳理，构建“产城教融合”的三螺旋理论框架。二是实践模式，通过分析体现产城教互动发展的典型范例，探索一种新的城镇发展、产业提升、教育转型的实践模式。本书的目的指向主要是以高等职业教育为代表的教育转型，从而解决民族地区大学生就业创业的困境，这主要在第三至六章的四个民族地区大学生就业创业的典型案例分析中详细探讨。三是对策建议，在对上述两个研究对象进行充分探讨的基础上，挖掘由经济、政治、教育三者协同解决民族地区大学生就业创业困境的多元途径，从而生成促进少数民族大学生就业创业的对策建议。这主要在全书第七章详细论及。此章将从顶层设计——制定国家支持少数民族大学生就业创业的支撑政策、地方实践落实——将少数民族大学生的就业纳入地方政府的考核指标，扶持民族文化产业、产业支持调整——充分提供岗位，营造发展环境，增强吸纳少数民族大学生的能力三个角度来详细论述。

本书有三个研究目的。第一个是满足家庭意愿。少数民族大学生在本地的产业组织、中小城镇中就业创业，满足少子女家庭不愿意子女异地就业的意愿。实现民族地区高等院校培养具有民族特色人才的目标，从而更好地为当地少数民族民众服务。第二个是顺应经济结构的调整。探索高等教育与当地产业结构需求相对接的策略，通过建设民族特色专业调整当地产业经济结构，使少数民族大学毕业生有一技之长，且能有效地运用这一技之长，从而为产业转型升级、城镇化发展提供人才保障，破解“两难”困境。第三个是延续民族文化基因。少数民族大学生植根于本民族的文化土壤，对本民族文化带着深厚的感情。他们在民族文化企业中就业创业，有助于实现对民族特色文化的有效保护、传承与创新。无论哪一个研究目的，都离不开产城教三者的深度融合，这便成为本书研究的重点和难点。

总体而言，产城教融合能有效地促进少数民族大学生的就业，实现少数民族大学生家庭脱贫致富，确保社会稳定；能以产业和城镇需求为导向，发展职业技术教育，使少数民族大学生掌握一技之长，推动当地产业升级，促进少数民族地区经济发展；能让少数民族大学生植根于自身的民族文化土壤之中，接受民族文化教育，对于保护和传承民族文化具有重要的作用。因此，对少数民族大学生就业创业进行研究，对国家、社会企事业单位、家庭和个人都具有重要意义。

第四节　核心概念、研究思路与方法

本书的核心概念是“产城教融合”中的“产”、“城”、“教”。“产”，指少数民族地区的产业结构，主要包括少数民族地区的民族文化产业和经济支柱产业两个方面；“城”，指少数民族大学生生源地所在中小城镇，尤其指民族地区少数民族聚居的县、乡、镇以及聚居村落；“教”，在本书中特指高等职业技术教育，主要是与民族地区产城相结合的、从事职业技术教育的高等院校。围绕核心概念，全书以民族地区产业为载体，以中小城镇为依托，以职业技术教育为手段，进行促进少数民族大学生就业创业的研究。

全书通过广泛调查民族地区少数民族大学生的就业现状，深入分析少数民族大学生就业问题和原因，在“产城教融合”的理念下，提出提高少数民族大学生就业能力的具体方法、途径和创新思路，为巩固和提高少数民族大学生的就业对策提供一定的借鉴与参考。基本思路是紧紧围绕“产城教融合模式”的构建，以产业为载体，以城镇为依托，以职业教育为手段，促进产城教之间的融合，达到提高少数民族大学生就业率、促进产业升级、推动城镇发展的目的。书中提出的改善少数民族大学生就业观念，优化高校专业设置,净化少数民族大学生就业的社会氛围,促进少数民族大学生就业政策的外部保障,都要通过高等院校和政府民生工程两大载体付诸实施,因此政策建议是研究的最终走向。具体来说,这些政策建议包括以下四个方面:

第一,通过高校的专业调整,缓解并最终解决少数民族大学生的就业问题。以产教融合为依托,优化高校专业设置,培养在产城融合过程中缺口较大的少数民族专业人才。这需要高校在专业设置方面保持较高的敏锐度,在调整专业的过程中,高校管理部门要有较大的裁量权和自由度,以提高专业调整的效率。

第二,通过高校的教学改革,提高少数民族大学生职业规划课程的地位,发挥职业规划课程的作用,让少数民族大学生提早认清自身处境,提前进行职业规划。该项工作需要高校的教务、学生管理和招生就业等职能部门的积极参与,同时密切关注社会和市场用人单位的需求与变化。

第三,通过社会舆论的宣传,优化少数民族大学生的就业环境,提高企业、机关事业单位对少数民族大学生的吸纳率。尊重少数民族大学生的民族身份和民族心理,公平公正地将他们纳入用工用人体系,尊重差异,共同发展。

第四,通过政府的政策导向,为少数民族大学生的就业提供政策保障。政府需要认真把握少数民族大学生就业工作的特殊性和总方向,根据民族地区经济和教育发展的需要,施行放管结合的策略,让放权与赋权并行,有的放矢地提高政策措施在少数民族大学生就业工作中的效率。

全书的研究内容包括产城教融合的理论框架构建、产城教融合促进少数民族大学生就业创业的案例剖析和产城教融合促进少数民族大学生就业创业的对策建议三个方面,遵循如图0.3所示的研究思路。首先,分析促进少数民族大学生就业的时代背景和现实需求,城镇化是当前我国经济社会发展的抓手,而城镇化过程中产城融合是一条健康的路径;其次,全面而准确地描绘少数民族大学生就业的现状,当前少数民族大学生就业率较低是一个不容忽视的客观现实;再次,全面分析少数民族大学生就业问题产生的原因,本书基于文献研究已发现少数民族大学生就业观念滞后、高校专业设置与产业发展脱节、政府政策导向乏力是重要因素,尚需从实践和理论上加以证实;最后,系统地分析在产城融合的背景下促进少数民族大学生就业的具体措施,本书提倡从学校措施和外部保障两个方面进行努力。其中,学校措施主要有通过加强少数民族大学生职业规划,更新少数民族大学生的就业观念;通过产城教融合改善高校的专业设置和学生的实践方式。外部保障主要是通过加大宣传,营造少数民族大学生就业的良好社会氛围;通过发挥政府宏观调控功能,制定推动当地特色经济发展、激励少数民族大学生就业的政策。经此阐述和论证,全书力图使“产城教融合”成为解决“就业难”和“招工难”的有效模式。

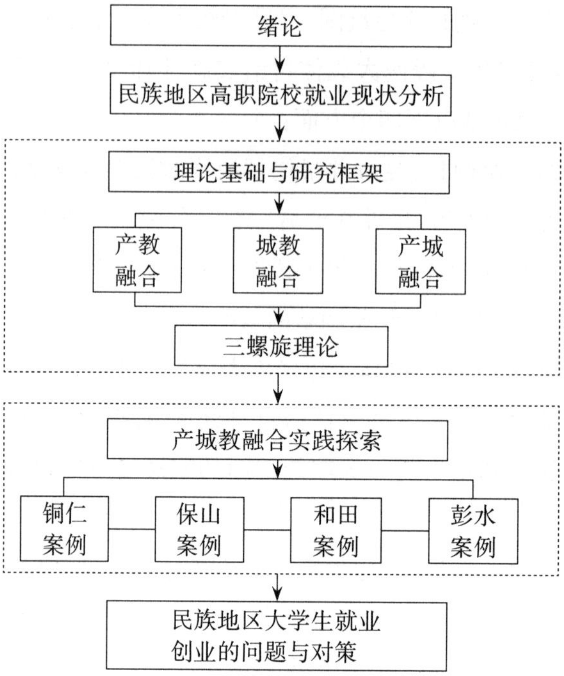

图0.3 研究思路图

根据研究内容，全书的研究行动策略从四个要点切入。

一是理论构建。本书以系统理论的视角，综合少数民族大学生就业创业的相关要素，统筹“产教融合理论”、“产城融合理论”、“城教融合理论”、“三螺旋理论”等相关理论，结合少数民族大学生就业创业的客观情况，依托少数民族地区产业、新型城镇化和高等职业教育的内在关系，提出产城教融合理论。通过高职教育、区域产业、新型城镇化建设三者之间的互动与共荣关系，实现少数民族地区经济与社会发展，民族文化传承与创新，少数民族大学生就业与创业。

二是实地调研。课题组成员分别对和田师范专科学校、新疆维吾尔医学专科学校、保山学院珠宝学院、滇西科技师范学院、重庆旅游职业学院、重庆经贸职业学院、铜仁职业技术学院、黔东南民族职业技术学院等进行调查研究，从生源分布、专业布局、课程设置、政策导向、市场需求、就业质量、创业情况七个方面进行资料搜集与数据统计，总结少数民族大学生就业创业面临的问题，提出促进少数民族大学生就业创业的建议。

三是对策建议。基于理论分析与实地调研，课题组提出了促进少数民族大学生就业创业的对策建议。第一，要加强少数民族地区高职院校专业与产业发展、城镇化建设的对接。产城教融合的目的是实现高职院校、区域产业和新型城镇化建设之间的互动与共荣。这要求高职院校在专业设置、教学实践和就业导向中根据地方实际，构建自身特色。高职院校要根据地方产业布局与规划进行专业建设，加强高职院校与地方产业发展的对接。高职院校要根据地方城镇化建设的需要进行人才培养,加强高职院校与城镇化建设的对接。例如,重庆旅游职业学院工艺品设计专业就充分对接了渝东南地区旅游产业发展与旅游商品发展的人才需求。第二,要高度重视少数民族大学生的就业和创业问题。与汉族大学生相比,少数民族大学生就业创业形势更加严峻,人才供给与需求之间的结构性矛盾更为突出。高职院校要根据经济产业与社会发展需要定位自身发展方向,以此为导向进行人才培养的改革,逐渐消除少数民族大学生供需的结构性矛盾。高职院校要重视少数民族大学生的创业实践,培养他们的创业素质和创业能力。政府部门与社会组织要关注少数民族大学生就业创业,为他们提供有力的政策保障和良好的社会氛围。例如,云南保山学院宝玉石鉴定与加工专业43%的毕业生在政策鼓励下坚持创业。第三,少数民族地区高职院校是民族文化传承的重要载体。少数民族地区社会经济发展进程中最具独特性的竞争优势是民族文化,它体现了民族地区经济发展的持续性、社会发展的内涵度。民族地区高职院校应以产城教融合理论为指导,培养民族文化传承者,让民族文化代代相传、发扬光大。高职院校要加强民族文化相关的专业建设和人才培养,形成民族文化产业发展和民族文化特色村镇建设的人才资本。

四是成果应用。课题组向中华人民共和国国家民族事务委员会(以下简称“国家民委”)提交了“加强少数民族地区高职院校产城教融合,促进少数民族大学生就业创业”的建议。国家民委文宣司予以采纳,认为该建议结合少数民族地区产业发展、城镇化建设和高职院校少数民族大学生就业创业的现实情况,分析了少数民族大学生就业创业中存在的问题,提出政策导向、学院发展、人才培养、文化传承等方面的措施。不仅如此,相关研究成果还在重庆、新疆、贵州的高职高专进行实验,主要涉及专业设置、就业引导、创业培训、校企合作、城教融合等方面。在云南省大理州巍山县建立了产城融合实验区。

针对上述研究策略,全书运用了文献分析法、田野调查法、比较分析法和综合分析法等研究方法。

1. 文献分析法

通过查阅少数民族大学生就业相关的文献,系统梳理少数民族大学生就业研究的研究视角和主要观点;再通过查阅各省市高校少数民族大学生就业情况,比较分析少数民族大学生与汉族大学生就业率,提炼出少数民族大学生与汉族大学生就业的比较分析报告。

2. 田野调查法

通过走访访谈、问卷调查、实地考察等方式调查不同专业的少数民族大学生的就业去向,不同行业的企业对少数民族大学生的就业要求,政府对促进少数民族大学生就业的政策导向等。调研少数民族地区少数民族大学生就业情况,少数民族地区城市发展与产业发展的融合情况，少数民族地区城市发展与职业教育发展的融合情况，并以“产城教融合模式”为理论支撑，总结产业发展、城镇建设和职教改革之间的融合情况。

3. 比较分析法

通过采集少数民族大学生的就业情况和汉族大学生的就业情况，对汉族大学生和少数民族大学生就业率进行横向比较；通过分析近年少数民族大学生的就业变化情况，对少数民族大学生就业率进行纵向比较。

4. 综合分析法

运用综合分析法中的相关分析和因素分析，对少数民族大学生就业存在的问题和原因进行分析和整理，以产城教融合理论为脉络，建立产业、城镇和教育之间的逻辑关联和实践联系，从学校措施和外部保障两个方面进行统合，提出促进少数民族大学生就业的系统性措施。

第一章

少数民族地区高职院校就业现状

在全国高校毕业生就业比较严峻的形势下，少数民族大学生就业创业面临着更大的压力。少数民族大学生就业不仅是教育问题，也是经济问题，更是民生问题。2014年“两会”期间，习近平总书记四问新疆少数民族学生就业情况。据教育部统计，截至2014年全国少数民族学生有728447人，占学生总数的7.2%。当前对少数民族大学生就业的研究主要集中在就业现状、就业问题及原因等，对新疆少数民族大学生就业问题的关注比较多。相较而言，对少数民族大学生创业的研究则要少得多。

第一节　少数民族地区高职院校概况

一、少数民族地区高职院校发展及布局

少数民族地区高职院校数发展迅速，区域差异明显。按照国家民委划定的范围，民族省区包括内蒙古、广西、云南、贵州、青海、宁夏、新疆、西藏。21世纪以来，少数民族地区的高等职业教育发展迅速，从2000年的53所增加到2016年的200所。但是少数民族地区的高职院校发展不均衡，2016年云南达到41所，广西、贵州达到37所，内蒙古36所，新疆28所；而青海、宁夏、西藏长期维持在10所及以下。

表1.1 民族省份高职院校数量变化表

单位:所

年份	内蒙古	广西	云南	贵州	青海	宁夏	新疆	西藏	合计
2000	7	16	11	11	2	1	5	0	53
2001	8	17	11	16	3	3	9	0	67
2002	11	17	14	20	4	4	10	0	80
2003	12	24	19	24	8	9	15	1	112
2004	17	31	18	26	8	9	15	1	125
2005	22	35	28	23	8	9	19	1	145
2006	23	34	34	21	8	8	20	2	150
2007	26	36	33	21	5	8	20	3	152
2008	27	39	34	23	5	8	21	3	160
2009	27	39	35	22	5	8	21	3	160
2010	30	41	35	22	5	8	21	3	165
2011	33	40	37	23	5	9	21	3	171
2012	33	39	37	24	5	8	21	3	170
2013	34	38	38	26	5	8	23	3	175
2014	35	37	37	29	8	10	26	3	185
2015	36	35	38	32	8	10	26	3	188
2016	36	37	41	37	8	10	28	3	200

注:数据来源于教育部官方网站历年教育统计数据。

二、少数民族地区在校生规模及毕业生数

(1)民族地区高职院校在校生数增长迅速,省份间差异较大。通过表1.2可看出,2003年民族省份高职院校在校生数平均为3618人,2013年为5941人,2016年为6667人;就增长变化来看,2016年平均在校生数为2003年的近2倍,尤其是广西、贵州、云南三省(自治区)增长较快。青海、宁夏、西藏、新疆总体呈增长态势,但是2016年平均在校生数却呈现出下降的态势。而且,青海、宁夏、西藏的平均在校生数基本保持在4000人左右,只有广西的1/4左右。

表1.2　2003、2013、2016年民族省份高职（专科）在校生规模

年份	类别	内蒙古	广西	云南	贵州	青海	宁夏	新疆	西藏
2003	在校生数（人）	73671	124048	69584	58789	9296	10713	54861	4271
	高职数（所）	12	24	19	24	8	9	15	1
	平均在校生数（人）	6139	5169	3662	2450	1162	1190	3657	4271
2013	在校生数（人）	169161	325393	189663	161831	17367	37082	127104	12174
	高职数（所）	34	38	38	26	5	8	23	3
	平均在校生数（人）	4975	8563	4991	6224	3473	4635	5526	4058
2016	在校生数（人）	190244	387333	255335	272290	25714	40931	150900	11122
	高职数（所）	36	37	41	37	8	10	28	3
	平均在校生数（人）	5285	10468	6228	7359	3214	4093	5389	3707

注：数据来源于2004、2014年《中国教育统计年鉴》和教育部官方网站教育统计数据。

（2）民族省份毕业生数。从表1.3可以看出，2013—2016年民族省份高职院校毕业生数分别占全国同类学生的10.3%、10.5%、10.5%、10.5%；2013—2016年民族省份高职院校毕业生数占当年本地普通高等学校毕业生数的比例分别为54%、52%、50%、50%，分别高出全国平均水平4个、4个、3个、3个百分点，这足以说明必须高度重视高职院校毕业生就业工作。分省份来看，广西、新疆两地超过民族省份平均比例，2013年广西占比高达62%，到2016高出民族省份平均比例6个百分点；云南、西藏、青海、宁夏四地则普遍低于全国和民族省份平均占比；内蒙古、贵州两地基本与民族省份平均占比持平。

表1.3　2013—2016年民族省份高职（专科）毕业生数及占毕业生总数比

	2013年		2014年		2015年		2016年	
	人数（人）	占比（%）	人数（人）	占比（%）	人数（人）	占比（%）	人数（人）	占比（%）
内蒙古	57997	54	58268	52	53392	49	56428	51
广　西	104460	62	103067	59	105851	58	106924	56
贵　州	44969	51	47426	48	58830	50	52564	45
云　南	62982	49	67872	48	56927	39	66640	44
西　藏	4321	47	4218	46	4476	47	3998	43
青　海	5634	45	5582	44	6019	45	6066	43
宁　夏	9647	43	11174	46	12748	45	12591	43
新　疆	37963	54	34886	52	38580	55	41064	56
民族省份小计	327973	54	332493	52	336823	50	346275	50
全国	3187494	50	3179884	48	3222926	47	3298120	47

注：数据来源于教育部官方网站历年教育统计数据。

(3)民族省份毕业生数比较。从表1.4可以算出,2013—2016年民族省份高职院校毕业生数占总数比例均高出全国平均水平2~4个百分点。分省份来看,广西、内蒙古、新疆三地均高出民族地区平均占比,云南、西藏、青海、宁夏四地均低于民族省份平均占比,而贵州表现出起伏不定的态势。

表1.4　2013—2016年民族省份高职院校毕业生数及占总数比

地区	2013年		2014年		2015年		2016年	
	人数(人)	占比(%)	人数(人)	占比(%)	人数(人)	占比(%)	人数(人)	占比(%)
内蒙古	59730	52	55147	49	58022	50	62918	51
广　西	106287	60	109871	58	111530	56	126945	57
贵　州	47869	47	59238	50	52897	45	76081	50
云　南	68357	47	57802	39	67522	44	80191	45
西　藏	4184	46	4487	47	3937	43	3546	39
青　海	5817	44	6063	43	6231	42	6815	45
宁　夏	11357	44	13157	46	12843	42	14354	44
新　疆	35717	51	40330	55	43081	55	45171	54
民族省份小计	339318	52	346095	50	356063	49	416021	51
全国	3240024	48	3297753	47	3374754	47	3603590	47

注:数据来源于教育部官方网站历年教育统计数据。

第二节　少数民族地区高职院校就业现状分析

一、民族省份高职院校大学生就业情况

为较好地掌握民族省份高职院校整体就业形势,课题组基于取样数据的延续性,按10%的比例采用随机抽样和方便抽样相结合的方式,从中国高职高专教育网相应年份的《高等职业教育质量年度报告》中抽取相关院校归纳民族地区的高职大学生就业情况,其中内蒙古4所(包头职业技术学院、内蒙古化工职业学院、内蒙古机电职业技术学院、内蒙古建筑职业技术学院)、广西4所(广西电力职业技术学院、广西职业技术学院、柳州职业

技术学院、南宁职业技术学院)、云南4所(昆明工业职业技术学院、云南国土资源职业学院、云南能源职业技术学院、云南农业职业技术学院)、贵州4所(毕节职业技术学院、贵州工业职业技术学院、贵州轻工职业技术学院、铜仁职业技术学院)、宁夏1所(宁夏工商职业技术学院)、青海1所(青海交通职业技术学院)、新疆3所(阿克苏职业技术学院、乌鲁木齐职业大学、新疆轻工职业技术学院)、西藏1所(西藏职业技术学院)。

(1) 民族地区高职院校大学生就业情况。表1.5反映出民族省份高职院校就业总体呈现较好的态势,各省份之间有一定的差距,其中有的省份就业率波动比较明显。从统计公报公布的就业率来看,内蒙古保持在95%~97%之间,广西在92%~94%之间,青海在98%~99.3%之间,宁夏在97%~99.5%之间,新疆在91%~96.5%之间,云南在93%~98.5%之间,贵州在94%~96%之间。

表1.5　2012—2016年民族省份部分高职就业情况(%)

省份	2012年	2013年	2014年	2015年	2016年
内蒙古	96.26	96.40	95.59	96.39	96.24
广西	93.76	92.08	92.84	93.43	93.96
西藏	79.50	74.80	85.20	—	—
青海	99.15	99.15	99.23	98.44	98.31
宁夏	98.21	98.56	97.14	98.72	99.95
新疆	91.58	92.23	96.48	92.25	91.94
云南	98.10	98.15	97.90	98.56	93.01
贵州	96	95	95	94	94

注:数据来源于中国高职高专网《高等职业教育质量年度报告》。

(2) 毕业生去向以服务当地经济社会为主,但西北高职院校毕业生比西南高职院校毕业生留在当地的要多。一是民族地区高职院校对当地经济社会提供了极大的人才支持,中小企业对高职毕业生就业具有极大的贡献。经计算,民族省份高职毕业生留在当地就业的平均比例2015年为78.37%,2016年为79.73%。其中,到中小企业的比例2015年为67.56%,2016年为71.17%。到国家骨干企业就业的占比并不高,2015年为13.5%,2016年为12.78%。二是分区域来看,2015年留在当地就业的比例由高到低依次为西藏(100%)、宁夏(96.45%)、新疆(87.26%)、青海(86.24%)、云南(81.22%)、内蒙古(74.48%)、广西(70.62%)、贵州(64.01%),2016年为西藏(100%)、宁夏(97.47%)、青海(84.44%)、云南(86.64%)、内蒙古(82.82%)、广西(66.26%)、新疆(77.27%)、贵州(73.62%)。

(3) 毕业生满意度。总体上来看,抽样中的高职院校毕业生对母校的满意度如下:2015年为92.27%,2016年为88.64%;雇主对毕业生的满意度2015年为91.13%,2016年为92.38%。分区域来看,2015年毕业生对母校满意度:内蒙古97.33%、广西93.55%、贵州

93.53%、宁夏92.07%、新疆91.5%、云南90.72%、西藏84.33%、青海84.00%;2016年内蒙古97.7%、贵州96.21%、云南94.41%、广西93.08%、新疆91.5%、宁夏91.02%、西藏87.14%、青海88.00%。雇主对毕业生的满意度,2015年内蒙古96.04%、广西91.91%、西藏70.00%、青海85.35%、宁夏96.82%、云南88.52%、贵州96.62%;2016年内蒙古90.09%、广西94.23%、西藏70.00%、青海99.09%、宁夏93.54%、新疆92.02%、云南94.43%、贵州96.96%。

(4)薪酬状况。根据各校高等职业教育质量报告计算,总体上民族省份高职毕业生半年后月薪处于3000~3500元的区间内,统计的13类专业中仅有2个平均水平超过3000元,工资水平总体偏低。具体来看,教育文化大类3637.5元,农林牧渔大类3225.8元,轻纺食品大类2952.5元,公共事业大类2984.3元,土建大类2775元,财经大类2745.5元,生化医药大类2719元,旅游类2763.3元,资源开发与测绘大类2540.8元,电子信息大类2659.3元,艺术大类2586.2元,制造大类2496.4元,交通运输大类2348.9元。但是,有的专业毕业生收入也存在较大的差距,如土建类专业的起薪最低为1707元,最高为4200元;资源开发与测绘大类最低为1902元,最高为3208元;财经大类最低为1860元,最高为3800元;电子信息大类高则4000元,低至1429.45元。在区域上,除农林牧渔大类基本保持在3000元左右,其他专业毕业生的月薪有较大差距。其中西藏的工资水平基本高于其他省份,资源开发与测绘大类云南高于贵州,电子信息大类由高到低依次是西藏、新疆、广西、云南、贵州、青海,财经大类广西、新疆、内蒙古位列前三,旅游类前几位为西藏、云南、贵州、广西。

二、民族省份高职院校大学生创业情况

总体来看,民族省份高职院校自主创业比例不够高,2015年平均为2.15%,2016年为1.98%。分省份看,内蒙古分别为2.38%、2.57%,广西为2.29%、2.88%,宁夏为0.33%、3.18%,新疆为4.50%、1.73%,云南为2.00%、2.25%,贵州为1.62%、1.45%。

(1)涌现出一批创新创业典型案例。尽管数据反映出各个高职院校的自主创业比例不高,但是对于高职层次而言,这意味着各校在推进创新创业的过程中措施有力且成效明显。我们抽取的2017年年度质量报告中,有13所高职院校记录了典型案例。

包头职业技术学院:电子创新工作室自2013年创建以来,带领学生开展了10余种创新创业活动,累计制作发明76项、获授权专利11项(含发明专利1项),现已加入中国众创联盟。2016年指导学生参加创新创业大赛获包头市优秀奖1项,自治区二等奖1项、铜奖1项。朱海洋是学校电子创新工作室的一名学生,毕业后于2013年创立了河南嘉禾智慧

农业科技有限公司。2015年朱海洋获第八届河南省青年创新软件设计大赛铜奖、全国首届大学生“互联网+”创新创业大赛铜奖，同年在工作室教师指导下参加全国“邮储银行杯”中国青年涉农产业创业创富大赛获三等奖。2016年2月嘉禾智慧农业科技有限公司被评为“河南省科技型中小企业”，标志着朱海洋在工作室帮助下，已成功走上创业之路。

内蒙古化工职业学院：韩月梅，女，曾就读于内蒙古化工职业学院化学工程系应用化工技术专业，现为呼和浩特市惠丰药业专门店店长。在校期间，曾担任班级团支书、系学生会干部等，积极配合老师开展院系活动，扎实稳健的工作作风使她逐步成长为一名优秀的学生干部。毕业后，她进入呼和浩特市惠丰药业公司担任见习店员，刚进入公司，就从事自己从未接触的营销。虽然刚开始她难以接受这个行业，因为所学的专业跟岗位跨度很大，工作起来非常吃力，但是母校“厚德博学、自强不息”的教诲时时提醒着她：一定要克服困难，做好自己的本职工作。经过一年多的刻苦钻研，韩月梅大胆创新工作理念，努力提升自我，终于受到了公司领导的认可，2016年10月成功跨级竞聘店长，成为公司中层管理团队的一员。谈及自己的发展历程，韩月梅认为，在校期间的各种活动历练对自己的成长有着相当大的影响，个人的发展不能操之过急，必须循序渐进，要结合很多方面的因素，及早规划好自己的未来，为自己在社会竞争中始终立于不败之地打下坚实的基础，一步一个脚印地前行才是最重要的。

内蒙古机电职业技术学院：尹方亮，2009年7月毕业于内蒙古机电职业技术学院电气工程系电力系统自动化专业，毕业后到中国黄金内蒙古金陶股份有限公司第一选矿厂工作，先后任电气技术员、电气助理工程师、生产调度、碎矿段工段长。工作期间他参加了风水洗矿的研发应用、尼尔森接近开关改造、圆锥破碎机水冷却系统的改造等多项技术升级与改造工作，为企业降本增效近千万元。2016年经过赤峰市委组织部考核后，他作为党代表出席中国共产党内蒙古自治区第十次党代会。

柳州职业技术学院：韦勇豪，柳州职业技术学院汽车工程系2002级汽车运用技术与维护班毕业生，在校期间品学兼优，凭着过硬的专业基础，毕业后来到广西柳工机械股份有限公司工作。工作期间，凭借坚定的信念及学校所学，兢兢业业，一直奋战在生产一线。十年寒暑，扳手和螺栓是他每日工作中亲密的朋友。他也从一名普通的装配员成长为装载机、起重机、推土机、雪地车、泵站样样精通的机械维修专家，先后被评为柳工“劳动标兵”、“敬业奉献模范”、“十佳青年”等，所带班组也曾获得诸多荣誉。在接受了各种密集的极寒训练、技能培训、体能提升等考核项目后，2013年10月22日，韦勇豪接到国家海洋局基地中心发来的邀请，以机械师的身份加入第30次南极考察队，代表柳工出征南极。登陆南极后，韦勇豪负责中山站机械车辆的管理、操作和维修保养，以实际行动为柳工产品最终登陆南极冰川做好铺垫，为我国的南极科考事业奉献了自己的智慧和力量。

南宁职业技术学院：在国家"大众创业、万众创新"的政策支持下，南宁职业技术院艺术工程学院2013级室内设计专业学生李帆在大学期间就开始了自己的创业实践计划，利用节假日，第一次出手就谈下了2个墙绘的单子。他从实践中不断学习，同时把课堂学习的知识运用于实践，通过实践积累掌握一定技术且了解到墙体彩绘的市场前景后，开始谋划在南宁创办自己的公司。在学校的帮扶下，2016年初李帆终于成立了自己的公司，并通过多个平台对公司的业务进行推广和宣传，公司的业务迅速发展和壮大，影响力和业务量不断增加，团队成员从原来的5人扩大到19人。目前，公司的月利润已经超过10万元。

宁夏工商职业技术学院：刘军，学院机电工程系楼宇智能化专业学生。在担任学院大学生创新创业俱乐部部长期间，积极配合学院组织同学们开展创新创业活动，并主动发挥个人优势，争取学院和家长的支持，聚焦宁夏及周边地区市场需求，精心打造创新创业项目，于2016年4月注册了中卫市鸿翔工艺品店，注册资金50万元，主营大型石材和工艺品制作、加工及批发零售，现有工匠16人，为地方新增就业岗位、打造青年创新创业示范项目做出了有益的探索。产品一经投放市场，马上引来普遍关注，被中卫市鹤岗公墓、甘肃省武威市凉州寺选中，确定为供货商。目前，业务已扩展到甘肃、内蒙古等地，累计销售额达到80万元。刘军凭借此项目先后获得学院首届网络创业大赛二等奖、学院2016年大学生创新创意创业大赛一等奖、2016年"创青春"宁夏大学生创业大赛一等奖和宁夏第二届"互联网+"大学生创新创业大赛铜奖。

乌鲁木齐职业大学：李双坪，乌鲁木齐职业大学2013级艺术学院音乐教育专业的学生，从小喜欢玩弄电子设备，入校后在专业学习的同时，注意到新疆的大部分地区依旧采用落后的手工采棉，在对国际上各类采棉方式进行考察分析后发现，国外大型采棉机并不符合我国西部地区棉花采收条件。因此，他在应用工程学院和信息学院老师的指导下，开始了易普及的便携式采棉机的设计、专利申请等创业前期准备工作。2015年4月，以李双坪同学为主的创业团队以工作室的方式进驻创业基地，并利用免费提供的场地、办公设施以及创业基地提供的5000元孵化资金开始创业。在创业基地的组织和推荐下，2015年7月参加了中国创新大赛乌鲁木齐市赛区的比赛，获得三等奖，奖金3万元；同年8月参加了中国创翼大赛新疆赛区的比赛，获得新疆赛区第一名和西北赛区银翼奖；同年8月底参加了中国科学院主办的昌吉科技洽谈会众创空间的投资路演活动，当场获得了其他企业的技术支持和投资专家的预约。在比赛过程中，经过众多专家及投资专家的点拨，他对设计思路进行了多项改进，并逐步向成熟的工业化量产产品接近，2015年9月注册成立了独立法人机构乌鲁木齐坤元智子农业科技有限公司，注册资金20万元。

新疆轻工业职业技术学院：赛哈尔丁·赛富丁是来自阿克苏地区柯坪县的一名维吾

尔族学生,是信息与软件分院普高计算机信息管理班学生。他研究发明的“来水自动报警装置”于2015年8月被评为国家实用新型专利。学院对赛哈尔丁·赛富丁进行通报表彰,并奖励现金1万元,以此激发广大学生发明创造的热情。

昆明工业职业技术学院:王周耀在校期间,担任班长一职。2011年开始了第一次创业,创立房屋销售中介公司,赚到了第一桶金约200万元。由于房地产市场行业逐渐下行,于2013年2月第二次创业,投资390万元正式成立了一家针对中高端汽车美容服务的企业——祺城永兴汽车服务会所。

云南国土职业技术学院:为发掘学生的潜能及培养学生的自主创新研发意识,云南国土职业技术学院积极组织学生成立机器人小组,并配有老师进行指导。学生利用课余时间,通过崔庆权老师的指导,学习电路设计制作及编程等知识,并充分运用到实践中,最终在机器人大赛中获得优异成绩。

云南能源职业技术学院:水动专业学生谢晋超同学在校期间品学兼优,多次获得各种奖学金和助学金,多次被评为优秀学生干部、三好学生。该同学利用专业优势,进入学院模拟矿井建设项目,尤其在设备检修、设备安装等工作中表现突出。因悟性高、勤快、认真而深受项目指导老师喜爱,毕业后进入盘江煤电煤矿机械修理厂工作,3年中他修理了300多台电机。2015年底回到云南省大理中材科技风电叶片厂,承担全厂电机维修维护工作;由于技术熟练,业务扎实,很快得到认可。2016年,他与重庆起重机厂建立合作关系,兼任重庆起重机厂滇西北售后服务电机维修维护代理。2016年他又在云南大理的下关镇、巍山县开设两个电器维修行,开展家用电器修理,服务家乡,在当地受到广泛好评。

毕节职业技术学院:2016年6月5日,由贵州省教育厅主办的第六届全国大学生电子商务“创新、创意及创业”挑战赛贵州选拔赛,在贵州师范大学宝山校区隆重举行。刘钊、周夏西、张艺耀、赵毬钦等同学的参赛作品“校园实践综合平台”喜获三等奖。

铜仁职业技术学院:依托学校、铜仁大兴高新区政府和企业三方紧密合作平台,在学校领导和老师的大力支持和指导下,电子商务专业谌潇雄、杨朵和胡慧群3位在校学生于2015年12月创建“后花苑O2O”电商平台,主营纯手工干花工艺品。淘宝后台数据显示,从2015年12月至2016年10月,营业额达到40万元以上。该团队的“优滋果惠”水果O2O电商创意项目在2016年第六届全国大学生电子商务“创新、创业及创意”大赛中,荣获贵州分赛区特等奖、贵州分赛区最佳创业奖以及全国一等奖、全国最佳创意奖。

资料来源:整理相关高职院校的2017年《高等职业教育质量年度报告》所得。

(2)创新创业教育体系的基本构建。在2017年公布的高等职业教育质量年度报告中,有7所学校明确提出了将创新创业教育纳入人才培养的全过程,并且有5所高职院校将创新创业作为必修课。同时,各校也加强创新创业教育教材和课程资源的开发,如广西职业技术学院的大学生创业基础、慕课、视频公开课等等,贵州工业职业技术学院开设了职业生涯与就业指导、知识产权挖掘与申报、中小企业创业指导等三门课程,内蒙古建筑职业技术学院将大学生创业教育作为选修课程。此外,也有高职院校从创业培训入手推动创新创业教育,如铜仁职业技术学院分三段的SIYB创业培训、GYB培训、SYB培训;也有采用活动形式推动的,如宁夏工商职业技术学院举办"宁夏高校创新创业高峰论坛"和就业创业活动月;也有采用"课程+培训"的方式,如云南能源职业技术学院开设职业生涯规划、就业创业指导(必修)+创业KAB(选修)。

(3)创新创业平台建设全面铺开。抽样调查的高职院校中,明确有创新创业平台的14所。从已有的创业平台来看,以大学生创新创业孵化中心(基地)和众创空间为主,创新创业实践社、创业实践训练营、创新创业学生社团等为辅。

(4)比赛促进创新创业能力素养。依据《国务院办公厅关于深化高等学校创新创业教育改革的实施意见》(国办发〔2015〕36号),全国各地大力推动创新创业,组织实施各级各类的创新创业大赛。当前有全国的"挑战杯——彩虹人生",云南的"云岭大学生创业引领计划"、内蒙古的"创青春"大学生创业计划大赛等等。

(5)创新创业保障体系有力。一是加强组织领导。毕节职业技术学院、宁夏工商职业技术学院、乌鲁木齐职业大学、云南国土职业技术学院4所学校设置了创业学院;昆明工业职业技术学院成立了创新创业工作指导委员会;云南能源职业技术学院成立了创新创业教育领导小组。二是加强制度建设。如广西职业技术学院完善"全方位、多平台"的创业服务体系,制定《大学生创业园管理办法(试行)》《大学生创业资金管理办法(试行)》和《大学生创客空间使用管理办法》,建成了特色鲜明的"6+1+1"大学生创业基地。内蒙古机电职业技术学院出台了《大学生科技创新项目管理及奖励办法》等等。三是加强创新创业教师队伍建设。通过KAB、SIYB、领航者创业实训等项目提供创业指导教师,采用校内外结合的专兼职教师队伍建设模式。四是加强对创新创业教育的科学研究。如云南能源职业技术学院围绕创新创业教育发表论文26篇,立项省、校级课题6项。

三、民族自治州高职院校大学生就业创业情况

为了更准确地把握民族地区高职院校大学生就业创业现状,我们选取30个民族自治州(据2010年全国第六次人口统计公报主要数据计算,30个民族自治州人口数达到5558.03万人,少数民族人口平均占比超过60%)的17所高职院校(包括伊犁职业技术学院、巴音郭楞职业技术学院、新疆昌吉职业技术学院、新疆农业职业技术学院、新疆应用

职业技术学院、大理农林职业技术学院、红河卫生职业学院、德宏职业学院、西双版纳职业技术学院、云南现代职业技术学院、云南三鑫职业技术学院、黔东南民族职业技术学院、黔南民族职业技术学院、黔西南民族职业技术学院、湘西民族职业技术学院、恩施职业技术学院、延边职业技术学院)进行调查分析。统计数据来自2015年各校高等职业教育质量报告和阳光高考平台数据。

(1)生源结构:女多男少、本省域为主。对新疆地区高职院校的性别结构进行统计,5所民族自治州高职的男女生平均比为0.83∶1;少数民族学生平均占比为54.31%,男生中少数民族平均占比为50.3%(最高达到92.02%,最低为28.84%),女生中少数民族平均占比为56.01%(最高为80.14%,最低为41.69%)。在生源地缘结构方面,总体上以院校所在省份为绝对生源基地(占比达到88.06%),17所高职院校省内招生数平均为1250人,省外招生数169.58人;分院校看,有6所院校超过15%(在16.17%~25.90%之间)的生源来自省外,有7所院校主要来自省内,有4所院校生源全部来自省内,有个别院校生源一半来自本州。

(2)就业创业特征:以省内企业就业为主,创业只是少数。第一,民族地区高职院校就业率总体上呈现增长趋势。2014年,高职院校大学生平均就业率为91.69%,高出2013年7.55个百分点。分地区平均就业率有较大差异,民族高职院校2014年平均就业率分别为:湖北(96.5%)、新疆(95.7%)、贵州(91.42%)、云南(87.83%)、湖南(83.12%)。第二,就业去向以省内就业为主,2014年高职院校省内就业率平均为96.69%。但选择本地就业的比例不足一半,2014年平均占比为45.43%。第三,就业单位性质以企业为主。高职院校毕业生到企业就业平均占比为79.31%,机关事业单位就业平均占比为9.66%,升学平均占比6.82%。

此外,创业只是少数人的选择。第一,自主创业率偏低。2014年平均自主创业率为1.17%,低于2013届高职高专毕业生自主创业比例3.3%。①第二,创业典型案例不足。总体上,有5所高职学院(占调查院校的29.41%)在质量报告中记录了7个自主创业典型案例。首先,这些案例涉及6个专业,且所学专业与创业行业对口或密切相关的比例达到71.43%。其次,从创业案例的时间来看,大学毕业就直接创业的占42.85%,积累一定经验再创业的占28.57%,其他的占28.57%。再次,创业案例产生了较大经济效益,带动社会就业。从经济产出来看,案例间的差距比较大,多数企业年产值在100万元以内,个别能达到1000万元。最后,从创业实体的区位分布来看,在就读院校所在自治州创业的4个(占57.14%),在省内中心城市的2个(28.57%),在省外中心城市的1个(14.29%)。

① 转引自谭力文,曹文祥,宋晟欣.高校创业教育与大学生创业意愿关系研究[J].技术经济与管理研究,2015(11):34-39.

表1.6　创业典型案例

姓名	院校	专业	创办企业/从事行业	经济效益和社会效益	社会声誉
孙毅	新疆农业职业技术学院	园林技术	乌鲁木齐市森林熊电子商务有限公司	注册资金200万元，预计年销售额2000万元；现有员工10人，接收学院毕业生5人	2014年“挑战杯——彩虹人生”全国职业学校创新创效创业大赛一等奖
李丛波	黔东南民族职业技术学院	园艺技术	贵阳观山湖花轩花店	年营业额15万余元，纯利润6万余元	–
刘健	湘西民族职业技术学院	畜牧兽医	从事养殖及饲料、兽药销售	年收入达50多万元，已有员工5人	–
邓光勇	湘西民族职业技术学院	广告设计与制作	北京创引广告有限公司	–	–
姚俊	恩施职业技术学院	计算机应用技术	尚风寨蜜蜂养殖专业合作社	固定资产已达50万元，养蜂户1000余户；销售额可达500万元	湖北青年创业榜样、全国农村青年致富带头人、湖北省农村实用技术人才
沈太亮	西双版纳职业技术学院	应用泰国语	西双版纳中天假日国际旅行社	–	在西双版纳州内有一定的影响
李平良	西双版纳职业技术学院	人物形象设计	李平良人物形象设计中心	–	在西双版纳州内有一定的影响

说明：1. 资料来自相关院校2015年高等职业教育质量报告；2. 涌现出的典型案例的民族身份无法确定。

第三节　民族地区产城教相关性的实证分析

一、样本选择及数据来源

样本基础数据来源于2012—2016年《中国统计年鉴》8个民族省份的国民经济社会统计公报、抽样高职院校2012—2017年高等职业教育质量报告，进而计算出内蒙古、广西、贵州、云南、青海、宁夏、西藏、新疆8个省区的工业化率、城镇化率、高职专科就业率、三产占比的面板数据。

二、变量及模型设定

1.变量选定

因变量:高职专科就业率,即高职毕业生就业人数占当年高职毕业生总数的比例。

自变量:工业化率、城镇化率及三产占比。

(1)工业化率=工业增加值占全部生产总值比重。

(2)城镇化率=常住城镇人口占常住人口比重。

(3)三产占比=三产增加值占当年GDP的比重。

2.变量间的关系初步验证

采用spss19.0对民族省份的高职就业率、城镇化率、工业化率、三产占比描绘散点图和相关分析。

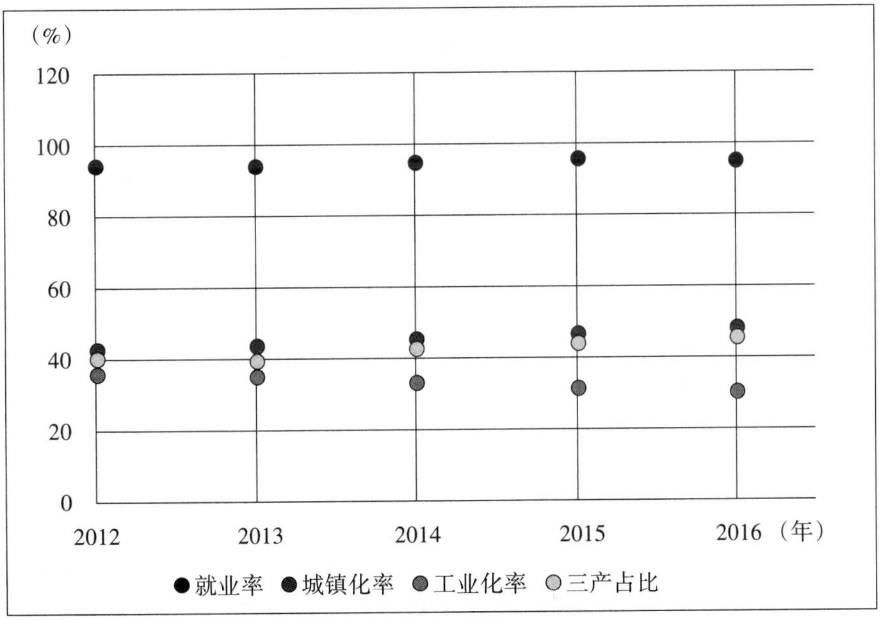

图1.1 就业率与城镇化率、工业化率及三产占比散点图

如表1.7所示,总体上民族省份的高职就业率与城镇化率、工业化率、三产占比具有较强的相关性,相关系数分别为0.715、-0.795、0.871,也就是说民族地区的高职就业率与城镇化率和三产占比呈正相关,与工业化呈负相关。

表 1.7 民族省份产城教相关性

			城镇化率	工业化率	三产占比
就业率	Pearson 相关性		0.715	−0.795	0.871
	显著性(双侧)		0.175	0.108	0.055
	Bootstrap[a]	偏差	0.004	0.014	−0.010
城镇化率	Pearson 相关性		1	−0.990**	0.934*
	显著性(双侧)			0.001	0.020
	Bootstrap[a]	偏差	0	−0.002	−0.014

注:a. Unless otherwise noted, bootstrap results are based on 1000 bootstrap samples.

**. 在 0.01 水平(双侧)上显著相关。*. 在 0.05 水平(双侧)上显著相关。

分省来看,表 1.8 反映出城市化率与工业化率均呈强负相关,与三产占比呈强正相关(除贵州外);但是高职就业率有的与城市化率呈负相关(内蒙古、贵州、云南、青海),有的呈正相关(广西、宁夏、新疆);与三产占比也是同样情况(内蒙古、云南、青海负相关,其他四地正相关),尤其是青海表现出强负相关。

表 1.8 民族省份高职就业率与其他相关性

			工业化率	城市化率	就业率	三产占比
内蒙古	城市化率	Pearson 相关性	−0.993**	1	−0.028	0.985**
		显著性(双侧)	0.001		0.964	0.002
	就业率	Pearson 相关性	0.043	−0.028	1	−0.156
		显著性(双侧)	0.946	0.964		0.803
广西	城市化率	Pearson 相关性	−0.999**	1	0.324	0.987**
		显著性(双侧)	0.000		0.594	0.002
	就业率	Pearson 相关性	−0.363	0.324	1	0.411
		显著性(双侧)	0.548	0.594		0.492
贵州	城市化率	Pearson 相关性	0.256	1	−0.927*	−0.861
		显著性(双侧)	0.678		0.023	0.061
	就业率	Pearson 相关性	−0.218	−0.927*	1	0.829
		显著性(双侧)	0.724	0.023		0.083

续表

			工业化率	城市化率	就业率	三产占比
云南	城市化率	Pearson 相关性	−0.989**	1	−0.709	0.994**
		显著性(双侧)	0.001		0.180	0.001
	就业率	Pearson 相关性	0.610	−0.709	1	−0.652
		显著性(双侧)	0.275	0.180		0.233
青海	城市化率	Pearson 相关性	−0.969**	1	−0.798	0.941*
		显著性(双侧)	0.006		0.105	0.017
	就业率	Pearson 相关性	0.869	−0.798	1	−0.903*
		显著性(双侧)	0.056	0.105		0.036
宁夏	城市化率	Pearson 相关性	−0.977**	1	0.540	0.974**
		显著性(双侧)	0.004		0.347	0.005
	就业率	Pearson 相关性	−0.497	0.540	1	0.588
		显著性(双侧)	0.394	0.347		0.297
新疆	城市化率	Pearson 相关性	−0.981**	1	0.058	0.989**
		显著性(双侧)	0.003		0.926	0.001
	就业率	Pearson 相关性	0.122	0.058	1	0.043
		显著性(双侧)	0.845	0.926		0.946

注:**. 在0.01水平(双侧)上显著相关。

三、民族省份高职院校大学生就业创业影响因素分析

在西部大开发各项优惠政策的积极推动下,2000年以来民族省份产业总体进入快速发展阶段,三次产业产值增长稳定,产业结构调整步伐加快。鉴于西部地区的资源优势和经济基础,国家通过宏观政策的调控着力发展能源、原材料工业、特色农产品加工、旅游业等特色优势产业,这对高职院校学生的就业具有决定性的影响。

(1)民族地区产业结构对高职大学生就业具有刚性约束。西部大开发以来,民族省份第二产业明显提升,初步形成了“二、三、一”产业发展格局。

表1.9　2000—2016年民族省份主要年份产业结构

单位:%

	2000年			2004年			2008年			2012年			2016年		
	第一产业	第二产业	第三产业	第一产业	第二产业	第三产业	第一产业	第二产业	第三产业	第一产业	第二产业	第三产业	第一产业	第二产业	第三产业
内蒙古	25	39.7	35.3	17.1	40.6	42.3	11.7	55	33.3	9.1	55.4	35.5	8.8	48.7	42.5
广西	26.3	36.5	37.2	23.6	36.5	39.9	20.3	42.4	37.4	16.7	47.9	35.4	15.3	45.1	39.6
云南	22.3	43.1	34.6	19.3	41.6	39.2	17.9	43	39.1	16	42.9	41.1	14.8	39.4	46.2
贵州	27.3	39	33.7	19.9	40.6	39.5	16.4	42.3	41.3	13	39.1	47.9	15.8	39.5	44.7
青海	14.6	43.3	42.1	12.5	45.4	42.1	11	55.1	34	9.3	57.7	33	8.6	48.6	42.8
宁夏	17.3	45.2	37.5	12.2	45.4	42.1	10.9	52.9	36.2	8.5	49.5	42	7.6	46.8	45.6
西藏	30.9	23.2	45.9	19.7	24	56.3	15.3	29.2	55.5	11.5	34.6	53.9	9.1	37.4	53.5
新疆	21.1	43	35.9	19.8	42.4	37.7	16.4	49.6	33.9	17.6	46.4	36	17.1	37.3	45.6

数据来源:整理各地国民经济社会统计公报。

如表1.9所示,2000—2016年各省第一产业比重均明显下降,其中内蒙古、宁夏、西藏三地的下降速度最快,分别下降了16.2、14.7、21.8个百分点;2000年第二产业比重最高的为宁夏、青海、云南,2016年变为宁夏、内蒙古、青海;第三产业比重,2016年除广西外,其余7个省份均有不同程度的增长。“三二一”(云南、贵州、西藏、新疆)与“二三一”(内蒙古、青海、宁夏、广西)的产业格局各占一半。也就是说,民族省份的产业结构正从第二产业向第三产业过渡。

(2)重化工为主的现实产业格局吸纳高职毕业生能力不足。根据民族省份的第三次全国经济普查主要数据公报显示,公共管理、社会保障和社会组织、批发和零售业、制造业、租赁和商务服务业、教育、房地产业的法人机构,内蒙古占76%,广西占78%,贵州占76%,青海占74%,宁夏占78%,但是民族省份吸纳从业人员的产业则是制造业、公共管理、社会保障和社会组织、建筑业、批发和零售业、教育。以2013年为例,这些从业人员分别占全部法人单位从业人数的比例,宁夏为65%,广西为72%,贵州为64%,云南为64%,内蒙古为61%,青海为65%,西藏为76%,新疆为56%。尤其是西藏的公共管理、社会保障和社会组织从业人员占40%。由此可见,对国民经济贡献大的产业与吸纳从业人员多的产业并不一致,但公共管理机构和教育占较大比重。

表1.10　民族地区2013年各产业从业人员占法人单位人员总数比重

单位:%

行业	宁夏	广西	贵州	云南	内蒙古	青海	西藏	新疆
B	0.07	0.02	0.10	0.06	0.09	0.05	0.02	0.06
C	0.24	0.29	0.19	0.17	0.20	0.19	0.06	0.14
D	0.04	0.03	0.04	0.02	0.03	0.02	0.02	0.02
E	0.10	0.13	0.11	0.15	0.09	0.11	0.17	0.09
F	0.09	0.09	0.07	0.08	0.10	0.07	0.06	0.07
G	0.02	0.04	0.03	0.04	0.05	0.05	0.03	0.05
H	0.02	0.02	0.02	0.02	0.02	0.02	0.03	0.01
I	0.01	0.01	0.01	0.01	0.01	0.01	0.01	0.01
J	0.01	0.01	0.01	0.03	0.01	0.02	0.03	0.00
K	0.04	0.03	0.03	0.03	0.03	0.03	0.01	0.03
L	0.04	0.04	0.03	0.05	0.04	0.03	0.03	0.05
M	0.03	0.02	0.02	0.02	0.02	0.03	0.02	0.02
N	0.02	0.01	0.01	0.01	0.02	0.01	0.00	0.01
O	0.01	0.01	0.01	0.01	0.01	0.01	0.01	0.01
P	0.08	0.10	0.11	0.10	0.07	0.07	0.07	0.09
Q	0.03	0.04	0.04	0.04	0.03	0.04	0.02	0.04
R	0.01	0.01	0.01	0.01	0.01	0.01	0.01	0.01
S	0.14	0.11	0.16	0.14	0.15	0.21	0.40	0.17

数据来源:1.根据民族省份统计局官方网站第三次全国经济普查主要数据公报计算;根据《国民经济行业分类》(GB/T 4754—2017):B.采矿业、C.制造业、D.电力、热力、燃气及水生产和供应业、E.建筑业、F.批发和零售业、G.交通运输、仓储和邮政业、H.住宿和餐饮业、I.信息传输、软件和信息技术服务业、J.金融业、K.房地产业、L.租赁和商务服务业、M.科学研究和技术服务业、N.水利、环境和公共设施管理业、O.居民服务、修理和其他服务业、P.教育、Q.卫生和社会工作、R.文化、体育和娱乐业、S.公共管理、社会保障和社会组织。

(3)以商业贸易和水陆运输为中心的第三产业吸纳的毕业生专业覆盖面窄。尽管第三产业增长态势迅猛,但对技术技能人才的需求动力不足。1994—2011年,西部第三产业产值从1436.5亿元增加到19467.9亿元,18年间增长了13.55倍。1994—2011年底,民族省份第三产业产值占全国比例由8.88%增加到9.49%。而分行业来看,主要是住宿和餐饮业(占全国该行业的14.65%),交通运输、仓储和邮政业(占全国该行业的13.49%),金融业(占全国该行业的8.67%),批发和零售业(占全国该行业的9.23%),房地产业(占全国该行业的5.74%)。

(4)投资是民族省份发展的持续动力之一,而固定资产的主要投资方向则限制了高职毕业生的就业去向。西部大开发以来,民族省份各地固定资产投资额均呈现迅猛增长态势,2004年是各地加速投资的一个重要分界线。到2016年,固定资产投资超过万亿元的有广西、内蒙古、贵州,分别达到18236.78亿元、15469.5亿元、12929.17亿元,各是1999年的31.5倍、44倍、41.4倍。

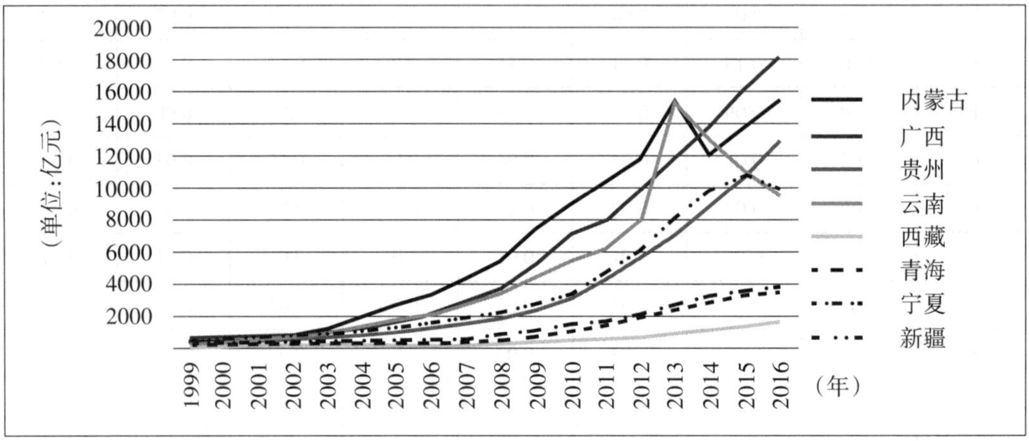

图1.2 1999—2016年民族省份固定资产投资变动

根据中国区域统计年鉴统计数据分析,2012年民族省份固定资产总投入46042.8亿元。按国民经济行业分类来看,房地产业投入占民族省份固定资产投资的23.52%,制造业占总体投资的26.22%,交通运输、仓储和邮政业投入占9.84%,水利、环境和公共设施管理业投入占9.58%,电力、热力、燃气及水生产和供应业投入占8.68%。由此可见,民族地区固定资产投资的行业主要集中在制造、房地产、交通、水利、公用设施、电力、热力、燃气等行业,这在较大程度上抑制了当地高职学生的就业。

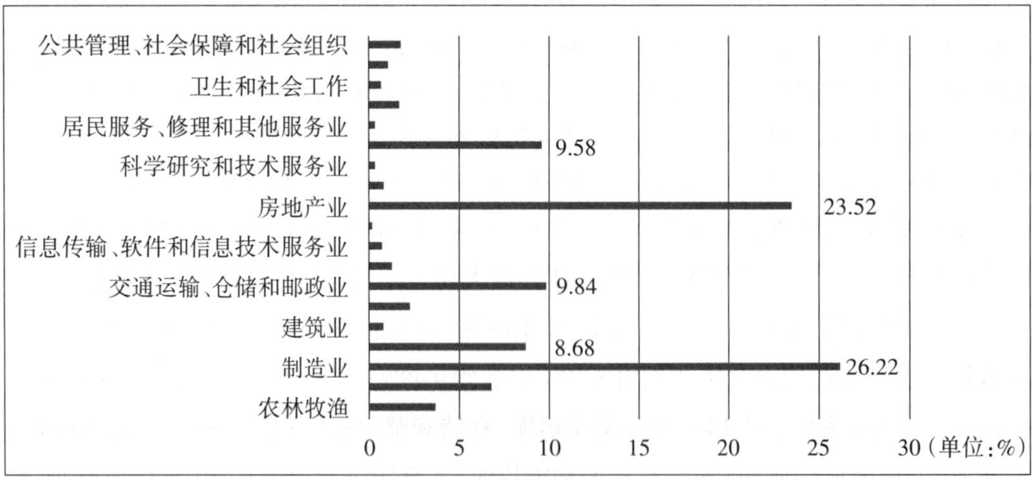

图1.3 2012年民族省份固定资产投资方向分产业占比

四、民族自治州高职大学生就业创业影响因素分析

（1）当地经济发展总体水平影响高职院校大学生就业创业。生产力水平的区域差异造成的人才向发达地区流动的格局短时间内难以改变。一是从市场经济主体单位来看，东部比西部更具活力，就业人口吸纳力强。2012年，企业法人占社会法人单位数的全国平均水平为78.05%，东部省份总体占比较高；而西部地区仅重庆略高于全国平均水平，其余省份中最低的20%左右，最高也不过70%。二是从城镇私营单位就业人员平均工资来看，东部普遍高于西部地区。即使最高的重庆同东部比较，也低于京、津、苏、浙、粤、闽等地。三是东部城镇登记失业率平均低于西部0.51个百分点。即使发达地区设置了人口迁入门槛条件，但区域发展的不平衡仍导致中西部人才的单向流动。2010年上海外来人口中，大专及以上学历占14%（125.68万人）①。

表1.11　2012年东西部法人数、城镇私营单位就业人员平均工资及失业率比较

东部					西部				
地区	法人数（人）	企业法人占比（%）	城镇私营单位就业人员平均工资（元）	城镇登记失业率（%）	地区	法人数（人）	企业法人占比（%）	城镇私营单位就业人员平均工资（元）	城镇登记失业率（%）
北京	404907	0.9238	42882	1.3	内蒙古	155136	0.6778	29761	3.7
天津	207512	0.90398	35309	3.6	广西	274666	0.6565	25086	3.4
上海	455055	0.9404	28898	3.1	重庆	274165	0.8188	31035	3.3
河北	387093	0.71964	25158	3.7	四川	403208	0.5727	25912	4.0
山东	906064	0.79724	29206	3.3	贵州	133415	0.5698	25962	3.3
江苏	1096912	0.8914	32069	3.1	云南	214490	0.6998	20950	4.0
浙江	865140	0.8542	32117	3.0	西藏	16664	0.2061	–	2.6
福建	399091	0.7999	31104	3.6	陕西	255333	0.6931	22753	3.2
广东	1008447	0.8773	31920	2.5	甘肃	124734	0.5357	20922	2.7
海南	49117	0.7636	24446	2.0	青海	33425	0.5256	23056	3.4
					宁夏	43820	0.6573	25734	4.2
					新疆	110109	0.5893	29486	3.4

注：数据来源于中国统计年鉴（2013）。

（2）当地就业结构制约着高职大学生就地就业。表1.12在一定程度上可以反映出民族自治州的就业行业分布特征：一是就业人员主要集中在国家行政机关、事业单位和制造业。从第二产业和第三产业法人单位就业人员构成比例来看，6个地方的公共管理、社

① 杨杰.上海流动人口特征及其空间差异性分析[D].上海：华东师范大学，2013：15.

会保障和社会组织人员占比在14%~64%之间，平均为26.29%。虽然制造业从业人员占比位居第二，但平均占比仅为14.72%。二是其他行业从业人员呈现碎片化特征，表中统计的采矿业、教育、批发零售各占一定比例且呈零星分布。与此同时，新疆90%的少数民族学生家长让孩子到学校当老师、去事业单位或者考公务员①，希望在政府机构或事业单位工作的占比为73.81%②，在现实的调查中有74.6%的大学生在这些部门工作③。再加上少数民族家长有很强的乡土地域观念，希望子女能在自己身边工作，而不愿他们离家太远，尤其是女性大学生。④由此就会出现就业岗位、就业地预期与现实供给的矛盾，导致局部大学生就业市场的过度饱和、过度竞争，加剧了少数民族大学生就业难的程度及复杂性⑤。

表1.12　部分民族自治州第三次经济普查主要数据

地区	从事第二产业和第三产业活动的法人单位(个)	第二产业和第三产业法人单位从业人员(人)	位居前三位的行业		
恩施	18239	373604	C:59545人(15.9%)	A:55878人(15.0%)	F:42938人(11.5%)
甘孜	8948	167277	A:106459人(63.64%)	D:14427人(8.62%)	E:6395人(3.82%)
凉山	17660	42.51万	A:9.46万人(22.26%)	B:5.93万人(13.95%)	C:5.85万人(13.77%)
湘西	16400	325213	A:71424人(22.1%)	C:52850人(16.3%)	D:36851人(11.4%)
巴音郭楞	10444	32.48万	A:45680人(14.06%)	C:4.03万人(12.9%)	B:2.63万人(8.4%)
黔西南	10495	282181	A:55762人(19.8%)	B:48845人(17.3%)	D:45237人(16.0%)

数据来源：根据各地公布的第三次全国经济普查主要数据公报整理。1.行业代码分别为：A：公共管理、社会保障和社会组织；B：采矿业；C：制造业；D：教育；E：电力、热力、燃气及水生产和供应业；F：批发和零售业；2.为保持数据的准确性，汇总时未对单位进行换算。

① 孙嫱，王向然，朱娜等．新疆少数民族大学生就业问题的调查与分析[J]．西北民族研究，2012(4)：5-18.

② 李全胜，蔡玉洁，杨习铭．新疆大学生就业预期调查问卷分析[J]．新疆社科论坛，2012 (4)：78-82.

③ 陈小昆．新疆少数民族大学生就业状况调查分析[J]．新疆财经，2011(3)：70-74.

④ 蔡玉洁，李全胜，刘晖．关于新疆少数民族高校毕业生就业的调查问卷分析——用人单位、学生家长调查问卷结果分析[J]．兵团教育学院学报，2013(6)：1-6.

⑤ 王志刚．新疆高校少数民族大学生就业现状分析及对策[J]．塔里木大学学报，2009(4)：69-71.

(3)民族省份高职院校专业结构与区域经济对接不充分。一是民族省份产业结构演变表现出自西向东加速的空间差异。首先,产业结构总体呈“二三一”的格局。根据各地国民经济社会统计公报分析,2010—2014年,30个民族自治州第一产业平均占比在20%~22%之间,第二产业平均占比在38%~41%之间,第三产业在34%~36%之间。海西、巴音郭楞、海北、红河、凉山、延边六地的平均工业占比超过50%,分别达到了79.73%、64.06%、57.08%、53.16%、51.52%、50.36%;相较而言,第三产业平均占比超过50%的只有克孜勒苏、甘南、临夏、怒江四地,分别达到53.60%、51.86%、50.41%、50.29%。其次,产业结构“三二一”演变趋势自西向东区域差异明显。2010—2014年间出现第一产业占比迅速下降、第二产业逐步降低、第三产业快速增长的态势,这与工业化进程中的产业结构演进规律相吻合。同时,民族地区产业结构演进趋势具有明显的区域差异性,呈“西东”向加速的特征。也就是说,东部地区民族自治州三次产业结构的变化较西部地区的民族自治州产业结构转型更快。

二是民族省份高职院校专业呈现“三二一”形态。按照教育部《关于印发〈普通高等学校高职高专教育指导性专业目录(试行)〉的通知》(教高〔2004〕3号)和阳光高考平台对民族省份职业院校招生专业的统计,共有355个专业点,校均20.82个专业,专业大类19个,二级分类56个。具体如下:

表1.13　2013年民族地区高职院校按三次产业划分专业情况

	专业大类	专业二级分类	专业点(个)	占比(%)	占比小计(%)
第一产业专业	农林牧渔	畜牧兽医类16个,农业技术类17个,林业技术类13个,水产养殖类1个	47	13.24	13.24
第二产业专业	资源开发与测绘	石油与天然气类4个,资源勘察类3个,矿业工程类5个,矿物加工类4个,测绘类2个,油气与天然气类2个	20	5.63	27.04
	材料与能源	电力技术类5个,能源类2个,材料类4个	11	3.10	
	土建	土建施工类9个,城镇规划与管理类2个,建筑设计类2个,建筑设备类3个,工程管理类3个,房地产类1个	20	5.63	
	制造	自动化类17个,机电设备类6个,机械设计制造类9个,汽车类13个	45	12.68	

续表

	专业大类	专业二级分类	专业点（个）	占比（%）	占比小计（%）
第三产业专业	艺术设计传媒	艺术设计类13个，广播影视类1个，表演艺术类1个	15	4.23	59.72
	医药卫生	护理类9个，药学类4个，医学技术类9个，临床医学类3个	25	7.32	
	文化教育	语言文化类15个，教育类12个	27	7.89	
	水利	水利工程与管理类5个	5	1.41	
	生化与医药	化工技术类4个，生物技术类2个，食品药品管理类1个，制药技术类6个	13	3.66	
	轻纺食品	食品类7个，纺织服装类2个	9	2.54	
	旅游	旅游管理类19个，餐饮管理与服务类1个	20	5.63	
	交通运输	公路运输类3个，民航运输类1个	4	1.13	
	电子信息	电子信息类10个，计算机类26个，通信类1个	37	10.42	
	公共事业	公共管理类2个，公共事业类1个	3	0.85	
	财经	市场营销类14个，财务会计类18个，工商管理类7个，财政金融类7个，经济贸易类3个	49	13.80	
	环保、气象和安全	环保类1个，安全类1个	2	0.56	
	法律	法律实务类1个	1	0.28	

注：第一产业专业指教育部分类专业中的农林牧渔大类；第二产业专业指的是资源开发与测绘类、材料能源类、土建类、制造类；第三产业专业指的是除第一、第二产业专业之外的所有专业。

从上表可以看出，民族省份高职院校专业结构呈现“三二一”格局，且第三产业专业占比较第一、第二产业占比的总和高近10%，2013年的平均比为20.89:41.92:37.19。三产专业与三产占比的匹配度各为0.63、0.65、1.61。也就是说，整体上第一产业专业、第二产业专业与第一产业、第二产业的匹配度不足，而第三产业专业超过了三产比重60%以上。但在现实中，用人单位在用工时首先考虑专业是否对口，如新疆的乌鲁木齐、石河子、昌吉和东疆地区技术岗位的用人需求非常大，尤其是石油化工、煤化工、机械、农业技术等，但毕业生以法律、文学、经管、计算机等专业为主；南疆部分地区医疗卫生、师范等专业供不应求，但大量的财经类、文史类毕业生却无法就业。[①]

① 蔡玉洁，李全胜，刘晖．关于新疆少数民族高校毕业生就业的调查问卷分析——用人单位、学生家长调查问卷结果分析[J]．兵团教育学院学报，2013(06)：1-6.

小结

民族省份高职院校大学生就业是一个必须高度重视的问题。从近几年的数据看，民族省份拥有高职院校数不足全国的六分之一，但高职学生在校生规模占在校生数的一半，为当地人力资源开发做出了重大贡献，70%以上的毕业生在学校所在省份就业，为当地的经济社会发展提供了人才支撑。

总体上，民族省份高职院校就业呈现出较好的态势。各省份之间存在一定差距，有的省份就业率波动比较明显。首先，毕业生去向以服务当地经济社会为主，尤其是当地中小微型企业是吸纳毕业生的主体，但西北高职院校毕业生比西南高职院校毕业生留在当地的要多；其次，从毕业生待遇来看，统计的13类专业中仅有2个平均超过3000元，总体工资水平偏低；再次，在满意度上，抽样的高职院校毕业生对母校的满意度2015年为92.27%，2016年为88.64%，降低了3.63个百分点，雇主对毕业生的满意度2015年为91.13%，2016年为92.38%，增长了1.25个百分点；最后，在自主创业方面，国家强力推动大学生"双创"战略，各地高职院校高度重视，不断加强创新创业保障，基本构建起了创新创业教育体系，创新创业平台建设全面铺开，以各级比赛促进创新创业能力提升，涌现出一批创业案例，但总体上创业比例并不高（2015年为2.15%，2016年为1.98%）。

为进一步探讨产、城、教之间的内在关系，我们选取高职院校就业率、工业化率、城镇化率、三产占比四个指标进行相关性分析，发现：总体上民族省份的高职就业率与城镇化率、工业化率、二产占比具有较强的相关性，相关系数分别为0.715、-0.795、0.871，显著性不是特别明显。具体到各省份则表现出较大的差异，经济结构、就业结构不尽合理，难以支撑当地高职院校大学生有效就业。为此，我们有必要进一步从民族省份的经济结构、产业结构、就业结构与高职的专业结构进行分析，深入探讨影响高职院校毕业生就业的内外制约因素。

第二章

产城教融合的理论基础

按照唯物辩证法的观点，人们通过实践使自己的感觉器官与认识对象相接触，并将接触到的现象传输到大脑中，形成一定的感性直接经验，从片面的、现象的、外部联系的东西，逐步上升到事物全体的、本质的、内部联系的东西，形成基于实践的由浅入深的关于认识发展过程的理论。任何具有真理性的认识都是在被实践检验后才得到认可的，只有实践才可以证明认识是否具有真理性，才可以纠正认识过程中的错误认识。马克思指出："人的思维是否具有客观的真理性，这不是一个理论的问题，而是一个实践的问题。人应该在实践中证明自己思维的真理性，即自己思维的现实性和力量，自己思维的此岸性。关于思维——离开实践的思维的现实性或非现实性的争论，是一个纯粹经院哲学的问题。"[①]人的认识从实践中产生，并依赖于实践，离开实践的认识是根本不可能的。由此可见，实践是人类认识的源泉。毛泽东在《实践论》中指出："通过实践而发现真理，又通过实践而证实真理和发展真理。"[②]产城教融合就是基于已有的产教融合、产城融合、城教融合的实践和三螺旋理论，结合我国少数民族地区的特殊实际而提出的，是对产教融合、产城融合、城教融合和三螺旋理论的整合与运用。

---

① 马克思，恩格斯.马克思恩格斯选集(第1卷)[M].北京:人民出版社，1995:55.

② 毛泽东.毛泽东选集(第1卷)[M].北京:人民出版社，1967:272.

第一节　产教融合理论

马克思主义认为,人类的生产活动是最基本的实践活动,是决定其他一切活动的东西。生产活动所需的人才需要通过职业教育来培养,职业教育的内容、目标、服务对象、培养途径等都离不开生产活动的支撑,两者相辅相成。产教融合是马克思教育思想的重要组成部分,是我国新时期职业教育改革发展的需要,是世界发达国家职业教育的成功经验,也是我国许多办学者和学者实践经验的总结。

一、产教融合是马克思教育思想的重要组成部分

马克思虽然没有直接提出产教融合,但从多个方面提出了物质生产与教育相结合的问题。马克思提出,教育的目标是培养全面发展的人,特别强调要对工人进行综合技术教育;教育的作用是产生价值和使用价值,成为发达的和专用的劳动力;培养的方式是教育与生产劳动相结合,体力劳动和脑力劳动相结合。

(一)马克思提出教育的目标是培养全面发展的人

马克思关于人的全面发展理论是从当时大工业生产的实践中提出来的。大工业生产决定了现代劳动者必须受到全面教育,成为全面发展的劳动者。马克思指出:“现代工业从来不把某一生产过程的现存形式看成和当作最后的形式。……大工业的本性决定了劳动的变换、职能的变动和工人的全面流动性。……大工业还使下面这一点成为生死攸关的问题:用适应于不断变动的劳动需求而可以随意支配的人员,来代替那些适应于资本的不断变动的剥削需要而处于后备状态的、可供支配的、大量的贫穷工人人口;用那种把不同社会职能当作互相交替的活动方式的全面发展的个人,来代替只是承担一种社会局部职能的局部个人。”[①]这就说明,大工业的本性是需要全面发展的人,而全面发展的人必须接受全面发展的教育,必须具备综合技术素养。

马克思提出的技术教育,也称综合技术教育,是马克思关于教育内容理论的新贡献。马克思在1866年为在日内瓦召开的国际工人协会第一次代表大会写的《临时中央委员会就若干问题给代表的指示》中提出:“我们把教育理解为以下三件事:第一:智育。第二:体育,即体育学校和军事训练所教授的那种东西。第三:技术教育,这种教育要使儿童和

① 马克思,恩格斯.马克思恩格斯全集(第23卷)[M].北京:人民出版社,1972:533-535.

少年了解生产各个过程的基本原理,同时使他们获得运用各种生产的最简单的工具的技能。对儿童和少年工人应当按不同的年龄循序渐进地授以智育、体育和技术教育课程。"[①]马克思认为,在资本主义社会里,"综合技术教育旨在弥补分工所造成的缺陷,因为分工妨碍学徒获得本身业务的牢固知识"。[②]恩格斯在《反杜林论》中说,社会主义社会"造就全面发展的一代生产者,他们懂得整个工业生产的科学基础,而且其中每一个人都从头到尾地实际阅历过整整一系列生产部门,所以这样的社会将创造新的生产力"。[③]恩格斯还说:"在社会主义社会中,劳动将和教育相结合,从而保证多方面的技术训练和科学教育的实践基础。"[④]技术教育能够使生产部门经营比较合理,对儿童事先进行普通技术训练,就能"使他们比较容易地转到其他工业部门"。[⑤]

马克思、恩格斯的这些论述,充分分析了人的全面发展和综合技术教育的产生背景,全面发展的内容,综合技术教育的目的、意义、方式、方法,对造就全面发展的一代生产者起到了重要的作用,对今天发展职业技术教育也具有指导意义。

(二)马克思指出教育的作用是培养发达的和专用的劳动力

马克思意识到了人力资本要经过投资才能形成,教育是形成人力资本的重要途径。他指出教育可以使"劳动能力改变形态","使劳动能力具有专门性"[⑥]。教育可以将以体力劳动经验和劳动技能为特征的一个简单的劳动力、一般性质的劳动力加工培养成以科学知识形态为特征的复杂劳动力;教育可以将非熟练劳动力培养成熟练劳动力;教育可以增加物质生产过程中脑力劳动者的成分,使劳动力从只有简单形态的能力发展为具有复杂劳动形态能力的劳动力,改变人的劳动能力性质,提高人的劳动能力质量。马克思认为:"要改变一般的人的本性,使它获得一定劳动部门的技能和技巧,成为发达的和专门的劳动力,就要有一定的教育或训练,而这就得花费或多或少的商品等价物。劳动力的教育费随着劳动力性质的复杂程度而不同。因此,这种教育费——对于普通劳动力来说是微乎其微的——包括在生产劳动力所耗费的价值总和中。"[⑦]由此可以看出,马克思非常重视教育或者训练,它需要付出费用,并随着劳动力性质的不同而不同。

马克思指出受过教育的少量复杂劳动与多量的简单劳动价值相等,充分肯定了教育的作用。在分析商品的价值时,他揭示了商品的价值量同劳动时间成正比。但是一个有

---

① 马克思,恩格斯.马克思恩格斯全集(第16卷)[M].北京:人民出版社,1964:218.

② 马克思,恩格斯.马克思恩格斯全集(第16卷)[M].北京:人民出版社,1964:655.

③ 马克思,恩格斯.马克思恩格斯选集(第3卷)[M].北京:人民出版社,1972:335-336.

④ 马克思,恩格斯.马克思恩格斯选集(第3卷)[M].北京:人民出版社,1972:360.

⑤ 马克思,恩格斯.马克思恩格斯选集(第3卷)[M].北京:人民出版社,1972:428.

⑥ 马克思,恩格斯.马克思恩格斯全集(第26卷)[M].北京:人民出版社,1972:159.

⑦ 马克思,恩格斯.马克思恩格斯全集(第23卷)[M].北京:人民出版社,1972:195.

专门劳动技能的工人劳动十个小时所创造的价值,同一个仅凭自身的体力而没有任何专长的劳动者干十个小时活所创造的价值量是不相同的。马克思认为:"我们是把劳动力或劳动能力,理解为肉体力和精神力的总和,它存在于一个人的身体中,存在于他的活的人格中,他把它推动时,通常会产生某一种使用价值。"①可以将劳动力"理解为人的身体即活的人体中存在的,每当生产某种使用价值时就运用的体力和智力的总和"②。马克思分析了构成劳动力所需物质耗费的三个部分:第一是维持劳动者生存所需要的生活资料部分;第二是生儿育女、养家糊口的部分;第三就是构成劳动者的教育和技术培训的部分。此外还有医疗和养老的部分。劳动力首先以人的活的个体的存在为前提,维持一个活的个体的存在既要耗费一定的物质资料,又要耗费一定的时间。个体在从事复杂的劳动时会产生使用价值,体现出教育的经济性,成为发达的和专用的劳动力。

从以上分析中,可以看出马克思重视教育和培训的作用,并指出教育与培训需要一定的费用,因劳动力性质的不同而有所增减。经过教育或培训的劳动力能够从事复杂劳动,成为发达的和专用的劳动力,这也说明劳动力受教育或培训会对产业产生积极的影响。

(三)马克思认为教育方式是教育与生产劳动相结合、体力劳动与脑力劳动相结合

马克思重视劳动,认为劳动不仅改造了自然,更改变了人自身。他指出:"劳动首先是人和自然之间的过程,是人以自身的活动来引起、调整和控制人和自然之间的物质变换的过程。人自身作为一种自然力与自然物质相对立。为了在对自身生活有用的形式上占有自然物质,人就使他身上的自然力——背和腿、头和手运动起来。当他通过这种运动作用于他身外的自然并改变自然时,也就同时改变他自身的自然。他使自身的自然中沉睡的潜力发挥出来,并且使这种力的活动受他自己控制。"③人的劳动能力不是天生就具有的,它必须通过一定的教育或者训练来培养。马克思认为:"要改变一般的人的本性,使它获得一定劳动部门的技能和技巧,成为发达的和专门的劳动力,就要有一定的教育或训练。"④这种教育或训练在不同的历史时期有不同的方式,有时在生产过程中进行,有时在古代的私塾、书院中进行。自从大机器生产出现以后,劳动全程和技能的复杂化、知识化、技术化,对劳动者的文化水平、技能和智能的要求都大为提高,学校教育逐渐成为社会各种劳动力再生产的重要手段。马克思认为,工人不能脱离生产劳动去接受全面发展的教育及综合技术教育,因而只有把教育过程和生产劳动过程结合起来,才能使工

① 马克思.资本论(第1卷)[M].北京:人民出版社,2009:176.

② 马克思.资本论(第1卷)[M].北京:人民出版社,2009:190.

③ 马克思,恩格斯.马克思恩格斯全集(第23卷)[M].北京:人民出版社,1972:201-202.

④ 马克思,恩格斯.马克思恩格斯全集(第23卷)[M].北京:人民出版社,1972:195.

人接受教育。因此马克思认为，教育与生产劳动相结合是大工业本性所要求的。马克思重视把教育与生产劳动相结合，不仅成年人的教育中要把教育过程和生产过程相结合，对未成年人也同样要运用这种教育形式。在《临时中央委员会就若干问题给代表的指示》中，马克思指出："从这一点出发，我们说，如果不把儿童和少年的劳动和教育结合起来，那无论如何也不能允许父母和企业主使用这种劳动。"①由此可见马克思对此的重视程度。正如马克思所言："生产劳动同智育和体育相结合，不仅是提高社会生产的一种方法，而且是造就全面发展的人的唯一方法。"②

马克思主张体力劳动和脑力劳动相结合。马克思分析了体力劳动和脑力劳动相分离的过程以及造成的恶果。对体力劳动和脑力劳动分离的过程，马克思作了概括性的论述："这个分离过程在简单协作中开始，在工场手工业中得到发展，在大工业中完成。"③对于这个过程中的每一个阶段，马克思都有专门的论述，如对简单协作，马克思认为："许多人在同一生产过程中，或在不同的但相互联系的生产过程中，依计划地一起协同劳动，这种劳动形式叫作协作。"④对工场手工业，马克思认为："工场手工业把工人变成畸形物，它压抑了工人的多种多样的生产志趣和生产才能，人为地培植工人片面的技巧，这正像在拉普拉塔各州人们为了得到牲畜的皮或油而屠宰整只牲畜一样。不仅各种局部劳动分配给不同的个体，而且个体本身也被分裂开来，成为某种局部劳动的自动的工具。"⑤马克思分析了大工业就是使用机器代替手工的生产，以自然力代替人力，以自然科学来代替经验和技艺。在科学、自然力、机器体系面前，单个机器工人的局部技巧只是微不足道的附属品，使人成为机器的一个活零件，完全没有任何智力因素了，体力劳动和脑力劳动完全分离了。

在分析了体力劳动和脑力劳动相分离出现的恶果后，马克思提出的解决办法就是通过生产劳动使体力劳动和脑力劳动结合起来，促进人的全面发展。"旧的生产方式必须彻底变革，特别是旧的分工必须消灭。代之而起的应该是这样的生产组织：在这个组织中，一方面，任何个人都不能把自己在生产劳动这个人类生存的自然条件中所应参加的部分推给别人身上；另一方面，生产劳动给每一个人提供全面发展和表现自己全部的即体力和脑力的能力的机会，这样，生产劳动就不再是奴役人的手段，而成了解放人的手段，因此，生产劳动就从一种负担变成一种快乐。"⑥马克思认为，只有当工人掌握了现代科学知

① 马克思，恩格斯.马克思恩格斯全集(第16卷)[M].北京:人民出版社，1964:218.
② 马克思，恩格斯.马克思恩格斯全集(第23卷)[M].北京:人民出版社，1972:530.
③ 马克思，恩格斯.马克思恩格斯全集(第23卷)[M].北京:人民出版社，1972:400.
④ 马克思，恩格斯.马克思恩格斯全集(第23卷)[M].北京:人民出版社，1972:362.
⑤ 马克思，恩格斯.马克思恩格斯全集(第23卷)[M].北京:人民出版社，1972:399.
⑥ 马克思，恩格斯.马克思恩格斯全集(第3卷)[M].北京:人民出版社，1972:333.

识和劳动技能时,工人的生产劳动才具有现代科学知识运用的性质,知识与劳动、工人和机器之间的分离和对立才有可能消除,而教育与生产劳动相结合有助于消除这种分离。

对那些不虚心向劳动者学习的大学生,恩格斯在1892年2月写的《致康拉德·施米特》中指出:“他们(指大学生)还应当发现,他们在工人面前所极力炫耀的‘学识’,还是差得很远的,而工人们本能地、‘直接的’(用黑格尔的话来说)掌握了的东西,他们这些大学生要费很大力气才能获得。”①他间接地批评了只重视书本,不重视实践技能、不虚心向劳动者学习的学生。

从马克思、恩格斯的上述论述中可以看出,综合技术教育可以克服现代分工所带来的缺陷,是为培养全面发展的劳动者服务的;综合技术教育就是为了帮助学生了解生产各个过程的基本原理和培养使用最简单工具的能力,只有具备这两个方面素养的人,才能成为从一个生产部门转入另一个生产部门的全面发展的劳动者。劳动与教育相结合,成为保证多方面的技术训练和科学教育的实践基础,使综合技术教育成了培养从事现代生产劳动的全面发展的劳动者的现代教育组成部分。

二、产教融合是我国新时代职业教育改革发展的需要

2010年,教育部发布《国家中长期教育改革和发展规划纲要(2010—2020年)》,提出“实行工学结合、校企合作、顶岗实习的人才培养模式”,“建立健全政府主导、行业指导、企业参与的办学机制,制定促进校企合作办学法规,推进校企合作制度化”。2011年,教育部等九部委发布的《关于加快发展面向农村的职业教育的意见》提出:“按照以服务现代农业为目标、以行业产业为纽带、以资源共享为核心、以互利共赢为基础的原则,在人才需求分析、优质教学资源共享、教师培养培训、学生实习就业、企业职工在职培训和产教研一体化等方面开展合作,促进产教深度合作,共同推进农业产业发展,提高为区域经济发展的贡献率。”这是首次在正式文件中明确提出“促进产教深度合作”这一概念,后来逐渐演化为“产教融合”。

2014年,国务院发布的《国务院关于加快发展现代职业教育的决定》和《现代职业教育体系建设规划(2014—2020年)》相继提出,加快现代职业教育体系建设,深化产教融合、校企合作,培养数以亿计的高素质劳动者和技术技能人才,为建设人力资源强国和创新型国家提供人才支撑。2015年10月,教育部、国家发改委和财政部印发的《关于引导部分地方普通本科高校向应用型转变的指导意见》指出:“以产教融合、校企合作为突破口,引导部分地方普通本科高校向应用型转变,把应用型高校的办学思路真正转到产教

① 马克思,恩格斯.马克思恩格斯全集(第38卷)[M].北京:人民出版社,1972:270.

融合、校企合作上来。”

“产教融合”的办学原则逐渐成为建设应用型高校的核心目标、关键途径和重要内容，成为现代职业教育的基本办学理念和人才培养方法，也成为新常态下国家经济社会发展的助推器。2013年11月12日，中国共产党第十八届中央委员会第三次全体会议通过的《中共中央关于全面深化改革若干重大问题的决定》中也明确提出“加快现代职业教育体系建设，深化产教融合、校企合作，培养高素质劳动者和技能型人才”。

十九大报告指出，建设教育强国是中华民族伟大复兴的基础工程，必须把教育事业放在优先位置，加快教育现代化，办好人民满意的教育。而优先发展教育事业，也是时代赋予我们的新使命。

从上面可以看出，虽然我国从国家正式文件层面提出“产教融合”的时间不长，但近年来所有重要的文件和教育改革方案都明确地把“产教融合”作为现代职业教育的基本办学理念。其主要原因有：对高校教育改革而言，产教融合成为培养应用型人才的重要途径，拉近了教育与产业之间的距离，提高了教育发展与产业发展的适应性，加强了人才培养与企业生产的融合度，能够将科学知识转化为现实的生产力并直接为产业发展服务；对经济社会发展而言，产教融合促进了我国产业结构优化升级。以物联网、大数据、云计算、人工智能为代表的信息产业，节能环保、生物、新材料、新能源、高端装备制造业等新兴产业，这些科技含量高的产业优化升级将引领我国经济的转型发展，而这些产业的发展需要大量的知识密集型研究者和从业人员，这些都离不开高等教育的人才培养；对解决高等教育的结构性矛盾而言，有利于解决高校的分类发展，拉近高等教育与经济社会发展的关系，培养应用型人才，服务地方经济发展，有效缓解我国高等教育的类型单一、同质化发展、就业难、与经济社会发展脱节等问题。

三、产教融合是世界发达国家职业教育的经验总结

职业教育较为发达的西方国家非常重视产教融合，较早就将人才培养与产业发展结合在一起。Allan Klingstrom（1987）提出产教融合是一种将教育活动与社会生产活动紧密联系的人才培养模式，它具有工学结合、双向参与和服务社会的特点。[①]Jon Whittle&John Hutchinson（2011）认为教育发展与社会发展之间存在着教育与整个社会发展趋势相结合、职业学校与产业部门相依存、职业学校与学校自身发展相依赖等三个层面的关系，因此，产教融合的内涵应从教育与社会经济发展相协调、职业学校的办学体制和教学模式

① Allan Klingstrom. Cooperation between Higher Education and Industry, Uppsal University, 1987:47.

的“宏观—中观—微观”层次上进行把握。[①]Kari Laine(2015)提出，学校应该根据自身的优势专业，创办与专业相适应的产业，并依托校办产业，为教师和学生提供实验基地与实习岗位。[②]产教融合的模式主要有以下三类。

(一)以德国为代表的双元制

德国的双元制强调校企联合办学，让学生拥有学生、员工两重身份，一边学习，一边工作。德国《职业教育法》明确把“产教融合”作为开展双元制职业教育的基本要求，规定教育部门与经济部门、劳动部门、行业组织共同协商制定职业教育法律、标准规范，共同负责规划决策、组织实施，共同完成育人使命，同时具体规定了教育组织、行业企业的职责、义务、工作方式。涉及职业教育的相关标准、规范都强调要听取由产教双方代表共同组成的职业教育决策咨询机构的意见后，方可按程序颁布。[③]

德国各州文教部长自1975年以来多次签署框架协议，强调职业学校要贯彻落实产教结合原则，与教育企业分工协作完成职业教育人才培养任务。德国各州文教部长联席会议2015年发布的《关于职业学校的框架协议》明确规定了职业学校在双元制职业教育中的使命和地位。协议第1条就强调职业学校与教育企业在双元制体系内共同完成教育的使命，职业学校作为独立学习场所、平等伙伴与其他职业教育参与者进行合作。

产教融合是德国双元制职业教育工作的基本理念，也是基本特征。一是依法推进，赋予权威性。依照《职业教育法》明确联邦政府和州政府及其经济、教育和劳动等相关部门、社会行业组织的职责分工以及企业和学校各自的使命和任务，同时赋予经济界发展双元制职业教育的权利和责任，并依托行业组织具体管理职业教育的实施。二是明确具体，具有可操作性。职业学校和行业企业职责明确、任务明晰，双方组成人员、工作方式有明确而具体的规定，从而为各方参与的运行机制提供了明确的规范和依据，可操作性强。三是系统设计，确保有效性。德国从职业教育宏观决策、标准制定以及标准实施和教育教学、考试各环节建立了联邦、各州、区域以及学校各层面的机制，同时建立联邦与各州、各州之间的沟通协作机制。这些机制保障了人才培养的质量，实现了人才培养与经济发展和劳动力市场需求的有效结合，从而取得了良好效果。[④]

---

① Jon Whittle , John Hutchinson. Mismatches between Industry Practice and Teaching of Model-Driven Software Development, Models in Software Engineering, 2012:40-47.

② Kari Laine. Open Innovation Between Higher Education and Industry, Journal of the Knowledge Economy, 2015:589-610.

③ 刘立新.德国职业教育产教融合的经验及对我国的启示[J].中国职业技术教育,2015(30):18-24.

④ 刘立新.德国职业教育产教融合的经验及对我国的启示[J].中国职业技术教育,2015(30):18-24.

（二）以澳大利亚为代表的TAFE人才培养模式

TAFE是Technical and Further Education的简写，意为技术与继续教育，它以产业为推动力量，以能力为本位，以学生为中心，以技能综合训练为基础，以市场为导向，政府、行业与学校相结合，进行灵活办学。

TAFE是一种能力本位的职业教育体系。这个体系设有职业资格框架委员会，它会同相关行业人士、可能的使用者等，在认真研究每个工业部门的能力标准基础上共同制定澳大利亚能力标准体系。这个标准体系一方面规定了每一级证书或文凭的相应要求，确保全国范围内职业资格证书的基本质量；另一方面，借助职业资格证书建立高中、职业与培训领域、普通高等教育三者间的沟通与衔接，既确立了职业教育在整个学制系统中的独立地位，又给人们提供了在不同类型的教育与培训之间自由转换的空间，有效促进了终身教育的发展。

TAFE战略中最具特色的是培训包制度。培训包（Traning Package）由行业技能委员会依据职业资格框架和各行业不同岗位、不同技术等级的行业职业能力标准进行开发。培训包包括国家认证部分和辅助材料（不需国家认证），国家认证部分包含能力标准、职业资格、评估指南三部分，是全国统一的准则；辅助材料包含学习方法、评估材料和专业发展材料等，可以根据各地情况相对灵活地设置和安排。这样既保证了全国统一的标准，也照顾到了各个区域的特色。培训包开发完成后，须经过严格的评估，以保证达到相应的质量标准，确保其与国家标准和实际技能的一致性。在培训包基础上，州的相应机构（如教育服务处）与TAFE学院、行业一道开发能力模块，并以此为基础开发不同级别的课程、相应的教学材料和培训方式。

澳大利亚的培训市场包括政府举办的TAFE学院、部分大学内设的TAFE机构、获得注册培训机构资格的部分高中、私人培训机构和具有注册培训资格的企业内部培训机构。这些注册培训机构都可以开设TAFE课程，但未必都是TAFE学院，在提供的职业资格和培训领域证书的层次和类型上，与TAFE学院可能有所不同。总之，澳大利亚的TAFE是在全国统一的职业资格框架下，依据行业的职业能力标准，开发业内共同遵守的培训包，再据此开发相应课程，委托相关机构开展教学、培训的体系。

澳大利亚把教育作为推进国家现代化、实现平等的公民社会的重要途径。政府统筹得力，全力推动职业技术教育的发展。行业（企业）深度参与，主导技能型人才培养。灵活的制度设计推动了职业技术教育的全民化与终身化发展。①

① 夏伟.职业教育的国家战略：对澳大利亚TAFE的思考[J].中国高教研究，2012(01)：90-94.

（三）以美国、加拿大为代表的CBE模式

美国、加拿大高中后的社区学院教育实行CBE（Competency Based Education）教学模式，即能力本位教育，把职业能力当成教育的基础、目标和评价标准。这种模式自20世纪40年代开始在北美发源，90年代逐渐走向世界。

CBE模式的特点和优势有以下五个方面：

（1）目标明确。CBE模式教学目标的基点是使学习者或受教育者掌握从事某一种职业所必须具备的能力，教学目标明确、具体，针对性及可操作性都很强，它以达到某种职业的从业要求为目标，以培养岗位能力为核心来决定理论教学和实践训练的内容。

（2）以学生为中心，从做中学。在能力本位教育中，教师的角色发生了重大的改变。教师变成导师和学习管理者，只负责提供学生自己选择的学习材料和训练准备，主要活动由知识传授变成评估、判断、建议和指导。教师在学生学习过程中，不断激发学生的学习兴趣，帮助学生树立学习信心，不断对学生的学习进行及时的指导和帮助，对学生取得的学习成就进行评定和鼓励。学生的角色也发生了重大的转变：要对自己的学习负有更多、更大的责任，必须更自觉、更自律地学习，从做中学。

（3）评价全面。CBE的学习方式能使学习者掌握从事某一职业所需的能力，包括知识、技能、态度等，这样的综合能力无法依靠死记硬背获得，所以CBE教学模式的特征决定了对学生的评价一定是全面的。

（4）联系实际，注重应用。在能力本位教育中，学校在开设项日时首先要进行市场调查与分析，要进行人才需求分析、人才品质分析和专业设置的可行性分析，然后进行课程开发。参与课程开发的人员包括长期从事该职业的技术人员和管理人员。该项目所要求的若干综合能力和专项技能，会被制作成一份能力图表以说明各综合能力和专项技能的数量、关系等，然后根据各项技能的内容和要求，开发出相应的、能使学习者掌握各项技能的教学内容和学习材料，即学习包 。在CBE教学模式中，由于人才培养的需要，学校与行业结合非常紧密，学生有大量的时间在企业实习、实践，这种产学结合使学生能够将学到的理论知识运用到实践中，有利于学生在实践中检验所学知识，更有利于校企之间实现人力、物力、财力等资源共享。

（5）个性化学习。能力本位教育运用模块化的课程设计，学生的学习计划和进度由学生对学习内容的掌握程度来决定，不同起点、不同要求的受教育者都能根据自己的实际情况采用合理的、适合自己的学习方式和时间，如他们可以决定自己是采用全日制还是非全日制学习，决定自己什么时候学习哪门课程，因此学生毕业时间也不要求整齐划一。为了保证教学质量，能力本位教育中也有科学、严格的管理制度作为保障，如对教学

设施、设备的管理，学习资料的管理，考试与考核的管理，档案管理等。[①]

四、产教融合也是我国许多学者的研究成果和办学经验的总结

（一）我国学者关于产教融合内涵的探索

“产”是产业的简称，是指在社会分工基础上形成的相对稳定、相对独立的国民经济部门或行业。产业的内涵很广，有广义与狭义之分。广义的产业泛指一切生产物质产品和提供劳务活动的集合体，即国民经济的各行各业。狭义的产业指生产物质产品的集合体，即工业部门。国家宏观管理中所说的产业，往往是广义的概念。世界银行等国际经济组织和各国对国民经济进行统计时，也用广义的产业概念。

“教”是教育的简称，本书特指职业教育。教师把基本知识与技能、过程与方法、情感态度与价值观传授给学生，内容上应涵盖教学的培养目标、教材的开发、教学的内容选取、教学的方法和手段、教学的组织和过程、教学的成果和评价等；形式上应涵盖理论课堂、理实一体化实训室和仿真或生产车间。

“产教融合”是职业教育界与产业界为了推动技能养成与发展而进行的资源优势互补的合作活动、关系及其保障制度，不仅是人才培养模式与合作关系，更是一种融合了教育制度与产业制度的职业教育的基本制度。[②]它可以概括为“在生产中教学，在教学中生产”，专业设置上应围绕企业人才需求标准和工作岗位；课程内容应紧贴企业的发展和文化、企业的组织和管理、企业的岗位和产品、企业的生产和工艺等；培养模式和方法应体现“双元”性（校企共同培养），突出职业教育的技能培养，充分利用企业生产环境、生产现场和生产工艺，把理论知识和专业技能融合在生产场景中实施。

对于产教融合的概念，许多学者从不同的角度进行了辨析。如罗汝珍认为，“产教融合”是一种产、学、研“三位一体”的融合模式，不仅具备教育和企业的多种功能，还具备随时应变产业结构调整和参与市场竞争的能力，是在学校、企业、行业以及社会相关部门不同程度参与下形成的一种新的社会组织形式，肩负着推动高等职业教育改革和社会经济发展的重任。[③]杨善江认为，笼统地讲，产教融合是产业系统与教育系统相互融合而形成的有机整体。具体来讲，产教融合是教育部门（主要是院校）与产业部门（行业、企业）在社会范围内，充分依托各自的优势资源，以互信和合约为基础，以服务经济转型和满足需

---

① 任国防.CBE教育模式对普通学科教育的启示[J].河南师范大学学报（哲学社会科学版），2012(9)：217-219.

② 李玉珠.产教融合制度及影响因素分析[J].职教论坛，2017(13)：24-28.

③ 罗汝珍.市场经济背景下高等职业教育产教融合机制研究[J].教育与职业，2014(21)：8-11.

求为出发点,以协同育人为核心,以合作共赢为动力,以校企合作为主线,以项目合作、技术转移以及共同开发为载体,以文化共融为支撑的产业、教育内部及之间各要素优化组合和高度融合,各参与主体相互配合的一种经济教育活动方式。[①]

《国务院关于加快发展现代职业教育的决定》对“产教融合”的要求为,“同步规划职业教育与经济社会发展,协调推进人力资源开发与技术进步,推动教育教学改革与产业转型升级衔接配套。”《现代职业教育体系建设规划(2014—2020年)》将产教融合解释为:“专业设置与产业需求、课程内容与职业标准、教学过程与生产过程对接,实现职业教育与技术进步和生产方式变革以及社会公共服务相适应,促进经济提质增效升级。”秦斌则提出产教融合的基本要求是实现“五个对接”:专业设置与产业需求对接,课程内容与职业标准对接,教学过程与生产过程对接,毕业证书与职业资格证书对接,职业教育与终身学习对接。[②]

(二)产教融合的作用

学者刘俊心认为,产教融合是塑造现代新型育人模式的需要,是完善职业教育体系的需要,是提高学生创业和就业能力的需要。[③]杨善江认为,产教融合是当前产业深度转型下行业、地方经济发展对职业教育的必然要求,是职业教育内涵发展和产业、技术进步的有力支撑,是职业教育与时俱进、科学务实的人才培养之举,是构建现代职业教育体系的重要内容和实现路径,也是我国职业教育必须长期坚持的发展方向。[④]陈年友等认为技能型人才的本质要求是产教融合的内在动力,提高人才培养质量是产教融合的学校动力,提高生产效率是产教融合的企业动力。[⑤]王丹中等指出,产教融合有利于高职院校动态设置和调整专业,有利于满足区域行业企业人力资源开发的需求,有利于激发学生的学习兴趣并真正做到学做合一,有利于“双师型”教师的培养。[⑥]贺耀敏等指出,产教融合是一种多赢的合作,政府推进产教融合可以促进职业教育和经济的发展,职业院校推进产教融合能实现学校与经济社会发展的良性互动,企业推进产教融合可以实现可持续发展。[⑦]大家一致认为,产教融合既是企业发展的需要,也是职业教育发展的需要,两者融合能够推动校企双方的深度合作,能够实现校企双方的双赢。

---

① 杨善江.产教融合:产业深度转型下现代职业教育发展的必由之路[J].教育与职业,2014(33):8-10.

② 秦斌.产教深度融合是现代职业教育发展的重要方向[N].广西日报,2014-08-05(11).

③ 刘俊心.结合高职教育特色构建产教结合的办学模式[J].教育与职业,2005(36):12-14.

④ 杨善江.产教融合的院校、企业、政府角色新探——基于“三重螺旋”理论框架[J].高等农业教育,2014(12):117-119.

⑤ 陈年友,周常青,吴祝平.产教融合的内涵与实现途径[J].中国高校科技,2014(08):40-42.

⑥ 王丹中,赵佩华.产教融合视阈下高职院校协同育人机制探索[J].中国高等教育,2014(21):47-49.

⑦ 贺耀敏,丁建石.职业教育十大热点问题[M].北京:中国人民大学出版社,2015:57.

（三）产教融合的方式

陈年友等认为融合的方式主要有要素整合、契约合作两种方式。[①]要素整合是指生产要素的重新组合，以实现效率最大化。作为国民经济的一个部门，职业教育与产业一样，是一个投入产出过程。它同样需要资本、土地、劳动力和企业家等四种生产要素。一所职业院校能够正常运行，说明它拥有这些生产要素。职业院校与企业的生产要素通过各种优化组合，必然产生更大的生产效率，实现双赢。契约合作是指校企之间通过合同协议的方式，建立战略合作关系，形成战略联盟。职业教育培养的专业人才是相关产业部门劳动力和管理人才的来源，即职业教育是人力资源的供应者，相关产业是人力资源的需求者。这种供需关系使职业院校与行业企业形成产业链关系，具有建立战略合作的基础。韩西清认为，产教融合、校企合作要持续深入开展，双方必须创新利益分配机制，要突破把经济回报作为唯一回报的模式，综合考虑经济效益和社会效益、眼前利益和长期利益，追求利益回报的多元化，建立一个能够充分满足各方需求的利益均衡点，真正实现各取所需。[②]贺耀敏等指出，我国职业教育在产教融合的实践探索中，逐渐形成了校企合作、引企入校、厂中校、集团办学、校办企业、企业办学六种模式。[③]贺星岳等则认为国内产教融合的模式有“项目”模式、“订单式”模式、“顶岗实习”模式和“引企入校”模式、学园城一体化”模式、大学科技园区模式、职教集团模式、校企合作发展联盟、职业院校委托管理、校中厂和厂中校模式，都属于产教融合与校企一体化的模式形态。[④]这也说明产教融合的合作方式多种多样，是企业和学校之间达成共识的结果。

（四）产教融合的影响因素

利益相关者及其利益冲突是影响产教融合的重要因素。在产教融合的演化与变迁中，其利益相关者包括政府、雇主及雇主组织、工会、学校和学徒、行会、技能密集型企业等。当然，不同国家的利益相关者会有所差异，但主体利益相关者应该包括政府、企业、学校和学生这四个方面，他们的利益诉求及利益冲突成为产教融合的影响因素。李玉珠认为，企业的利益诉求一般有三种：获取收益、获取自身匮乏的资源、提高自身竞争力；学校的利益诉求是获得企业的资金支持、资源设备支持等，以便更好地培养学生，为学生寻找实习场所和就业单位；政府的利益诉求是将产教融合作为国家创新体系的一部分，推动产教融合以提高国家的创新能力，提高学生的生存能力、减少社会问题，有利于社会稳定、经济发展；学生的利益诉求是获得更多的知识和技能，为将来就业奠定宽广的基础，

① 陈年友，周常青，吴祝平．产教融合的内涵与实现途径[J]．中国高校科技，2014(08)：40-42.
② 韩西清．积极推进产教融合，促进校企协调发展[J]．中国成人教育，2014(17)：107-109.
③ 贺耀敏，丁建石．职业教育十大热点问题[M]．北京：中国人民大学出版社，2015：60-63.
④ 贺星岳等．现代高职的产教融合范式[M]．杭州：浙江大学出版社，2015：9-17.

提供更多的机会，一部分学生希望获得企业的实习补助或学徒津贴，获得自己劳动的报酬，弥补实习或培训给其带来的交通等成本。[①]高飞等指出，从本质上说，产教间的关联性、社会与经济的和谐发展和对效益最大化的追求应是产教融合发展的内在动力。从实践来看，产教融合的动力主要是：技术创新与改革，企业追求核心竞争力和竞争合作压力，学校培养技术技能人才和提升社会服务能力，区域经济发展。[②]贺星岳等指出，产教融合的动力是利益驱动、优势互补、政策推进和发展需求等因素综合作用，激励院校、行业企业、科研机构在政府的影响下和市场的需求下产生合作意愿。其中，企业参与产教融合的最直接的动力是市场需求的驱动，科研机构参与产教融合的动力包括经济利益、科研活动价值、学术水平和社会地位，行业协会的动力主要是推动本行业良性发展，政府和院校的动力是最大限度地提供人才公共产品的服务。[③]总体来说，产教融合要注意政府、企业、学校、学生四方面的利益，寻找一个四方面都能接受的平衡点，增强四方面的积极性，促进四方面的共同发展。

第二节　产城融合理论

产城融合，是指在一个区域系统中，把产业和城市作为一个有机整体，除了产业功能外，再加入生活设施、文化设施、娱乐设施等相关的城市服务功能，让产业更加依附于城市，让城市功能更好地服务于产业发展，以产兴城、以城促产，从而达到产业和城市协调发展、相互促进、良性互动。也可以这样解释，产城融合发展是在人本主义导向下对人、环境和社会关系的重新认识和合理组合，反映了一种追求产业、城市、人口之间良性互动、可持续的发展模式，是可持续发展理念在城市化过程中的体现。在产城融合发展理念下，产业、城市和人的关系是：产业为城市发展提供动力和经济支持，城市功能的增强反过来为产业发展提供基础设施和配套服务，而人则是连接两者的桥梁和纽带，产业发展为人提供就业，城市则为人的活动和居住提供场所和条件，人的活动可以带动城市功能的增强。

---

① 李玉珠．产教融合制度及影响因素分析［J］．职教论坛，2017(13)：24-28．

② 高飞，姚志刚．产教融合的动力与互动机制研究［J］．淮南职业技术学院学报，2014(06)：41-45．

③ 贺星岳等．现代高职的产教融合范式［M］．杭州：浙江大学出版社，2015：78-79．

一、产业为城市发展提供动力和经济支持

（一）产业具有集聚效应

从产业到产业链再到产业集团，产业的不断集聚使农村人口、资金、技术、土地等生产要素不断向中小城镇的空间集聚和资源使用方向转移。企业为了追求低地租与低成本，使用农村周边的原材料与资源，在城镇周围建立产业集聚区，接着人口、资本、信息、科技等也逐渐向产业区集聚。

产业集聚能产生就业乘数效应。集聚企业能就近吸收劳动力资源，有利于农村剩余劳动力的转移，促进了农业人口向非农产业转移。同时，企业的相对集聚扎堆，会吸引从事相关工作的人员向集群区域集聚，进而要求住宅、水电气暖、餐饮、交通、通信和生活消费等服务业配套发展，产生就业的乘数效应。

（二）产业为城市发展提供动力

产业及其集聚对城市建设提出了新要求，形成新动力。第一是人口的增加。产业能够提供充足的就业岗位，许多从农村来的劳动力涌进企业，通过劳动获得收入，成为新的市民；第二，有了固定的收入后，就需要有稳定的住房，许多人都有安居乐业的习惯；第三，带动消费，带动城市二、三产业的发展，扩大产业工人的需求，导致城市产业结构的转变，带动餐饮、交通、银行、通信、文化娱乐、教育、养老、医疗等产业的发展；第四，随着产业发展而来的人口、就业、住宅、消费，迫使城市面积不断扩大，城市人口不断增加，城市配套服务不断改善，城市的竞争力不断提升。这就要求城市的基础服务设施、城市的规划与建设、城市的管理与服务必须跟上时代的步伐，跟上大众的需要。尤其是在党的十九大之后，我国的主要矛盾由人民日益增长的物质文化需要同落后的社会生产之间的矛盾转化为人民日益增长的美好生活需要和不平衡不充分的发展之间的矛盾。这就更需要加强城市管理与治理，促进城市基础设施与配套服务业的发展，完善城市功能，提升城镇竞争力，提高城市经济能力和对周围区域的辐射力。

（三）产业为城市发展提供经济支持

产业集群的迅速发展带动了城市的发展。产业的发展，使得产业规模不断壮大，产业服务社会的能力不断增强；产业的发展让产业劳动者的财力不断增强，对城市生活的向往不断增强，对城市生活的购买力不断增强；产业的发展，使城市税收不断增加，为城市发展提供了经济支持。特别是产业集群在城市形成之后，土地价格的不断上升以及劳动力成本的不断升高等因素，导致集群内的部分企业逐渐向周边区域转移，同时也促进了周边产业集群不断发展。周边的产业集群得到发展之后，又会带动周边地区的快速发

展及城市化水平的快速上升。随着周边地区城市化水平不断提高，附近的一些城市会因为相同的产业结构相互联系起来，最终成为都市圈。反过来，都市圈也将推动产业集群不断发展，两者之间的关系显而易见。

二、城市为产业发展提供基础设施和配套服务

（一）佩鲁的增长极理论

按照法国经济学家弗朗索瓦·佩鲁在20世纪50年代提出的增长极理论，“增长并非同时出现在所有的地方：它以不同的强度首先出现于一些增长点或增长极上，然后通过不同的渠道向外扩散，并对整个经济产生不同的最终影响。”[①]产业通过投入产出关系形成紧密联系的大型产业群，这种产业群能比群以外的产业以更快的步伐创新和增长。佩鲁的增长极理论对形成城市增长中心，促进经济集聚，从而带动整个区域经济的发展具有很重要的指导意义。产业的集聚又反过来促进相关产业及基础性、服务性设施的建设，促进城市的形成与发展。

（二）城市为产业发展提供基础设施

产业的发展需要水电气等能源设施，需要通信设施，需要交通运输，需要相关信息，需要科技服务等，这些都是农村难以解决的。农村解决需要更大的投入，需要付出比城市大得多的财力。城市一旦形成，就会使工业中的专业化分工加深。为了节约交易费用，所有工业都向城市集聚。农业生产对土地的高度依赖性使之只能分散布局。马鹏等认为，城市化不断加深的过程，将会大大推动工业生产部门不断向郊区迁移，同时也会促进第三产业在城市不断集聚。[②]因此，只有城市才能为产业发展提供基础设施。

（三）城市为产业发展提供配套服务

孙洪哲等以河北省为例实证研究了城市化带动产业集聚的机制，在深入分析互动机制的基础上明确指出城市化对产业集聚的带动作用。[③]通过对浙江省的研究，潘云鹤等认为城市化虽然能带来产业集群的发展，但这些集群内产业的提升也需要中心城市来带动并为其提供人才、技术、资金，培育龙头企业和制度创新等要素。因此，发展并培育地方中心城市，有利于促进区域经济的发展。而这些配套服务只有城市才能够提供，才能

---

① 李仁贵.区域经济发展中的增长极理论与政策研究[J].经济研究，1988(09)：63-67.

② 马鹏，李文秀，方文超.城市化、集聚效应与第三产业发展[J].财经科学，2010(08)：101-108.

③ 孙洪哲，张红梅.河北省城市化带动产业集聚机制研究[J].河北工程大学学报(社会科学版)，2011(01)：15-18.

够满足产业发展的需要。

提出产业集聚的经济学家阿尔弗雷德·马歇尔(Alfred Marshall)在其出版的《经济学原理》(1920)中,就明确提出"外部规模经济"(external scale economies)这一概念,说明工业区内需要大量的配套性产业。马歇尔认为工业区内拥有大量的相当齐全的配套辅助性工业,有着众多便利的劳动力市场,并且能够为员工们提供优良的创新环境,能够促进劳动力的供求趋向平衡,有助于推动整个区内的经济健康飞速发展,外部规模经济也就自然而然地产生了,从而加快更多工业不断向本地转移并集中的速度,成为促进城市产生与发展的重要力量。马歇尔解释了为什么生产商会更倾向于将地址定在同行业的生产商附近。他认为,在地理上集中的产业更有利于培养专业化的供应商;同行业的厂商集聚在一起,更有利于创造出一个充足的劳动力"蓄水池",即使所在企业经营不良,劳动力也可以较快地找到适合的工作;厂商在地理上的集中更有利于相关信息的传播。

三、产城互动

1933年,在雅典会议上,国际建筑协会通过了关于城市规划理论与方法的纲领性文献(即《雅典宪章》),提出了城市的生活、工作、游憩、交通四大活动,其中蕴含着产业是城市重要组成部分的意思。著名经济学家阿尔弗雷德·韦伯(Alfred Weber)在《工业区位论》中指出,工业的选址要考虑工业集聚所花费的成本和能获得的收益这两个方面,产业集聚是由独特的地理位置或区位因素所决定的空间集聚和经济活动之间的相互吸引而引起的空间集聚。他将前者叫作偶然集聚,后者则是某种内在原因所决定的必然集聚,而集聚最大的原因就在于他们可以共享公共服务以及公共设施带来的降低成本等好处。

(一)由产业集聚形成城市

产业的逐步发展需要更多的上游、下游产业作支撑,才能减少劳动力成本,减少资源之间的流动成本,减少物流的成本,于是产业链应运而生。产业链形成以后,上游、中游、下游的产业因为相互的利益、降低成本而团结起来,形成产业集聚,组建产业集团,与产业链相关的各类配套设施、配套服务也就自然形成了。大量的工业集聚,大量与工业相关的配套设施和配套服务集聚,形成大量的劳动力集聚,带动了与劳动力相关的居住空间和生活空间的集聚,城市或城镇因而形成。

(二)城市发展带动产业升级

城市形成以后,能为产业提供劳动力资源,提供发展的能源,提供各类配套服务,两者相互依存,共同发展。随着社会生产力的不断提升,科学技术的不断发展,城市也随之发生变化，城市的亮化、绿化、美化、智慧化等，带来了大量的劳动力，带来了科学技术，带来了城市的知名度，带来了更多的企事业单位，这些都为产业提供了成长的空间，为产业发展带来更加广阔的前景，甚至促进了产业的升级换代。

（三）产城两者协同共进

裴汉杰提出，没有非农产业支撑的城市只能是“空城”，而没有城市依托，再高端的产业也只能“空转”。[①]有了产业才会有城市，产业是就业空间，而城市是生活空间，就业空间和生活空间两者之间应该实现高效链接，使医疗、学校、养老等公共服务空间配置合理，这样不但能缩短人们的出行半径，更能让人们的生活和工作更加便捷和环保，实现产业空间与居住空间的适当融合，确保职住平衡。林华认为，产城融合应是居住与就业的融合，核心是使产业结构符合城市发展的定位，这显然是力图通过产业调整服务于城市的功能改造。[②]李文彬等认为，产城融合是把产业和城市看作一个良性互动的有机整体，从而实现产和城协同发展，使产业依附于城市，城市更好地服务于产业。[③]这些观点充分说明了产业与城市的密切关系。李学杰认为，产城融合是城市发展中一项包括人口、经济、社会、文化、生态等要素在内的系统工程。[④]许健认为，城市核心功能提升，人口结构优化，城乡一体化发展，社会人文生态协调发展，是产城融合的最终表现。[⑤]这也可以说明，产城之间是协同共进、相互依存的关系。

四、产业与民族地区的城镇化

李军分析了科技进步对城市发展和城市化的影响，提出应该避免将大规模高速度的城市化强加给不堪重负的城市，导致城市过早失去活力的现象发生。[⑥]因此，本研究的主要问题不是城市，而是少数民族地区的就地就近城镇和聚落。

城市化与城镇化并没有太大差别，两者均可用英文“urbanization”表示。金其铭在《农村聚落地理》一书中指出，城市化与城镇化不同，乡村城镇化是乡村聚落的城镇化，是城市化的一部分。1984年费孝通发表“小城镇，大问题”的演讲，将小城镇定义为“城（市）尾，乡（村）头”，说明小城镇比城市小，比乡村大。现在许多大城市扩张伴随着大量“城市

---

① 裴汉杰.浅议“十二五”期间“产城融合”的新理念[J].中国工会财会，2011（07）：13.

② 林华.关于上海新城“产城融合”的研究——以青浦新城为例[J].上海城市规划，2011（05）：30-36.

③ 李文彬，张昀.人本主义视角下产城融合的内涵与策略[J].规划师，2014（06）：10-16.

④ 李学杰.城市化进程中对产城融合发展的探析[J].经济师，2012（10）：43-44.

⑤ 许健，刘璇.推动产城融合，促进城市转型发展——以浦东新区总体规划修编为例[J].上海城镇规划，2012（01）：13-17.

⑥ 李军.科技进步对城市发展的影响[J].甘肃科技纵横，2006（01）：111-113.

移民”的涌入，城市住房条件恶化、环境问题凸显，危害社会稳定，形成“城市化陷阱”。①因此，自下而上的城镇化应该是我国少数民族地区未来城市化进程的主要发展路径，在缓解大城市无限扩张的同时，振兴民族地区小城镇经济。

（一）民族地区城镇化对产业发展的积极作用

城镇化的本质就是资源和经济要素在地理空间上的集聚，城镇化进程就是资源和经济要素的优化配置。因此，民族地区的城镇化可以改善产业集聚环境。城镇化的发展使少数民族地区的人口、劳动力、产业、土地、资金与技术由分散无序向规模集约状态转变。城镇的形成使得产业发展所依赖的社会公共服务和设施，如交通、通信、金融、服务业及教育、文化娱乐、卫生和社会保障等能够实现集约发展。民族地区的城镇化可以拓宽产业集聚空间。产业的发展最终要靠产品消费的推动，城镇化的直接结果是农民向市民的转变。随着生活方式的转变，农民的消费习惯和总量也将更加贴近于市民，产生新的市场空间。民族地区的城镇化可以优化产业集聚结构。城镇化导致大量农民转为非农业人口，为第二产业提供大量劳动力，为第三产业的发展提供了平台。

（二）产业集聚与民族地区城镇化互动发展

城镇化是产业集聚的重要载体，产业集聚是城镇化发展的动力源泉，两者相互推动，共同发展。民族地区由于自然环境所限，产业不发达，由产业集聚形成的大城市相对较少，城镇化水平相对较低。城镇周围的集聚会带动城镇的发展，提高城镇化的水平，而城镇综合实力的增强与公共服务水平的提升，对企业集聚的吸引力将不断增强。

产业集聚与城镇化发展是互促共进、互动发展的关系。城镇化发展水平较高的地区也是产业集聚较好的地方，民族地区新型城镇化的推进又反过来为区域产业结构进一步升级提供更为有利的基础和良好契机。产业发展的乘数效应引发的外部规模经济效应又促进劳动力转移和人口集中，推动人口的非农化和第三产业的发展，促进综合竞争力的提高和资源、基础设施的共建共享，推动了城镇化发展进程。如果不注意两者之间的协调发展，就会出现有城无业的“空城”、“鬼城”现象，或者是有业无城，产业发展缺少城市功能的配套，以至于产业难以为继的现象。

---

① 杨蔚宁，张海姣．农村城镇化中的产城互动关系研究[J]．安徽农业科学，2014(29)：10405-10408.

第三节　城教发展理论

城市与高等教育都是人类文明的伟大成果。城市为人类提供安全舒适的居所，而高等教育则是人类精神的家园。城教之间是互动与共荣的关系。城市为大学的生存与发展提供现实的空间、资源和制度等条件和基础，而大学为城市的繁荣与进步提供源源不断的知识、技术、人力以及观念等支撑和保障。大学与城市在长期的交流过程中，已然形成了密不可分的互动共生关系。

一、城市为高等教育提供保障与服务

（一）历史上的大学就是城市的产物

大学的社会存在基础就是城市，是城市这块沃土孕育了欧洲中世纪的大学。欧洲中世纪的城市为大学崛起提供了最适宜的社会土壤，而城市自治奠定了大学追求学术自由、自治的办学理念，为大学成长提供了广阔的空间。[①]托马斯·班德在《大学与城市：从中世纪起源到现在》一书中指出："大学是城市的产物。"[②]在当时，城市工商业经济的发展为大学兴起提供了坚实的物质基础和生存发展的空间，而且城市优越的地理位置吸引了大批学者的到来，为大学的诞生提供了智力支持。城市经济发展所产生的新的社会需求最终使大学的诞生成为现实。

（二）城市为高等教育提供了物质保障

随着城乡分工的进一步明确，城市经济更加发达。中世纪欧洲出现得最早的城市大都与其优越的自然地理环境相关，而这些经济比较发达、交通比较便利的城市往往成为早期大学的诞生地。有"欧洲大学之母"之称的博洛尼亚大学的诞生就与其优越的地理位置有着密切的关系。"博洛尼亚是意大利北部一个天然的十字路口，它地处南下罗马、北上米兰和威尼斯的要道，地理位置十分突出，是南来北往的人口流动必经之地。在来自阿尔卑斯山北麓的商人与贩运拜占廷产品的意大利商人的贸易交流中，博洛尼亚具有

① 曹玉杰.探寻大学、城市之源与缘——西欧中世纪大学与城市关系探究[D].上海：华东师范大学，2009:17.

② Thomas Bender.The University and the City: from Medieval Origins to the Present Oxford University Press, 1988:14.

战略性的地位。”[①]因此，博洛尼亚很早就成了一座十分繁华的“国际化都市”。城市的繁荣、经济的发展为大学的建立与成长提供了坚强的物质保障。

（三）城市为高等教育提供了社会服务

城市吸引的大批知识分子为大学提供了智力支持。由于城市得天独厚的地缘优势，人们成群结队涌进城市谋生，知识分子也进入了城市。勒戈夫（Jacques LeGoff）指出：“在西方国家，中世纪的知识分子随着城市而诞生。在城市同商业和工业（说得谦逊一点是手工业）共同走向繁荣的背景下，知识分子作为一种专业人员出现了，他在实现了劳动分工的城市里安家落户。”[②]大学在发展过程中也依托所在城市提供的政策、环境、资金、资源、交通、产业、服务的支持和帮助，可以说，没有城市提供的生产、生活各方面的服务，大学将很难在城市立足。

二、高等教育为城市发展提供强大的人才支撑

（一）高等教育为城市提供强大的人力资源

随着城市的兴起和工商业的发展，各种涉及城市管理和服务的机构不断增多，急需具备专业知识的人才；产业的发展需要大量的产业工人和企业管理者。随着大量人口的涌入，城市面积不断扩张。新兴机构的产生需要大量高素质的专门人才，而大学为城市培养各行各业的人才，满足了城市发展对于专业人才的需求，为城市的可持续发展提供人力资源。

（二）高等教育提升城市品质

“正如波士顿，如果没有了哈佛和MIT，就很难想象波士顿还是否能够拥有‘美国雅典’的美誉。”[③]波士顿是英国移民在北美的聚集地，许多重大的历史事件在这里发生。哈佛大学和麻省理工学院使波士顿更具历史文化底蕴，它们提升了这个城市的品质。我国的许多大学也因为有悠久的历史、全国知名的学者、有数万名学生、数十万的校友、美丽的校园而被公众所熟悉。如位于重庆北碚的西南大学，有110余年的办学历史，有袁隆平等知名校友，有9000多亩校园面积，有5万多名在校学生，有数十万毕业生，北碚因此而知名，北碚的城市品质、文明程度因此而提升，北碚的产业因此而发展。

① 刘霞，匡志强．摇篮：催生英才的20所顶级大学[M]．上海：上海文化出版社，2007：4.

② [法]雅克·勒戈夫．中世纪的知识分子[M]．张弘，译．北京：商务印书馆，1996：4.

③ 阎光才．大学与城市、社区间关系的历史与现实[J]．比较教育研究，2006(06)：24-30.

(三)高等教育增强了城市的创新能力

美国纽约曾经计划从传统的消费城市、金融城市向高科技城市和绿色城市转变,但随着美国互联网泡沫的破灭,纽约"创新之都"的梦想也随之破灭了。20世纪90年代以后,纽约重新宣布要将这座金融城市打造成"创新之都"和"东部的硅谷"。为了实现"创新梦",纽约市政府向康奈尔大学等高校提出了新的需求,并在罗斯福岛上建造了价值20亿美元的应用科技园区,为创业公司提供孵化器和经营空间。纽约市要求大学能够提供更加全面的、与城市社会经济发展需求高度衔接的专业,尤其是社会需求量大、代表社会经济转型方向、以服务为导向的专业;要求大学提供建设高科技城市和绿色环保城市的各级各类专门人才,既包括领导型、创业型、开拓型、研发型的人才,又包括经营型、管理型、实干型、服务型的人才;要求大学创造更多的智力成果,并加速科研成果的技术转化。

三、高等教育和城市互动共荣

(一)高等教育与城市的互动关系

大学坐落于城市之中,与城市的发展和变化息息相关。大学的人才、科技、知识为城市经济发展、文化繁荣和科技创新等方面做出了巨大的贡献,同时,大学在发展过程中也依托所在城市提供的政策、环境、资金等支持和帮助。随着大学规模的扩张和城市的全面发展,大学与城市融合的速度进一步加快,融合的范围进一步扩大。大学与城市社会结构的互动,成为大学与城市互动的一个主要维度,大学逐渐成为城市社会结构发展变化的重要影响因素。探讨和分析大学与城市社会结构的互动,在理论层面上,有助于拓宽大学与城市互动研究的思维视角,加深对大学社会服务职能的理解。从城市社会结构的构成要素出发,深入分析和阐释大学与城市社会结构要素互动的具体表现,也有助于总结和概括城市社会结构的变化规律,加深对社会结构各构成要素相互关系的理解。

郄海霞等用纽约州和纽约市与大学的互动关系来说明城市与大学的互动关系,认为城市与大学合作既提高了纽约市的知识和文化水平,也提高了全州的创新力和竞争力,使纽约在全美的经济和科技发展中保持了较高水平。[①]与此同时,高校在与纽约进行科研合作的过程中,不仅获得了大量科研经费,增加了高校的经济实力,还增强了学术生产力和创新能力,特别是对专业人才的培养采取了许多切实有效的措施,保证大学的人才培养和对区域的人才供给。在科技成果的研发与转让方面,纽约州大学董事会要求各大

① 郄海霞,陈超.城市与大学互动关系探讨——以纽约市与其高等教育系统的互动为例[J].清华大学教育评论,2013(01):73-79.

学积极探索和发现与纽约州发展相关的新知识、新技术以及能够满足纽约社会经济发展需要的有关政策，甚至提出为大学的博士后人员提供更大的制度性支持，全面降低博士生学费，以增强大学在吸引优秀生源方面的竞争力。纽约州立大学系统迅速做出反应，将每年从外部获得的研究经费目标扩大到10亿美元以上，这充分说明了大学和城市之间的关系是互动的。

（二）高等教育与城市的共荣关系

列宁认为，城市是经济、政治以及精神生活的中心，是社会前进的动力。城市的规划、建设与管理所需的医疗、教育、文化、卫生、市政、园林、环保、养老等方面人才需要高等教育来供给。而高等教育的发展也必须依托于城市，城市的交通、资源、产业、服务等都为高等教育的发展提供了有力的支撑。纽约是世界著名的经济、金融城市，被誉为全球金融中心、传媒中心、时尚中心、医疗保健中心和贸易中心。同时，它也是重要的高等教育中心，分布在纽约市内的大学有20多所，著名的有哥伦比亚大学、纽约大学、纽约城市大学、任塞列尔理工学院、罗切斯特理工学院等。

2005年9月23日，复旦大学举行百年庆典活动，其中的“世界著名大学校长论坛”在“大学与城市互动发展”的主题下，围绕“高等教育与城市文明、文化的相互影响”、“大学与当地政府决策、社区建设的相互关系”以及“成果转化、创业精神”三大专题展开了热烈的讨论。2013年11月，由中国国际教育交流协会举办的“教育与城市发展的互动”论坛提出了“互动与共荣”的理念，从人才培养、国际交流、科学研究、政府职能等方面探讨教育与城市发展之间互相制约、互相渗透、互相促进的关系。“互动与共荣”反映了城市与高等教育的密切关系。

随着社会历史的变迁，现代大学已逐渐从社会的边缘走向社会的中心，成为社会的轴心机构。现代大学秉承教学、科研、社会服务三大职能，成为传播知识、教育人才、科技创新的重要基地。城市作为人类文明的结晶，也日益成为现代政治、经济、科技和文化的中心。在现代社会，大学与城市间的关系越来越密切，甚至不可分离，“一个没有一所重要大学的城市是一个不完整的城市。”[①]阎光才的《牛津大学与牛津城——传统大学与社区间互动的一个经典个案分析》[②]从历史的视角梳理了自建校以来牛津大学与牛津城的多方面互动，为我们思考大学与地方社会的关系提供了新的视角和思路。

---

① Thomas Bender.The University and the City: from Medieval Origins to the Present Oxford University Press, 1988:212.

② 阎光才.牛津大学与牛津城——传统大学与社区间互动的一个经典个案分析[J].比较教育研究，2004(04):24-30.

第四节　三螺旋理论

一、三螺旋理论的起源与发展

1996年1月3日至6日，在荷兰阿姆斯特丹召开的第一届国际三螺旋大会上，90多名来自不同区域的参会者对不同国家和地区背景下大学、产业和政府的三螺旋交互关系进行了讨论。迄今为止，国际三螺旋大会已经召开了15届，在全球范围内推动了三螺旋理论的发展。三螺旋理论是关于大学、产业和政府三方交互关系的理论，而这三方最初是彼此分离的，各自履行传统职能。因此，三螺旋理论的发展历程反映了大学、产业和政府关系的转变过程。

大学、产业和政府三方的关系经历了一段复杂的发展历程。早期的产学关系分离了学术活动与商业实践，政府也没有试图打破这种产学分离的局面，仅在必要时充当大学与产业合作的中介。20世纪30年代，美国新英格兰地区最先尝试把大学、企业和政府召集在一起，共同商讨区域发展问题。麻省理工学院做了大量尝试，既维持自身的教学与研究，又投身于区域经济发展，这些尝试取得了很多具有启发意义的经验。人们自此打破了对大学、产业和政府三方传统关系的固有认识，看到了三方合作的可能性。三方的合作类型不断增多，交互关系持续推进。到20世纪90年代，学者、企业家和政府官员不断活跃于对方的机构，从事各类咨询与兼职工作。人们开始熟悉大学、产业和政府关系的新型合作模式，三者的作用和关系也悄然发生改变。

（一）大学角色的发展

大学的角色经历了三次演进。最初大学被认为是保存和传承知识的机构。通过大学的教学，已有的旧知识不断得到传播，而对旧知识的新理解以及新知识的不断出现，使大学逐渐兼具了研究的职能。研究职能促进其角色第二次演进，通过这一职能，大学开始对各类社会发展问题进行系统而深入的探讨。同时，人们也形成了对大学教学和研究职能的固有印象，认为大学若与政府和产业接触过密，会丧失大学的自由精神和所有权。因此，大学谨慎地保持着自身独立，维护自身边界不被渗透。但是从20世纪60年代开始，产学关系开始变得密切，大量教师甚至学生被知识资本化的利益所吸引。大学通过与产业和政府职能的互换与互补，在社会上发挥了更加重要的作用，而强化与这两个机构之间的联系也被认为是大学的任务之一。这就是大学角色的第三次演进。三螺旋结构将大学描绘成区域创新的组织者、无私的观察家、社会评论家和一个大型机构，这个机构足以融合多种功能，并能够协调在寻求真理、美丽和财富时产生的明显矛盾的目标。[①]因此，三螺旋理论使大学有了更显著的社会和经济角色，而让知识资本化则是大学新使命的核心。大学凭借自身力量与知识的使用者紧密联系，成为区域发展的重要参与者。

（二）产业角色的发展

社会产业历来便有向大学咨询的传统。大学教师甚至会安排专门的工作时间为企业提供咨询服务。不过，这种产学联系并不紧密，因为公众担心产业过多地参与大学活动，会使大学私有化，从而丧失最宝贵的大学精神。然而，20世纪的商业实践有了新发现。各个产业都开始接受大学教师的兼职，企业家也积极到大学兼职，有的企业甚至便是大学师生创办的，政府也不断为产学合作提供便利。产业一方面为大学成果的迅速转化提供可能，另一方面也为学生的实践和就业提供机会，还为社会经济的长足发展提供了动力，自身也因此受益。产业员工的专业培训、产品与技术的开发、特殊业务的指导以及公司的战略发展等环节都能从大学及政府获得对口服务。产业不断适应这些变化并改进自身角色，既积极从大学和政府获取解决问题的答案，又解决了大学和政府存在的问题。企业因此从一个仅通过市场与其他企业相关联的竞争单元，转型至一个日趋依赖于与学校、政府和其他公司关系的三螺旋实体。[②]在这个过程中，产业、大学和政府不但没有放弃自己的传统职能，反而使自身职能得到了更好的发挥，为区域发展做出了巨大贡献。

（三）政府角色的发展

不同国家的政治体制不一样，其发展历程也不尽相同。在自由放任国家体制中，政府往往比较被动，仅在必要时出面协调产学关系；而在集权制国家体系中，政府则指挥着大学与产业的合作关系。但是，在三螺旋模型中，政府角色的发展出了一些共同特征。一方面，政府对大学、产业和政府三螺旋交互关系的重要性有充分认识。社会进步、产业发展和学术提升这三个目标是能够整合在一起的。它们的交互合作能够使参与者充分发挥自身优势，也能够成就彼此，共同促进社会的发展。另一方面，政府要为达成大学、产业和政府的三螺旋交互关系提供必要的支持。这些支持包括：政策指引，使大学和产业在政策指导下开展相关合作；法律保障，确保大学和产业在合作过程中各自的权益不

---

① Etzkowitz H. Incubation of incubators: innovation as a triple helix of university- industry-government networks[J]. Science and Public Policy, 2002(02):115-128.

② Etzkowitz H. The Triple Helix: University-Industry-Government innovation in action [M]. New York & Abingdon: Routledge, 2008:58.

受侵害;资金支持,既可以直接进行财政拨款,又可以在一定程度上引入风险资本;物质保障,如产业用地、基础设施建设等;舆论导向,即除了政府自身对三螺旋模式的认可外,还应积极加强民众对它的认同,形成良好的舆论氛围。此外,政府还应协助消化三方交互所形成的产品和服务。

三螺旋理论自埃茨科威兹和雷德斯多夫提出以来,便受到广泛的关注,并在许多国家得到了应用。这些国家从不同角度对三螺旋理论的应用使其找到了合适的生长土壤,三螺旋理论及其相关领域也在应用过程中得到了进一步发展。

二、三螺旋理论的内涵与演化

(一)三螺旋理论的内涵

三螺旋理论建立在大学、产业和政府三方的交互作用之上。在三螺旋模型中,三方机构不再独立运行,而是日益加强合作,并在合作的不同阶段产生了螺旋结构而非线性结构的联系。三螺旋模型包含三个基本要素:第一,假定大学在创新中的角色更加凸显,它可以在以知识为基础的社会中与产业和政府相提并论;第二,三大机构领域间加强彼此的合作关系,创新政策日益成为三者交互的结果而非政府指令;第三,除了履行各自的传统职能外,各机构领域也“承担另两者的角色”。[①] 但是这并不意味着大学、产业和政府机构要互相转换职能,而是强调三方机构在保持自己的原始作用和独特身份时,还应在一定程度上发挥并强化另两者的作用。因此,大学继续完成青年社会化和知识传播的独特使命,也发挥一些商业和管理功能。政府是社会规则的终极保卫者,产业是生产性活动的初级来源。因此,产业继续提供产品、服务并做研究,但也越来越多地提供高水平培训。政府负责制定游戏规则,同时也要让新企业能够利用风险资本。[②]

当三方机构都试图强化另两者的作用时,大学、产业和政府便进入了三方互惠的关系,三螺旋模型往往就发生于此。这样的三螺旋模型既能使每一方的角色得到巩固,又能形成三方交互的螺旋结构,从而做到优势互补以实现创新。三螺旋结构中的创新来源不再是先天性同步的。它们不再按给定的顺序组合在一起,而是给参与者、分析者与政策制定者提出待解决的问题。这种关系网产生了一个意图、战略与计划的自反性次动力

① Etzkowitz H, Klofsten M. The innovating region: toward a theory of knowledge-based regional development [J]. R&D Management, 2005(03):243-255.

② Etzkowitz H. The Triple Helix: University-Industry-Government innovation in action[M]. New York and Abingdon: Routledge, 2008:9.

系统,它通过重组与连续协调下面的基础构造来增加剩余价值,从而接近预设目标。[①]一个区域化的三螺旋产生于知识空间、共识空间及创新空间的任意组合或交叉。知识空间通过某一主题的研究资源集合体为区域增长提供基础材料。共识空间意味着相关部门一起合作,形成战略并聚集资源来实施战略,从而推动区域发展。创新空间指用来填补区域发展缺口的新组织机构和战略应用,通常形成于共识空间。[②]区域三螺旋空间并非线性的,从理论上说它们可通过任意顺序得以创造,每一方都可成为另两方发展的基础。强化区域创新的过程可能开始于知识空间,然后以线性模式移动至共识空间,最后是创新空间;也有可能从共识空间或创新空间出发。而随着项目和计划的发展,该过程也可能直接始于创新空间。[③]最终,三螺旋模型将资源、人员和网络聚集在一起,形成一个新的混合实体。

埃茨科威兹曾经用十句话对三螺旋理论进行了表述,这对理解三螺旋理论的内涵有一定启发:

·创新来源于三螺旋机构领域相互间的安排和网络,而非某个单一的驱动力;

·在加快创新步伐时,组织创新的发明、新的社会分工以及新的交互渠道变得与物理设备的创造一样重要;

·线性和反向线性动力学的交互导致了交互式创新模型的出现;

·"知识的资本化"与"资本的认同"同时出现;

·随着不同形式的资本被创造出来并彼此转化,资本表现形式也在新的维度出现,即金融、社会、文化和知识;

·全球化变得分散,并通过大学间的区域网络、跨国公司以及国际组织得以产生;

·在当地政治经济的保障下,发展中国家和地区有可能通过将发展策略建立在有经济价值的知识源的建设之上而取得快速发展;

·产生于先前跨学科创新综合的新技术中的机遇,持续引发了跨机构领域、工业部门和民族国家的重组;

·大学日益成为区域经济发展的源泉,学术机构也因这一目的被重新调整或创建;

① Etzkowitz H, Leydesdorff L. The dynamics of innovation: from National Systems and Mode2 to a triple helix [J]. Research Policy, 2000:109-123.

② Etzkowitz H. The Triple Helix: University-Industry-Government innovation in action [M]. New York & Abingdon: Routledge, 2008:77.

③ Etzkowitz H. The Triple Helix: University-Industry-Government innovation in action [M]. New York & Abingdon: Routledge, 2008:81.

·早期体制从一个技术范式转移到另一个的潜能被耗尽，这是三螺旋形成的标志。①

（二）三螺旋理论的演化

三螺旋模型有两个对立的出发点：一个是国家集权模式（如图2.1所示），即政府控制着大学和产业的活动；另一个是自由放任模式（如图2.2所示）。这两种模式中的大学、产业和政府有着不同的关系。在国家集权模式中，政府是控制着大学和产业的领导角色，驱动着学校和企业的合作，大学和产业则彼此分离，只在国家的统一指挥下开展相关活动；而在自由放任模式中，大学、产业和政府三者相互分离、边界分明，通常是在企业的驱动下谨慎地开展交互活动。虽然出发点不同，但这两种模式却有共同的发展目标，即大学、产业和政府三方的三螺旋交互模式（如图2.3所示）。在这种模式中，三方机构交互重叠，并形成了新的混合组织。

图2.1　国家集权模式的大学、产业和政府关系

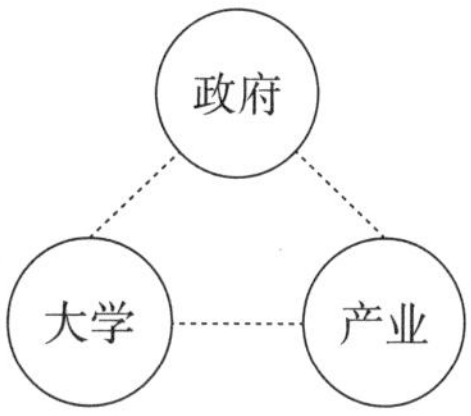

图2.2　自由放任模式的大学、产业和政府关系

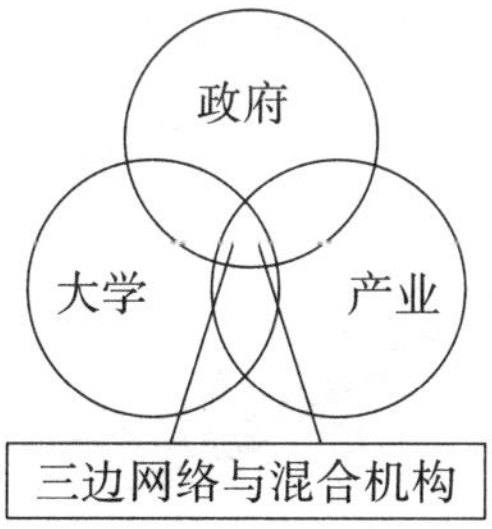

图2.3　三螺旋模式的社会结构

要实现大学、产业和政府交互作用的三螺旋模式，国家集权模式和自由放任模式都要相应地进行改变。国家集权模式在很大程度上被认为是一个失败的发展模型，因为它给“自下而上”模式的发展空间太小，创新受到的是阻碍而非激励。自由放任模式由独立的机构领域组成，它们之间边界严明，彼此的关系也受到严格限制。②因此，在国家集权模式中，改革的第一步就是要放松自上而下的控制并创造一个该模式所缺乏的公民社会。一旦人们可以一起创造新思想，那么自下而上的创新就能实现。而在与之相反的自

① Etzkowitz H. Innovation in Innovation: the triple helix of university-industry-government relations [J]. Social Science Information, 2003(3):293-337.

② Etzkowitz H, Leydesdorff L. The dynamics of innovation: from National Systems and Mode2 to a triple helix [J]. Research Policy, 2000:109-123.

由放任模式中，机构之间相互分离，彼此竞争而非合作，因此需要修正机构领域内外分离的政策。[①] 从这两个模式出发都有以下转变：一方面是大学和产业从政府获得更多独立的转变，另一方面是这些机构领域向更加互相依靠转变。大学、产业和政府通过各种联系，既履行了自身传统角色，又扮演了另两者的角色，这些机构领域的交互是组织创造力的刺激物。组织创新产生于三螺旋间的交互。最终，大学、产业和政府交互作用，既保持自身独特身份，也扮演着彼此的角色，并在混合机构中产生创新。[②]

不过，三螺旋结构和双螺旋不同，它并不稳定。形成三螺旋结构的三条螺线经常不平衡，一条螺线作为创新组织者（Innovation Organizer）充当原动力，另外两条绕其旋转。当三螺旋结构中的另一条螺线取代之前那条成为主线时，充当核心螺旋的组织也随之改变。[③]因此，三螺旋结构中的每一条螺线都可与另两者有关联，并且有望发展成螺旋间在交流、网络和组织方面的新覆盖（如图2.4所示）。[④]

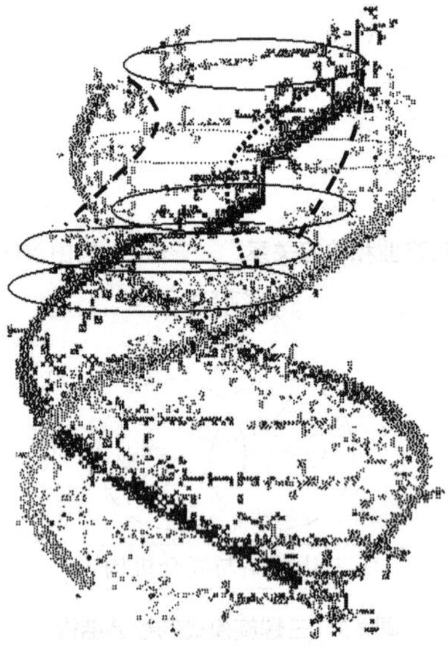

图2.4　网络层面交流和预期的覆盖指导着机构安排的重构

图2.5则描绘了三螺旋的螺线发展：一个纵轴演化与横轴循环的综合体。它描绘了一个在"宏观和微观"层面发展的三螺旋循环。宏观层面即三个螺旋体间的循环，微观层

① Etzkowitz H. Innovation in Innovation: the triple helix of university-industry-government relations [J]. Social Science Information, 2003(3):293-337.

② Etzkowitz H. The Triple Helix: University-Industry-Government innovation in action [M]. New York & Abingdon: Routledge, 2008:12.

③ Etzkowitz H. The Triple Helix: University-Industry-Government innovation in action [M]. New York & Abingdon: Routledge, 2008:8.

④ Etzkowitz H, Leydesdorff L. The dynamics of innovation: from National Systems and Mode2 to a triple helix [J]. Research Policy, 2000:109-123.

面即螺旋体内部的循环。前者可形成合作性的政策、项目和网络，后者会带来螺旋体内部的产出。[①]

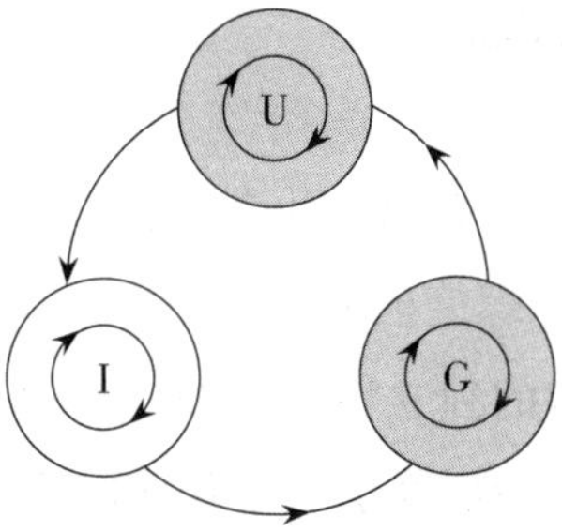

图2.5 螺旋发展的三螺旋

在大学、产业和政府的交互过程中，也形成了人员、信息和产出的循环。人员循环会将一个领域的观念引入另一领域，促成合作项目并提升跨机构的理解。它至少有三种模式：单向流动，即从一个领域到另一个领域的永久变动；双重生活，即同时在两个领域任重要职位，如教授在企业兼职；交替循环，即在超过一个领域相继任职一段时间。信息循环即创新网络。在信息技术时代，合作是以信息交流为基础的，这些交流日益通过从地方到国际的各个层级的网络得以发生。有些信息网络被设计来宣布政府政策和基金来源、大学进行的前沿研究以及它们对新技术和产业的影响；还有来自产业的合作需求。其他信息网络则被设计来支持创新区域。产出循环意味着部门互惠。部门互惠性与创新贡献平等性是重要因素。如果各方贡献的不平衡是消极的，那么创新会有缺口；相反，如果不平衡是积极的，则会刺激其他部门增加投入。[②]

因此，三螺旋模型的发展有四个维度。第一维是每个螺旋体的内部转换，如公司间通过战略联盟形成的横向联系的发展，或者大学承担经济发展使命的假设。第二维是一个螺旋体对另一螺旋体的影响，例如美国联邦政府在1980年《拜杜法案》(Bayh-Dole Act)中制定间接产业政策的角色。当政府出资的研究所产生的知识产权处置规则改变时，技术转移活动扩展到大学更广的领域，导致为其服务的学术技术转移专业和信息媒介的产生。第三维是在三个螺旋体交互作用下形成的三边网络和组织的新叠加，旨在为高科技的发展提出新思想和新范式。第四维是新合作实体(通常代表学校、产业和政府，相对于传统的代表政府、产业和劳力的欧洲合作模式)的递归效应，这既包括它们最初产生的螺

① Etzkowitz H. The Triple Helix: University-Industry-Government innovation in action[M]. New York & Abingdon: Routledge, 2008:20-21.

② Etzkowitz H. The Triple Helix: University-Industry-Government innovation in action[M]. New York & Abingdon: Routledge, 2008:22-23.

旋体,也包括更广泛的社会范畴的螺旋体。[①]

三、三螺旋理论的研究现状

目前对三螺旋理论的研究主要有以下几个方面。

模型讨论。有研究者认为三螺旋模型应对三方机构及其功能进行区分,要达成三螺旋模型,必须同时保持三方机构的独立性和三方功能的交互性。[②]另有研究者指出三螺旋理论和模型在概念、实证及政治层面引发了很多问题,最主要的是要考虑这种安排出现的制度和历史背景,因为这些背景对模型的实施有显著影响。因此,可引入"社会",即三螺旋得以采纳和应用的最佳环境,作为第四个螺旋。[③]在三螺旋模型中加入第四条螺线是一个趋势。还有研究者指出产业与公众之间会有利益冲突,公众需要一个干净的自然环境,然而产业追求的是利益最大化,因此应该将公众加入三螺旋模型,与政府和大学一起形成一个可持续的三螺旋。[④]印度尼西亚将法律实体作为第四条螺线,形成了国家社会健康保障体系的四维量级螺旋模型,产生的方案有望为国家社会健康保障体系形成一套模范策略。[⑤]也有学者指出,可引入社会团体作为第四条螺线来为知识转移和其他创新活动创造更好的环境。[⑥]

区域创新。有研究者以南非为例,认为三螺旋提供了一个"赢-赢-赢"的局面:大学提供重点专业知识,并提供建议与支持;企业(产业)是经济发展的发动室,而政府提供战略性(通常是政治驱动)方向以及预算经费。这样的三螺旋模型被证明具有创新驱动力,能积极推动区域经济的创新发展。[⑦]还有研究者认为以三螺旋模型为基础的孵化器有助

---

① Etzkowitz H, Leydsdorff L. A triple helix of academic-industry-government relations: development models beyond "capitalism versus socialism" [J]. Current Science, 1996(08):690-693.

② Zhou C. Four dimensions to observe a Triple Helix: invention of 'cored model' and differentiation of institutional and functional spheres[J]. Triple Helix, 2014(01):11.

③ Rieu A M. Innovation today: the Triple Helix and research diversity[J]. Triple Helix, 2014(1):1-22.

④ Zhou C. The future roles of STPs in green growth of China : Based on the public-university-industry triple helix for sustainable development[J]. Journal of Knowledge-based Innovation in China, 2011(3):216-229.

⑤ Fitriati R, Rahmayanti K P, Salomo R.V. Critical Review of Triple Helix to Quanto-Tuple Helix: Lesson Learned from Social Security System Act Implementation[J]. Procedia - Social and Behavioral Sciences, 2012:217-225.

⑥ Heng L H, Othman N.F.M, Rasli A.M, et al. Fourth Pillar in the Transformation of Production Economy to Knowledge Economy[J]. Procedia - Social and Behavioral Sciences, 2012(40):530-536.

⑦ Doret P, Johan J. THRIP, a Mechanism Driving Creativity and Innovation in South Africa ☆[J]. Procedia - Social and Behavioral Sciences, 2014:19-33.

于创建新兴中小企业集群，从而为区域创新系统提供支持。[①]

城市建设。万隆将三螺旋理论运用于服务型城市的创建。研究显示，万隆有成为服务型城市的巨大潜力，但是许多方面的服务需要改进。三螺旋的概念正好可被用于改进万隆的服务设施，使学校、商业和政府相互合作以形成一个综合系统，有效且高效地让万隆成为服务型城市。[②]在蒙特利尔智慧型城市的建设中，研究者发现蒙特利尔试图通过开发学习机构来使知识产出的过程机构化，这种组织结构反过来又发明了将知识密集型企业与都市创新系统整合在一起的教学方法。三者的螺旋交互成为新兴创新系统的关键组成部分。[③]

产业发展。巴西政府致力于让科学、技术与创新通过产业政策结盟，这些不同机构的联盟便是三螺旋合作模型，而巴西的国家微电子和纳米电子系统研究所便是其中一个项目。该研究所通过大学、产业和政府的交互活动实现了产业和区域的可持续发展。[④]此外，还有研究者认为三螺旋是一个有机系统，需要有能发芽的种子以及肥沃的生长环境，因此将三螺旋理论运用于城市货运产业的创新。两个案例中，三螺旋的三个参与方都有清晰的角色：产业为公司提出创新想法并开展试验，管理当局通过实际帮助来辅助这些试验，研究者则监控并评估这些新概念。虽然这两个创新试验是临时性的，但是三螺旋三方合作的实际经验却给未来发展提供了启示。[⑤]

本土特色。三螺旋理论产生于美国，关于该理论是否能够运用于发展中国家也引发了讨论。有研究者采用非西方视角，认为三螺旋创新模型的具体应用会因为当地的经济发展状况而有差异。比如中国，虽然中国的经济已经朝着有利于实施该模型的方向发展，但是却可能形成与西方不同的发展方式。[⑥]研究者认为中国的大学和产业都没有强

---

① Herliana S. Regional Innovation Cluster for Small and Medium Enterprises（SME）: A Triple Helix Concept [J]. Procedia - Social and Behavioral Sciences, 2015:151-160.

② Ghazali A, Martini L. Bandung as service city in Indonesia: role of academician, business, and community [J]. Procedia - Social and Behavioral Sciences, 2012:317-324.

③ Leydesdorff L, Deakin M. The Triple-Helix model of smart cities: a neo-evolutionary perspective [J]. Journal of Urban Technology, 2011(02):53-63.

④ Quintão R.A.C, Silveira M.A, de Azevedo A.M.M, et al. Brazilian microelectronics sector dynamization: technology strengthening and sustainable development on production chains[J]. Procedia - Social and Behavioral Sciences, 2012(52):290-298.

⑤ Verlinde S, Macharis C. Innovation in Urban Freight Transport: The Triple Helix Model[J]. Transportation Research Procedia, 2016:1250-1259.

⑥ Cai Y. Implementing the Triple Helix model in a non-Western context: an institutional logics perspective [J]. Triple Helix, 2014(01):1.

大到能够成为区域创新的组织者,所以中国形成的是一头两翼的政府拉动型三螺旋。① 这种模型和其他模型一样有利有弊,因此在实施过程中必须因地制宜、权衡利弊,照搬照抄外国模式绝不可取。

模型测量。在荷兰,研究者将技术、机构和地理三个因素作为三螺旋模型中的信息指数。从区域经济学的角度,研究者指出当概率熵为负时,该构型能够减低系统层面普遍存在的不确定性,因而能提供这三个维度作为构型指标的交互信息,从而可以测量经济环境中的三螺旋关系。② 在俄罗斯,有研究者建立了一套他认为足以反映各活动主体对区域创新发展所做贡献的指标体系,使用计量经济的量化法展开分析。该方法既能评估三螺旋所有参与方在区域经济发展中的作用,又能细分至具体地区、实体经济部门、具体地方的创新集群等。该计算方法和结果可被政府、商业和教育机构用来做各种关于区域经济创新发展和各种层次战略和经济发展项目的决定。③

除此以外,还有研究者从其他角度对三螺旋理论展开了讨论,包括三螺旋的实施载体,如创业型大学、孵化器、科技园等;三螺旋参与方的文化维度;学术、商业、政府的三方领导力;三螺旋应用中的网络建设;等等。这些对三螺旋理论的不同领域、不同角度的理解和应用有利于三螺旋理论和模型的进一步优化。

四、三螺旋理论的评述

三螺旋理论自提出以来便受到了广泛的国际关注,也在众多发达国家和发展中国家得到了广泛应用,然而,由于三螺旋理论最初产生的背景和时间的特殊性,该理论本身也具有一定的局限性。在该理论创立之初,大学指的是学术型大学或研究型大学,产业主要指的是科学或技术产业,政府则通常指的是国家或州政府。有学者指出,三螺旋模型若要适应发展中国家以及先进工业社会的欠支持地区的实情,就要拓宽"大学"的概念,使其包括当地的技术机构与研究中心、社区及区域院校以及其他知识生产与传播机构。④根据三螺旋理论的应用情况来看,大学应被扩展到更为广泛的教育范畴,不论是学

① Zhou C. Emergence of the entrepreneurial university in evolution of the triple helix[J]. Journal of Technology Management in China, 2008(1):109-126.

② Leydesdorff L, Dolfsma W, van der Panne G. Measuring the knowledge base of an economy in terms of triple-helix relations among 'technology, organization, and territory'[J]. Research Policy, 2006(2):181-199.

③ Egorov N.E, Babkin A.V, Kovrov G.S, et al. Comparative assessment of innovative activity of region´s economy actors on the basis of the Triple Helix Model[J]. Procedia - Social and Behavioral Sciences, 2015:816-823.

④ Etzkowitz H, Carvalho de Mello J M, Almeida M. Towards "meta-innovation" in Brazil: the evolution of the incubator and the emergence of a triple helix[J]. Research Policy, 2005:411-424.

术型大学、研究型大学、实验室、研究所,还是职业学院、培训机构或专科院校等等,都可发挥三螺旋理论中的“学”这一方的作用。三螺旋理论中的产业则可以从单纯的科技产业,扩展到广义的产业,如农业、工业和服务业等,使众多非科技型产业也能通过三螺旋理论找到新的发展模式。而三螺旋理论中的政府一方应该包含各级政府,不论是国家还是省市县,甚至乡镇街道都可以扮演三螺旋中政府方的角色。这种从广义上对三螺旋三方角色的扩充,既是对三螺旋理论的进一步补充和完善,也给予了三螺旋理论更为广泛的应用空间。

纵观他国对三螺旋理论的应用情况可知,三螺旋理论具有极强的包容性和灵活性,能够以多种形式服务于多种目的,为它们的发展做出贡献。因此,在当今社会、经济和文化的发展过程中,我们应该对三螺旋理论加以宣传和推广。然而我国在对三螺旋理论进行应用时,绝对不能照搬照抄他国模式,必须充分考虑其应用环境的特殊性,再因时、因地制宜,重新进行调整和详细规划。只有这样,才能充分发挥三螺旋理论的先进作用,既使三螺旋三方本身得到发展,也能够使其在区域发展、经济转型、科技创新、文化推广、城市建设等过程中发挥重要作用。

产教之间相辅相成、产城之间协同共进、城教之间互动共荣,三螺旋理论中政府、产业、大学三者的新型互动关系对应城市、产业、职业教育三者的关系,成为民族地区产城教融合的理论基础。在产、城、教三者之中,产主要指民族地区的支柱产业和民族文化产业,城主要指民族地区的新型中小城镇,教主要指民族地区的职业教育,产、城、教三者中职业教育培养和输送人才,产业和城镇接收人才,三者相互融合、相互促进,共同促进民族地区经济社会发展。产城教形成如下关系图。

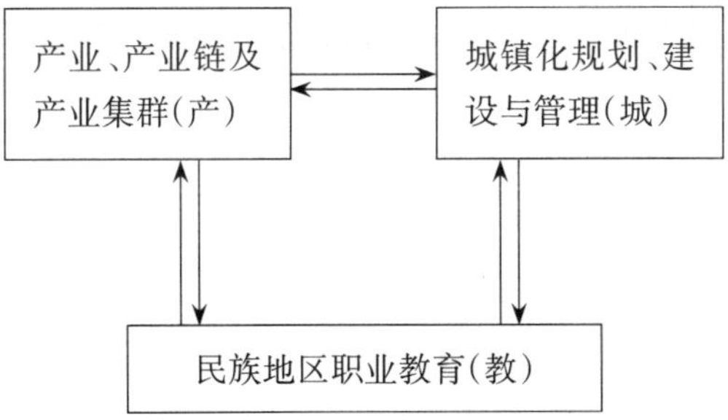

图2.6 产城教关系图

与汉族地区相比,少数民族地区的“产”更强调区域产业的本土化、独特性,文化产业的民族化;少数民族地区的“城”更强调县级以下的乡镇及聚居村落;少数民族地区的“教”更强调在少数民族聚居区的高等职业教育、中等职业教育。

第三章

产城教融合的实践探索——铜仁案例

十九大报告指出,中国特色社会主义进入新时代,我国社会主要矛盾已经转化为人民日益增长的美好生活需要和不平衡不充分的发展之间的矛盾。对发展不平衡不充分的地区要实施区域协调发展战略,加大力度支持革命老区、民族地区、边疆地区、贫困地区加快发展,强化举措推进西部大开发形成新格局。然而,有学者早就指出民族地区在城镇化的过程中有着特殊性,“城镇化进程滞后于工业化水平,城镇化速度发展缓慢,城镇化率低于全国平均水平”[①]。面对全球化普及与现代性深化的趋势,民族地区亟待走出重围。

为了实现少数民族地区发展的奋进之路,我们选择贵州省铜仁市作为本研究的实验区之一。当地系少数民族聚居区,又属于武陵山特困连片山区,经济发展滞后,亟待谋求发展与开发。

① 黄伟,田娟娟.论民族地区城镇化建设中教育事业的发展[J].民族教育研究,2006(04):78-84.

第一节　铜仁案例研究的问题提出和研究设计

一、问题的提出

治贫先治愚，扶贫先扶教。教育不仅对个人收益有促进作用，而且对区域经济增长也有积极影响。教育扶贫可以提升民族地区的自我发展能力，提升劳动力知识应用技能、开发当地人口的经济创收能力，是实现民族地区可持续发展的最佳路径。教育在扶贫开发中既可以促进教育公平，又能够加快人力资源开发和优化配置，促使贫困地区从根本上摆脱贫困代际传递。教育体系中的职业教育具有将人才培养与区域内产业发展紧密结合在一起的优势，对区域内经济增长有着重要的现实意义。

产业转型升级与应用型人才缺口的矛盾，在我国西部连片特困山区显得尤为突出。西部连片特困山区的经济发展与社会稳定需要抓住我国产业转型升级的契机，稳步提高人民收入水平。唯有当地的职业教育提供数量充足、质量层次高、专业结构合理的应用型人才，才能刺激就业和创业，满足产业升级转型的人才需求。通过图3.1可以理清这几者之间的关系。

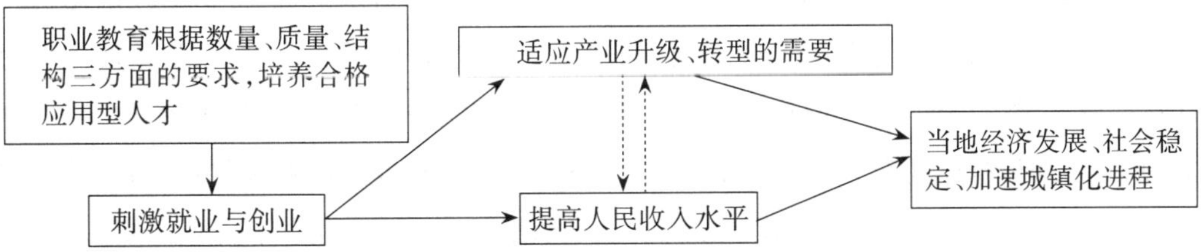

图3.1　西部连片特困山区经济发展路线

如图3.1所示，应用型人才的培养对于西部连片特困山区的经济发展具有深远意义。我国西部连片贫困山区教育发展及教育观念相对落后，基础教育投入不足且质量不高，职业教育发展迟滞，面临严重的生源危机，无法满足区域内产业的需求。贵州省铜仁市应用型人才培养正是一个极其典型的案例。铜仁地处贵州省东部，武陵山脉中部，是省辖的6个地级市之一，此地民族人口众多，经济发展相对落后。根据国务院发布的《中国农村扶贫开发纲要（2011—2020年）》，武陵山区被划定为连片特困地区，属于扶贫攻坚重点区域。该市下辖10个区（县）中有7个属于国家扶贫开发工作重点县，是贵州贫困人口最多、贫困程度最深的地区之一。人口由汉族、苗族、侗族、土家族、仡佬族等29个民族构成，少数民族人口达70.45%（2016年铜仁市人民政府发布数据）。该地经济发展较为落后，产业基础薄弱，扶持产业发展需要大量应用型人才。铜仁属于西部经济欠发达地区，难以吸引优秀人才前来就业，应用型人才的培养主要依赖于当地的高职院校及中职学校，且生源大部分为少数民族学生。选择铜仁作为产城教融合的实践研究区域，从铜仁职业教育集团的办学功能着手，理清其办学功能对当地产业、城镇化的作用，有利于促进区域内“产城教融合”，整体上提升该少数民族地区的竞争力。

结合当前我国劳动密集型产业急于转型升级为高质量的创新型产业的时代需求，本书将问题聚焦在铜仁市的产城教融合上，认为职业教育与当地产业、城镇化发展之间存在一种融合关系，能够测算产业发展、职业教育发展、城镇化三者之间的融合程度。本书拟将铜仁职业教育集团的办学功能作为切入点，通过调研挖掘职业教育集团的办学功能，发现职业教育集团办学存在的问题，以提升职业教育集团的办学功能倒逼“产城教融合”的提升，以期最终达到通过产城教融合发展促进民族地区的长足发展的根本目的。

二、研究目的

本研究试图验证铜仁产业发展、职业教育发展、城镇化之间存在相关，并且对三者之间的融合程度做数据测量，了解铜仁市人口、经济、地理、社会发展等基本情况，对铜仁职业教育集团的办学功能进行研究，主要考量办学功能的实施对产业发展和城镇化的影响，通过调研发现当前存在的一些问题，从制度层面、教师队伍建设层面、学生群体层面以及产城教融合层面对其进行原因探析，从而提出相应的对策，提高职业教育集团的办学功能，达到提高职业教育集团办学成效，促进职业教育毕业生就业和创业，适应并引领铜仁产业发展，最终加快当地城镇化进程，促进当地经济可持续增长，实现区域内产城教融合发展的根本目的。

三、研究意义

在武陵山连片贫困山区急需扶贫开发、城镇化不断推进的契机之下，对铜仁职业教育集团进行研究，无疑具有重要的理论和现实意义。

（一）理论意义：丰富产教融合理论、产城融合理论以及组织结构理论

职业教育集团作为一种新的职业教育办学组织形式，在我国发展的时间只有短短20年左右。随着职业教育集团在数量上日益增多，规模不断扩大，组建模式日趋多样化，迫

切需要从理论角度对这一新型办学模式进行剖析和升华。结合铜仁扶贫开发和加快城镇化进程的需要，对民族地区职业教育集团进行研究，不仅可以丰富职业教育相关理论和组织结构理论，为构建现代职业教育体系提供思路，还可以为民族地区产教融合理论和产城融合理论提供新的研究角度。

（二）现实意义：提升铜仁职业教育发展质量，促进经济可持续增长

深入开展对铜仁地区产业发展现状的调查，提出铜仁职业教育集团内部的改革方案，促进职业教育专业设置无缝对接产业人才需求，适应并引领当地产业变革和创新，不仅可以提升铜仁职业教育集团的质量，打造符合当地产业需求的一体化职业教育体系，还可以发挥职业教育的外部作用，提升铜仁劳动力综合素质，刺激劳动力人口就业，促进当地经济的可持续发展，推动城镇化进程，降低贫困程度。

四、核心概念

（一）职业教育集团

自职业教育集团产生以来，学界对其概念的界定已有不少。浙江省教育厅印发的《关于组建职业教育集团的试行意见》对职业学校与企业联办的职业教育集团作了如下界定："职业教育集团是以集团章程为其共同行为规范，由职业学校和相关企事业单位自愿组成的产教联合体，不具有事业单位法人资格。"职业教育集团应坚持以服务经济建设为宗旨，以专业和人才培养为纽带，以校企双赢为基本准则。成员间的教育和经济业务往来，应遵循优先合作、互惠互利、共同发展的原则，以协作、参资、参股、转让、托管、租赁等多种方式进行。[①] 黄尧认为，职业教育集团是指以一个或若干个发展较好的职业院校联合相关的行业企业，以扩大办学规模、提高教育质量和实现双赢、共同发展为主要目的，以资产联结或契约合同为纽带，以集团章程为共同行为规范而构建的多法人联合体。[②] 许涛认为，职业教育集团是一个非法人组织，它由各个独立法人，如各类职业院校、各类企业、科研机构、政府部门等，通过一定的联结方式，如契约、资源等，以促进职业教育校企间深度合作、加强各类职业教育资源共享、提高职业教育人才培养质量与职业院校社会服务质量的一个联合组织，表现为职业教育功效的提升。职业教育集团通常分为两种：行业型职业教育集团与区域型职业教育集团，前者多为具有特定专业背景的职业

① 浙江省教育厅.关于组建职业教育集团的试行意见[EB/OL]. http://www.pyjy.net/info/read.aspnewsid=165. 2002-10-01/2016-02-28.

② 黄尧.职业教育集团化办学的理论研究与实践探索[M].北京：高等教育出版社，2009：7.

院校与企业的联合,后者则多由区域内的中高职院校与企业在政府牵头下形成集团,行业性并不是特别明显。[①]高卫东认为,职业教育集团是指由若干具有独立法人资格的职业学校及相关企事业单位以契约或资产为联结纽带而组成的职业教育办学联合体。它的特征包括:以职业教育的教学、科研为主要活动的教育联合体,不以盈利为目的;集团本身一般不具有独立法人资格,各组成单位保持独立法人资格;一般以一所职业学校为核心和龙头,联合若干相关专业的职校及相关企事业单位组成;以契约(集团章程)为纽带。[②]

结合以上观点,本研究中界定的职业教育集团是指区域内由政府牵头,各个具有独立法人资格的中高职院校,通过契约或资源发生联系,以服务当地经济建设为宗旨,以人才培养为目的而组建的非法人组织。

(二)办学功能

功能是指事物或方法所发挥的有利的作用和效能。办学功能,也可称为教育功能,是指办学对整个社会系统的维持和发展所产生的作用和影响,主要涵盖人的发展和社会发展两个方面。[③]职业教育集团化办学功能是指职业教育集团化办学在与外部环境相互作用时所呈现的有利的作用和效能。[④]

学界普遍认可高校具有教学功能、科研功能、服务社会功能。此外,不少学者认为高等教育还有第四种功能。赵沁平指出,高等教育的第四种功能是引领文化。集聚着科研与文化力量的大学通过传播知识、创造知识以及社会互动等途径,引领着社会文化的发展。[⑤]冯振业等认为国际交流与合作是大学的第四功能,填补不同国别间的知识空白、增加不同国家间文化交流、为科研的国际对接提供桥梁。[⑥]朱为鸿等认为大学的第四功能是造就公众心灵,主要体现在其以批判为途径对大学自身的"社会良心"进行定位和对社会进行道德教化。[⑦]谭志松认为,大学的第四功能是民族责任功能,把民族发展融入人才培养、科学研究等行动载体,使之产生有力效果。[⑧]根据民族地区的特殊性,王军认为少

---

① 许涛.职业教育集团化办学的理论分析与个案研究[D].上海:华东师范大学,2011:19.

② 高卫东.职业教育集团的内涵、类型与功能[J].职业技术教育,2004(34):8-11.

③ 顾明远.教育大辞典(增订合编版上)[M].上海:上海教育出版社,1997:747.

④ 郭国侠,梅波,李浩.职业教育集团化办学功能的研究[J].现代职业教育,2013(15):5-6.

⑤ 赵沁平.发挥大学第四功能作用引领社会创新文化发展[J].中国高等教育,2006(z3):9-11.

⑥ 冯振业,杨鹤.对大学的第四职能:国际文化交流与合作的一些理解[J].国家教育行政学院报,2003(06):61-66.

⑦ 朱为鸿,孙华.守望社会良知——论大学的第四职能[J].理工高教研究,2006(05):26-28.

⑧ 谭志松.多民族国家大学的使命——中国大学的功能及其实现研究[M].北京:民族出版社,2008:158-159.

数民族高等教育有别于普通的高校，且普通高等教育难以代替，具有经济功能、政治功能、科学技术创造功能、文学艺术促进功能、移风易俗功能、民族素质提高功能、民族关系调整功能、文化继承功能、文化传播功能、文化借鉴功能、文化创造功能。①

本研究中，铜仁职业教育集团是由中高职共同组建，且地处西部欠发达地区，少数民族人口众多，因此其所承担的办学功能呈现出复杂化的特点。本研究将铜仁职业教育集团的办学功能界定为人才培养功能、科学研究功能、为产城发展服务功能。组织理论认为，社会组织的功能源自内外因素的交互作用，同样的组织因外部条件的不同，功能呈现各有差异。② 因此，铜仁职业教育集团的办学功能是由职业教育集团内部的因素和外部的环境共同造就的。

五、研究设计

（一）研究假设

研究假设：在三者彼此融合的情况下，提升铜仁职业教育集团下属学校办学功能可以带动当地产业、职业教育、城镇化三位一体融合发展。

子假设：产业、职业教育、城镇化三者之间是相关的，并且存在融合关系。提升铜仁职业教育集团下属学校办学功能可以带动当地产业、职业教育、城镇化三位一体融合发展。

（二）变量说明

本研究中所涉及的不同变量及其关系可以简单表述为：

$$D=f(F) \quad M=f(N,I,E,P,PG,UD,R...)$$

职业教育集团下属学校的办学功能(F)是本研究的自变量，主要涉及人才培养、科学研究、为产城服务等几个方面。产城教三位一体融合发展(D)是本研究的因变量，主要包括职业教育、城镇化、产业等方面。在自变量与因变量之间涉及许多中介变量，如在校学生人数(N)、产业增加值(I)、就业情况(E)、创业情况(P)、人均GDP(PG)、城镇户籍人口(UD)、农村户籍人口(RD)等。本研究假设铜仁职业教育集团下属学校的办学功能的提高能作用于铜仁产城教三位一体融合发展，将名义变量可操作化，并认为其中存在许多不易被观察到的中介变量。

① 王军．文化传承与教育选择——中国少数民族高等教育的人类学透视[M]．北京：民族出版社，2002：120-121.

② 张俊宗．民族聚集区高校的办学功能及其实现途径[J]．高等教育研究，2009(07)：31-35.

(三)分析单位

1.群体类分析单位

本研究主要涉及铜仁职业教育集团内部的铜仁职业技术学院及10所区(县)中职学校,以及职业教育集团外部的铜仁市教育局、铜仁市发展和改革委员会、铜仁市扶贫开发办公室。

2.个人类分析单位

本研究主要涉及铜仁职业教育集团的高职毕业生、中职毕业生、中职直升高职的“3+2”模式学生、参与组建及管理铜仁职业教育集团的各个中高职学校领导、参与组建及管理铜仁职业教育集团的教育行政部门管理人员、职业教育集团内部的专任教师、铜仁市发展和改革委员会负责人及工作人员、铜仁市扶贫开发办公室负责人及工作人员。

本研究通过分析单位的属性和功能来整体描述和解释铜仁职业教育集团内部和外部的几大组织单位。根据每个组织的特性和职能,对其构成要素或对它所属的更大群体进行刻画,窥探铜仁市职业教育、城镇化进程、产业发展三者间的关系、互动原理及运行规律,进而找到问题根源,对铜仁职业教育集团办学模式进行优化。

(四)研究思路

本研究遵循从宏观到微观、从理论到现实的分析范式,以铜仁职业教育集团为研究对象,寻找产业、城镇化、职业教育三者融合的理论依据,再通过梳理本研究涉及的产、城、教三者存在的融合关系,厘清产城教融合的内涵及运行机制,从人才培养、科学研究、为产城服务三个方面对铜仁职业教育集团的办学功能实施情况进行分析,了解其功能实施的现状,运用多种社会科学研究方法,揭示铜仁职业教育集团办学功能存在的问题,以改革职业教育集团办学模式为切入点,摸清办学功能与促进铜仁地区“产业、城镇化、职业教育”三位一体融合发展的内在规律,提出职业教育集团办学功能提升改进的方案,进而为民族地区职业教育改革措施的制定提供现实依据和理论参考。通过图3.2我们可以看到清晰的研究思路。

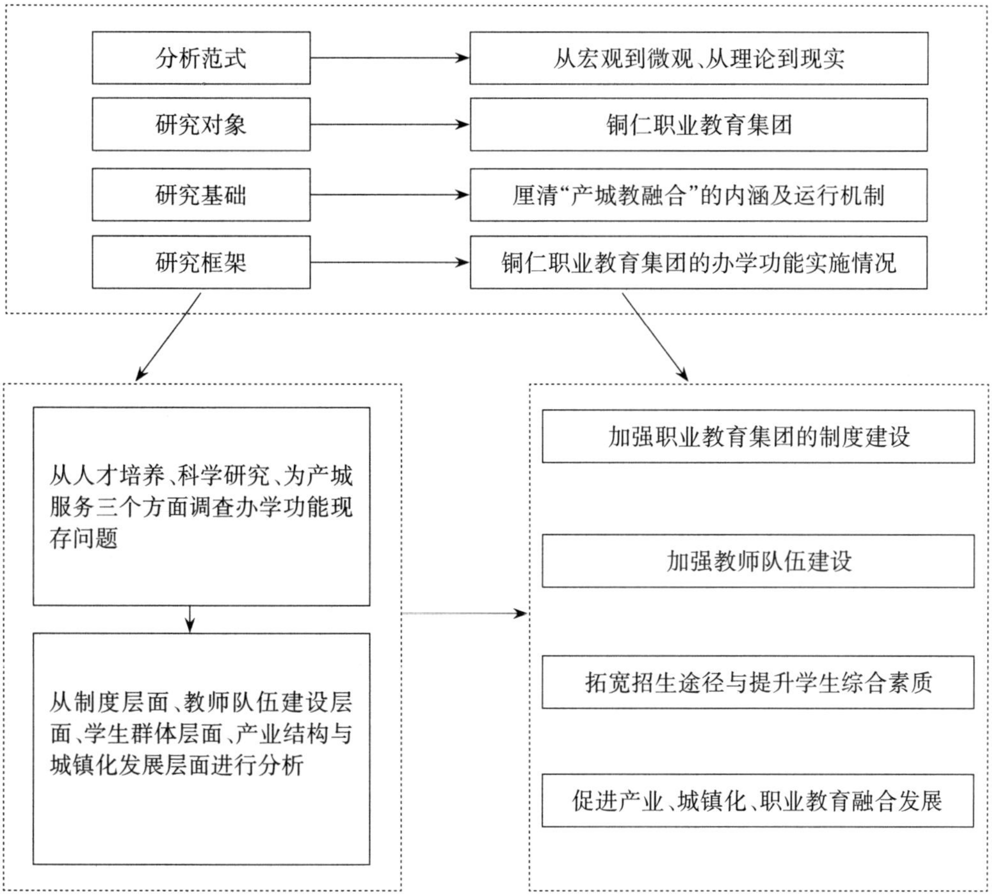
分析范式
从宏观到微观、从理论到现实
研究对象
铜仁职业教育集团
研究基础
厘清“产城教融合”的内涵及运行机制
研究框架
铜仁职业教育集团的办学功能实施情况
从人才培养、科学研究、为产城服务三个方面调查办学功能现存问题
从制度层面、教师队伍建设层面、学生群体层面、产业结构与城镇化发展层面进行分析
加强职业教育集团的制度建设
加强教师队伍建设
拓宽招生途径与提升学生综合素质
促进产业、城镇化、职业教育融合发展

图3.2　研究思路图

(五)技术路线

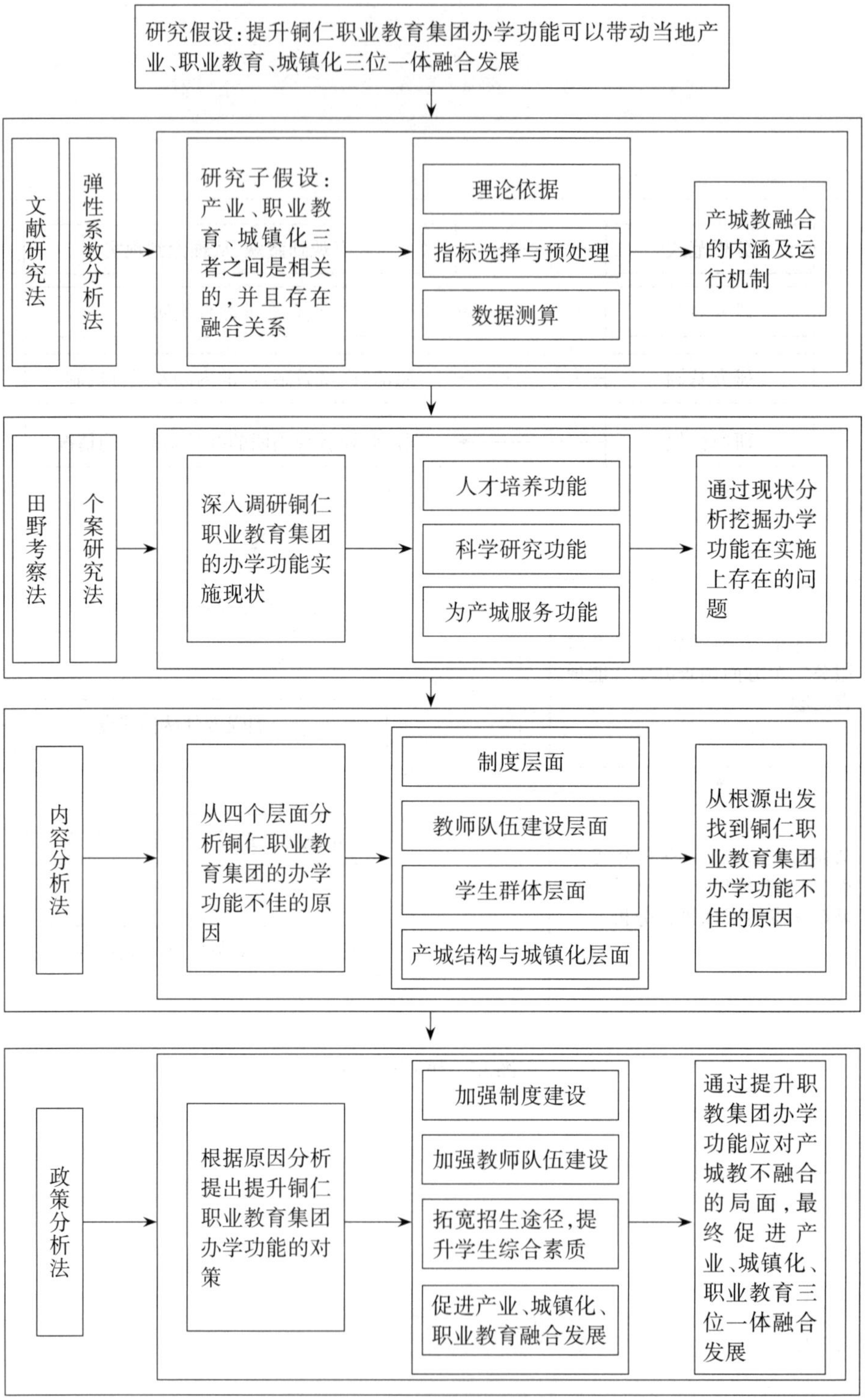

图3.3 研究设计技术路线

（六）研究方法

1.文献研究法

梳理和总结产业结构、产业升级、人才需求、贫困山区经济发展以及城镇化发展方面的文献，对民族地区经济发展和产业发展的历史演变进行分析。查阅、归纳职业教育发展模式和职业教育集团的相关文献，对职业教育集团的概念、性质、作用、类型、组织结构、管理进行梳理，为职业教育集团办学模式改革提供借鉴。查阅产教融合、产城融合、教育扶贫、教育治贫等相关文献，对教育扶持产业、产业带动城镇化发展的内涵和运行机理进行梳理和整合，为验证本研究的总假设提供理论指导。

2.田野考察法

主要针对铜仁市产业结构、产业地域分布、产业发展现状等方面进行实地调查，并对铜仁市发展和改革委员会、铜仁市扶贫开发办公室人员进行深度访谈，对铜仁市产业发展方向、产业发展规模做出预测。针对铜仁职业教育集团内部的铜仁职业技术学院及分布于10个区（县）的中职学校进行实地考察，获取其办学功能的基本资料。对铜仁职业教育集团的高职毕业生、中职毕业生、集团内部中职直升高职的“3+2”模式学生、参与组建及管理铜仁职业教育集团的各个中高职学校领导、参与组建及管理铜仁职业教育集团的教育部门管理人员、职业教育集团内部的专任教师进行访谈，访谈方式是群访和个人深度访谈相结合，访谈内容以建设铜仁职业教育集团的建议为主。

3.弹性系数分析法

弹性系数是一定时期内相互联系的两个经济指标增长速度的比率，它可以衡量一个经济变量的增长幅度对另一个经济变量增长幅度的依存关系。在对一个因素的发展变化做出预测的基础上，通过弹性系数可以对另一个因素的发展变化做出预测。弹性系数法适用于两个因素 y 和 x 之间有指数函数关系 $y_t = ax_t^b$ 的情况，式中 a 为比例系数，b 为 y 对 x 的弹性系数。弹性一词来源于材料力学中的“弹性变形”概念，弹性系数指材料长度变形的百分比同所施加力变化的百分比的比率。后来“弹性”这个概念被推广应用于社会经济领域，表示两个因素各自相对增长速度之间的比率。

本研究中运用的弹性系数分析法是用产业、职业教育、城镇化三者之间每两个因素各自相对增长速度之间的比率，来衡量其中一个因素对另一个因素增长幅度的依存关系。

（七）研究的重点与难点

1.研究的重点

本研究的重点是基于对铜仁产业需求与人才供给、铜仁职业教育运行现状的前期调研结果，厘清铜仁职业教育集团与铜仁产业升级、城镇化发展的内在关联，探索铜仁“产业、城镇化、职业教育”三位一体融合发展的内涵与运行机制，提出适合铜仁经济、社会、文化可持续发展的职业教育集团办学功能提升的方案。

2.研究的难点

本研究的难点一是对铜仁产业发展现状的调研难以从宏观层面进行整体的把握；二是对铜仁市区及下辖的10个区（县）的职业学校办学功能的深入挖掘，由于学校较多，办学规模较大，师生人数较多，所以调研工作涉及部门众多，花费时间长；三是就业、招生、培养过程相关数据的真实程度较难验证。

第二节　铜仁产城教融合的内涵及融合系数测算

一、铜仁产城教融合的运行机制

产业、城镇化、职业教育三者之所以能够融合发展，并非由于其三角形的稳定形态，而是因为存在一个稳定且循环的运行机制。找到推动产城教融合波浪式动态发展的内在关联，就能厘清三者之间的关系。从宏观层面来看：第一，人口是城市发展的第一要素，也是教育产品的购买对象，还是产业发展的劳动力资本。因此，在产城教融合这个动态概念当中，人口充当了三者之间的流动因素，肩负起联通三者的重任。第二，“城”并非产城教融合中的基石，而是处于发展结果的下位概念。单个区域内因地理环境、历史缘故等形成了人口的集聚，自然而然地从事生产和经济活动。从自给自足的农耕文明发展到工业文明后，经济活动频率增加，产业由萌芽发展至壮大。经过两次工业革命的冲击，产业的发展受到制约，迫切需要补充数量充足、质量合格、有技术技能的劳动力资本。第三，适应工业发展需要的职业教育兴起，专门为产业提供对口应用型人才，进行技术革新。第四，产业集聚形成，区域内出现一个或数个经济增长极，吸引外围生产要素向产业极集聚。具备了人口、资本、技术、产业的集聚中心点自然而然发展成城镇。城镇化的加速又促进城镇的交通、教育、医疗、卫生、环保、养老等行业的滋生，促使职业教育提升质量，产业良性竞争加剧，最终形成三者融合发展现象。

在这个运行机制当中，人口充当了融合的原始资本，或者称为融合的动力。在融合的过程当中，人口又成为三者之间的流通因素。融合的最终结果是城镇化进程加速，其评判的指标依然是城镇人口的数量。城镇化是产业发展与职业教育发展的结果，产业和职业教育在时间区间内发展的变动性使得两者作用于城镇化的过程呈波浪式动态（见图3.4）。

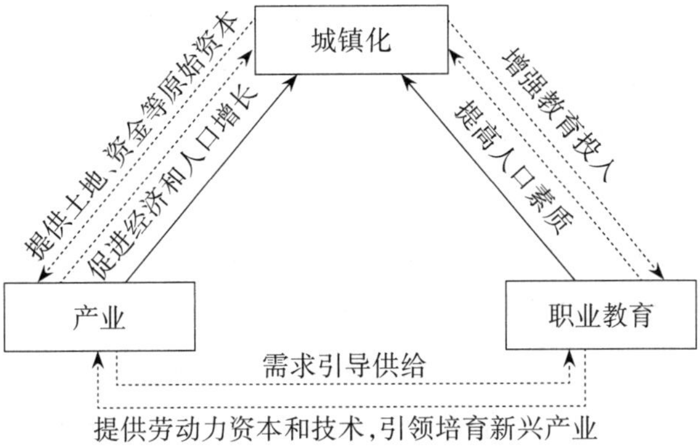

图3.4　产城教融合运行机制

如图3.4所示，实线箭头表示宏观层面三者之间的关系，产业和职业教育的发展最终推动了城镇化进程。虚线箭头表示微观层面三者之间的紧密联系，它们互相提供资源，难以脱离对彼此的依赖。在融合发展当中，人口充当了三者之间的流动介质。

二、铜仁产城教融合的融合系数测算

2013年1月14日，贵州省发布了《省人民政府关于实施教育“9+3”计划的意见》，提出在巩固九年义务教育的基础之上，免除省内中等职业教育在校学生学费，60%以上中等职业教育学生享受国家助学金。[①] 在这样的政策背景之下，为了更好地对铜仁职业教育集团进行深入研究，验证本研究的假设，宏观把握当地产业、职业教育和城镇化的融合度，本研究针对铜仁市产业、城镇化、职业教育三个系统做了融合系数测算。铜仁职业教育集团于2012年7月由铜仁职业技术学院与铜仁市下辖的10所区（县）中职学校共同组建，故测算中选取的中职职业教育规模指标是10所区（县）中职学校的数据总和，而高职职业教育规模指标仅为铜仁职业技术学院的指标。

（一）指标选择与预处理

在国务院大力发展职业教育扶贫的政策下，本研究采用弹性系数和相关系数来测算铜仁市产业、城镇化、职业教育的融合程度。为了便于分析，我们将铜仁的职业教育、城镇化、产业等三个要素定义为三个子系统，分别记作Sv（职业教育）、Su（城镇化）、Si（产

① 贵州省教育厅.贵州省发布关于实施教育“9+3”计划的意见[EB/OL]. http://www.gzsedu.com/Item/26942.aspx，2013-01-14/2016-03-04.

业),将由这三个子系统共同构成的区域经济社会发展系统定义为总系统,称为S。本研究采用弹性系数来衡量Sv-Su,Sv-Si,Su-Si的融合程度。在计算过程中,首先对职业教育、产业以及城镇化的数据指标采用变异系数法进行加权,计算出历年职业教育、城镇化以及产业的水平指标,再计算出这三者的变动率。变异系数是以数据标准化处理后的标准差除以均值所得。每个指标权重的计算公式为某指标的变异系数除以所有指标变异系数之和。此外,采用相关系数来衡量Sv、Su和Si三个系统之间的联系紧密程度,以此考察这三个系统是否融合。

本研究所使用的数据均来源于《贵州统计年鉴》、《铜仁教育年鉴》和职业教育集团下属学校调研所得,时间跨度为2006年至2014年,因涉及变动率的计算,故列入2005年数据作为基准,见表3.1。指标的选定考虑了数据的可获得性、指标的代表性等因素,经过筛选,铜仁职业教育(包括铜仁职业技术学院和10所中职)发展指标主要包括中职在校生人数、中职就业人数、高职在校生人数和高职就业人数;产业指标主要包括第一产业、第二产业、第三产业的增加值;城镇化指标主要包括农村户籍人口数,城镇户籍人口数,第二、三产业生产总值占总产值的比重以及人均GDP。通过变异系数计算,对上述指标赋权。职业教育系统的四个指标赋权结果依次为0.2,0.2,0.3,0.3;产业系统的三个指标赋权结果依次是0.2,0.4,0.4;城镇化系统的赋权结果依次是0.1,0.1,0.1,0.7。

表3.1　2005—2014年铜仁职业教育、产业、城镇化的主要数据

年份	中职学校在校生人数(人)	中职就业人数(人)	职院在校生人数(人)	职院就业人数(人)	第一产业增加值(亿元)	第二产业增加值(亿元)	第三产业增加值(亿元)	农村户籍人口(万人)	城镇户籍人口(万人)	二、三产业生产总值占总产值的比重(%)	人均GDP(元)
2005	5916	969	932	74	128.05	29.04	43.02	345.91	42.31	56.3	3271
2006	10726	1544	2037	427	60.5	38.8	50.16	350.41	44.25	59	3741
2007	35000	2319	2645	411	67.12	49.97	62.08	358.04	45.52	62.5	4519
2008	20945	3245	2900	741	79.91	61.24	75.27	362.03	46.99	63.1	5842
2009	23110	2653	4118	755	82.57	65.43	103.74	367.46	48.09	67.2	6748
2010	25376	4913	5675	1283	94.79	77.22	121.61	373.1	48.6	67.5	9304
2011	26738	5718	5675	736	103.5	99.9	154.3	376.16	51.04	71.1	11622
2012	26220	6721	9218	1724	120	132	195	374.49	51.97	73	14833
2013	24695	8854	10498	2071	136.13	155	244.09	375.34	53.87	74.6	17270
2014	38450	10265	12900	2432	149.68	193.35	304.7	376.31	55.97	76.9	20866

基于表3.1的原始数据和赋权结果，计算出2006—2014年铜仁地区的职业教育发展指标、产业发展指标和城镇化发展指标的变动率。

表3.2 铜仁职业教育发展指标、产业发展指标、城镇化发展指标的变动率

年份	职业教育规模变动率	产业发展水平变动率	城镇化发展变动率
2006	0.474258	0.144557	0.108898
2007	0.618977	0.181306	0.151379
2008	0.413183	0.042260	0.199121
2009	0.103439	0.277589	0.156445
2010	0.187927	0.145274	0.222067
2011	0.032004	0.195212	0.187193
2012	0.147493	0.209432	0.204405
2013	0.058222	0.171581	0.134517
2014	0.269275	0.184564	0.165556

注：表中数据取绝对值。

通过对表3.2的变动率数据进行计算，得出铜仁2006—2014年的职业教育发展、产业发展、城镇化发展的弹性系数（见表3.3）。

表3.3 铜仁2006—2014年职业教育发展、产业发展、城镇化发展的弹性系数

年份	E_1(Sv-Su)	E_2(Sv-Si)	E_3(Su-Si)
2006	4.355066	3.280768	0.753322
2007	4.088923	3.413991	0.834937
2008	2.075035	9.777165	4.711808
2009	0.661184	0.372634	0.563585
2010	0.846263	1.293604	1.528608
2011	0.170968	0.163945	0.958922
2012	0.721572	0.704252	0.975997
2013	0.432823	0.339327	0.783985
2014	1.626489	1.458979	0.897011

（二）各系统之间发展的弹性系数分析

表3.3中的E_1数据可以反映出2006年至2014年铜仁市职业教育与城镇化（Sv-Su）发展之间的融合程度（见图3.5）。

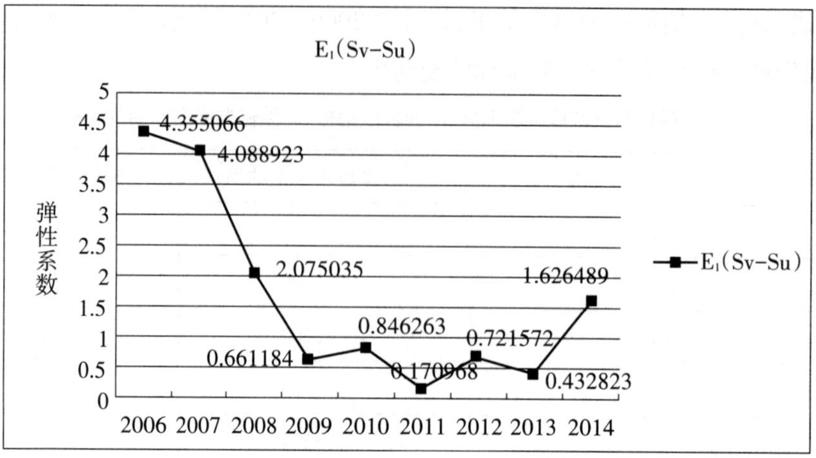

图3.5　2006—2014年铜仁市职业教育发展-城镇化发展(Sv-Su)融合度折线图

如图3.5所示,仅从指标的测算结果来看,只有2010年职业教育发展与城镇化发展处于较高水平的融合状态(该年的E_1最接近1)。从数据上看,2006、2007、2008、2014四个年份职业教育的发展明显快于城镇化发展($E_1>1$),其他年份均是落后于城镇化发展($E_1<1$)。此外,在2006年至2009年间,铜仁的职业教育发展与城镇化发展之间波动较大,可见不融合程度相对较高。

表3.3中的E_2数据可以反映出2006年至2014年铜仁市职业教育发展与产业发展(Sv-Si)之间的融合程度(见图3.6)。

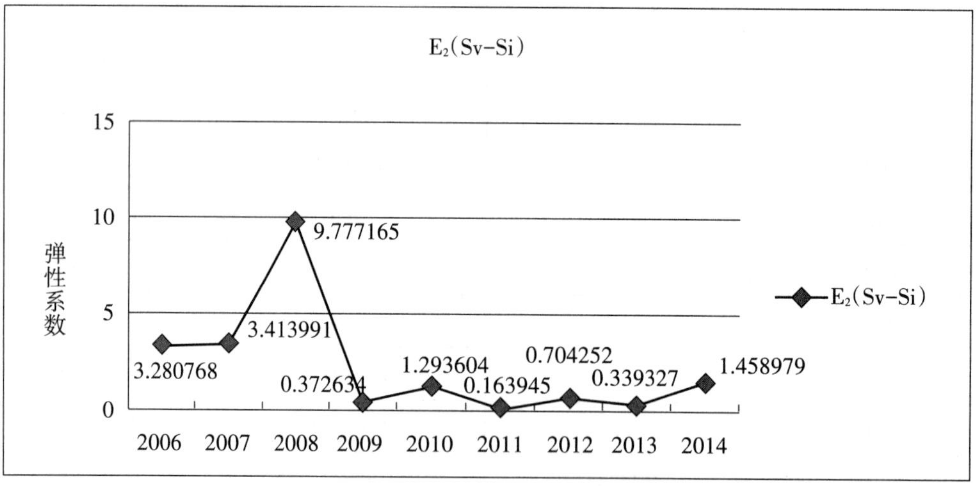

图3.6　2006—2014年铜仁市职业教育-产业发展(Sv-Si)融合度折线图

如图3.6所示,仅从指标的测算结果来看,只有2010年和2014年职业教育发展与产业发展处于较高水平的融合状态(这两年的E_2最接近1)。从数据上看,2006、2007、2008三个年份职业教育发展明显快于产业化发展($E_2>1$),其他年份均是落后于城镇化发展($E_2<1$)。此外,在2007年至2009年之间,铜仁的职业教育发展与产业发展之间出现较

大波动，可见这期间两者不融合程度高。

表3.3中的E_3数据可以反映出2006年至2014年铜仁市城镇化发展与产业发展之间的融合程度（见图3.7）。

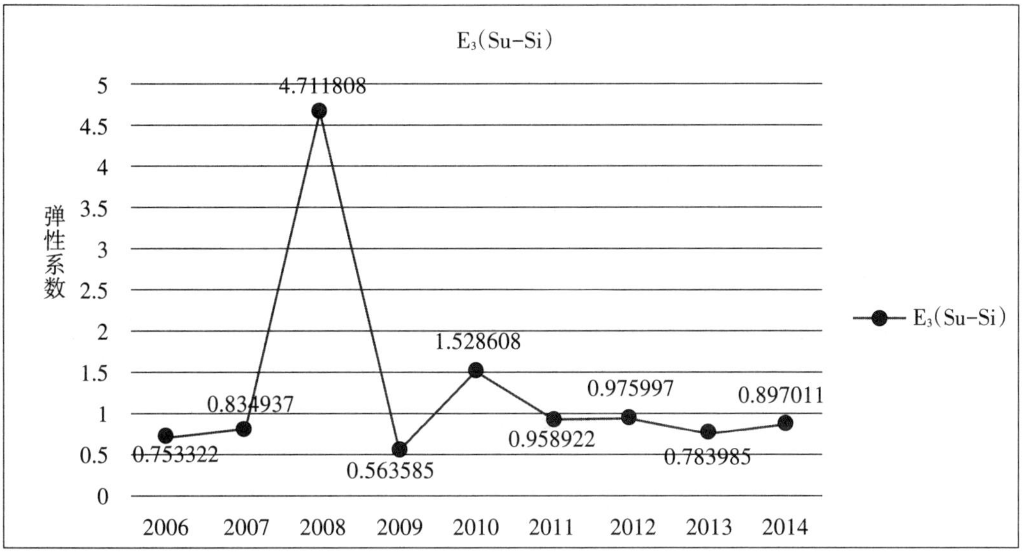

图3.7 2006—2014年铜仁市城镇化发展-产业发展(Su-Si)融合度折线图

如图3.7所示，仅从指标的测算结果来看，只有2011—2012年城镇化发展与产业发展处于较高水平的融合状态（这两年的E_3相对更接近1）。从数据上看，2008、2010两个年份产业发展明显快于城镇化发展（$E_3>1$），其他年份均是落后于城镇化发展（$E_3<1$）。此外，在2007—2009年间，铜仁的城镇化发展与产业发展之间出现较大波动，可见这一期间两者不融合程度高。前文中提到职业教育发展与城镇化发展、产业发展不融合恰好也是这一时期，可见三者在2007—2009年期间较为不融合。

通过分析2006—2014年铜仁职业教育发展、产业发展、城镇化发展的主要数据，我们发现该区域的职业教育-城镇化、职业教育-产业、城镇化-产业三个子系统的发展弹性系数的平均值分别为1.66、2.31和1.33。相较而言，城镇化-产业之间的融合程度较高，另外两个子系统之间的融合程度较低。

（三）各个系统之间发展的相关度分析

本研究中，弹性系数侧重反映两个主要构成要素之间发展的变动率协调水平。为进一步探讨系统要素之间的发展相关程度，我们对原始数据赋权后进行了相关度分析。

表3.4　职业教育发展系统与城镇化发展系统相关系数

		职业教育发展系统	城镇化发展系统
职业教育发展系统	Pearson 相关性	1	0.895**
	显著性(双侧)		0.000
	N	10	10
城镇化发展系统	Pearson 相关性	0.895**	1
	显著性(双侧)	0.000	
	N	10	10

注:**表示0.01水平显著(双侧)。

由表3.4数据可知,2006—2014年铜仁的职业教育和城镇化进程之间发展的相关系数为0.895,$p<0.001$,这表明铜仁的职业教育和城镇化进程之间相关性较强。

表3.5　职业教育发展系统与产业发展系统相关系数

		职业教育发展系统	产业发展系统
职业教育发展系统	Pearson 相关性	1	0.885**
	显著性(双侧)		0.001
	N	10	10
产业发展系统	Pearson 相关性	0.885**	1
	显著性(双侧)	0.001	
	N	10	10

注:**表示0.01水平显著(双侧)。

由表3.5数据可知,2006—2014年铜仁的职业教育和产业之间发展的相关系数为0.885,$p<0.01$,这表明铜仁的职业教育和产业之间相关性较强,两者之间存在紧密的联系。

表3.6　城镇化发展系统与产业化发展系统相关系数

		城镇化发展系统	产业发展系统
城镇化发展系统	Pearson 相关性	1	0.996**
	显著性(双侧)		0.000
	N	10	10
产业发展系统	Pearson 相关性	0.996**	1
	显著性(双侧)	0.000	
	N	10	10

注:**表示0.01水平显著(双侧)。

由表3.6数据可知，2006—2014年铜仁的城镇化和产业之间发展的相关系数为0.996，$p < 0.001$，这表明铜仁的城镇化和产业之间存在正相关。

总而言之，通过数据指标可以看出，铜仁职业教育、产业和城镇化三个子系统之间的融合程度整体较低。从进一步的相关分析结果来看，铜仁市城镇化和产业（Su-Si）、职业教育和城镇化（Sv-Su）系统彼此存在相关关系。因此，铜仁产、城、教三者之间存在相关关系，目前融合程度不高。

第三节　职业教育集团作用于铜仁产城教融合的现实探索

建立囊括中等教育与高等教育在内的职业教育集团是我国西部地区力求突破职业教育发展困境和区域经济发展困境的重要创新途径，它具有与社会化大生产紧密结合的特性，还具备职业教育本身的特征，因此其办学功能呈现出一定的复杂性。区域内的职业教育集团一是承担了为高等教育输送生源和培养中等技术人才的功能，二是承担了高等教育的人才培养、科学研究、服务社会等功能，三是承担了职业教育培养应用型人才后备力量的功能。

职业教育集团的办学功能已经不仅仅作用于教育系统内部，更多的是对产业发展所需科技的发展与创新，对区域内劳动力资源后备力量的扩充与培养，对产业升级背景下人口有序流动的引导，对民族文化的传递、深化和参与构成文化本体等有着重要的辐射意义。本书接下来从铜仁职业教育集团的人才培养功能、科学研究功能以及为产城服务功能等方面对实施现状进行梳理，并分析存在的问题。之所以对研究对象的办学功能做如此划分，是考虑到除了职业教育的人才培养、科学研究功能之外，西部欠发达连片贫困山区的发展较为依赖职业教育集团的社会服务功能，这体现在产业发展和城镇化进程两个方面。这与上一节关于铜仁当地产业、职业教育、城镇化存在融合关系但融合度不高的结论紧密衔接。

一、铜仁职业教育集团的人才培养现状及问题

(一)铜仁职业教育集团的人才培养现状

铜仁职业教育集团有高职院校1所和中职学校10所。铜仁职业技术学院是国家民委和贵州省人民政府共建的公办全日制普通高等职业学院,于2002年6月由铜仁市农业学校、卫生学校、财政学校、商业学校、高级职校联合组建而成。该校于2009年由城区搬迁至占地1160亩的川硐镇新校区,与铜仁学院、铜仁一中、铜仁幼儿师范高等专科学校等共同构建教育园区。

1.专业设置

铜仁职业技术学院目前有药学院、护理学院、人文学院、农学院、经济与管理学院、医学院、工学院、信息工程学院等8个二级学院,共计49个专业。其中,只有2个专业的护理学院人数较多,2015年该院毕业生高达699人。作为武陵山区重点扶持对象的农学院虽然开办了7个专业,招生却困难重重,即使开办政府订单班,招生规模仍一直较小。

表3.7 铜仁职业技术学院二级学院及专业表

农学院	工学院	药学院	信息工程学院	经济与管理学院	护理学院	医学院	人文学院
饲料与动物营养	环境监测与治理技术	药品经营与管理	计算机应用技术	金融保险	护理	临床医学	旅游管理
畜牧兽医	数控技术	药物制剂技术	计算机网络技术	投资与理财	护理(英语方向)	医学检验技术	文秘
园艺技术	工程测量技术	中药制药技术	图形图像制作	会计电算化	助产	医学影像技术	音乐表演
茶叶生产与加工技术	汽车检测与维修技术		呼叫中心服务与管理	营销与策划		康复治疗技术	旅游工艺品设计与制作
水产养殖技术	水利水电建筑工程		计算机通信	农村合作金融			社会工作
农产品质量检测	建筑工程技术			资产评估与管理			应用老挝语
设施农业技术	城镇规划			电子商务			旅游英语

续表

农学院	工学院	药学院	信息工程学院	经济与管理学院	护理学院	医学院	人文学院
	道路桥梁工程技术			工程造价			环境艺术设计
				电子经纪与代理			航空旅游
							空中乘务

由表3.7可知，铜仁职业技术学院在专业设置上倾向于应用性极强的工学类和经管类专业；医药护理类专业开办较多，但划分极细，分工明确；人文学院开办专业较多，所有的文科类专业均纳入人文学院。作为西部经济欠发达地区的高职院校，其专业设置较为全面，也充分结合了当地的社会经济发展及特色产业需求，如应用老挝语、茶叶生产与加工技术等专业。

在该校所有的专业中，国家重点专业有药学院的药物制剂技术、农学院的茶叶生产与加工技术、设施农业技术和畜牧兽医，医学院的医学检验技术，工学院的水利水电建筑工程。省级重点专业包括人文学院的旅游管理和护理学院的护理专业。院级重点专业包括经济与管理学院的会计电算化，工学院的工程测量技术，信息工程学院的计算机网络技术。铜仁职业技术学院建设有多个校外实训基地，如铜仁市恒先牧业有限公司、凤凰阿拉养猪场、松桃鑫慧养殖合作社等畜牧兽医专业实训基地，梵锦茶业有限公司正大茶园属于茶业生产与加工技术专业实训基地，光正制药有限公司长期作为药品经营与管理、药物制剂技术、中药制药技术等专业实训基地，袁家寺骨科医院是护理专业实训基地。学校也打造了校内实训基地，如食用菌培养基地、标本室、数码互动实验室、园林规划室、影视传媒工作室、网络技术工作室、Web技术开放工作室、用网基础工作室、单机及外设工作室、综合布线工作室、二维动画工作室、计算机应用基础工作室等。

中职学校的专业设置基本上是各校自行设置与调整。集团内的中职学校主要存在下列问题。一是办学规模不平衡。大部分中职学校办学规模极小，招生困难，思南中等职业技术学校、玉屏中等职业技术学校、铜仁中等职业学校在校生数量、师资力量、教学基础设施、专业设置、升学率、就业率等各个方面都是集团内其他中职学校无法企及的。2014年，印江甚至出现为完成中职招生任务，当地部分中学根据摸底考试分数自行划线，劝排名靠后的学生放弃中考，动员他们就读中职的现象。在调查中我们发现还存在部分教师依靠向中职学校输送生源获利的现象。[①]二是专业重复设置。由于办学定位不明

① 刘刚.贵州印江部分中学为完成任务劝差生放弃中考[EB/OL]. http://edu.people.com.cn/n/2014/0620/c1053-25174368.html,2014-06-20/2016-04-02.

晰，为了更好地吸引生源，几乎每个中职学校都设置了护理、电子电工技术、数控技术应用、汽车运用与维修等专业。这几个专业是当地家长追求的热门专业，认为这几个专业好就业、工作稳定、经济收入较为满意。而这几个专业并未与当地产城发展紧密联系，就业和升学情况也远远不如家长们预期的那样。即便是办学规模呈凋零状态的中职学校，也会开办这几个热门专业，结果招收的学生人数与开办专业所投入的成本不成正比，导致"招生难就开办热门专业，投入大量成本只招了小部分学生，教育产出远远不能覆盖投入的成本，因此压缩办学成本，教育质量下降，造成招生更加困难"的恶性循环。三是教育资源短缺且不均衡。许多专业缺乏相应的教学基础设施，因此大量压缩实训、实践、实验课程，使得部分办学规模小、教学质量差的中职学校的学生在升入高职后操作能力较差，失去了职业技能上的优势。这种教育资源的不均衡，不仅体现在物质资源上，还体现在人力资源上。从思南中等职业学校历年的教师招聘简章来看，其每年教师需求量都达数十人，且提出了对引进的"211"、"985"高校的应届本科毕业生和部属师范大学公费师范生发放安家费5万元，对研究生（含硕博）发放安家费10万元，并提供不低于$50m^2$的住房一套等优惠条件，可见其对建设高层次教师队伍有着数量上和质量上的需求，连年招聘说明其未招聘到人或者留不住人才，导致教师需求尚未满足。而办学规模较小的印江中等职业学校在教师队伍的需求上，无论数量还是质量均无法与思南职业学校相比。以2016年为例，印江中等职业学校只招聘3名教师，学历要求为全日制普通高校本科及以上，分别为音乐教师、茶叶教师和电子商务教师，其中音乐教师要求具备教师资格证，另外两个专业未见相关要求。由此可知，职业教育集团内部的教育资源总体处于短缺状态，且学校之间极不均衡，体现在教学基础设施建设、教辅人员配置、办学经费等方面。

2012年组建之时，职业教育集团对集团内中职学校重复设置专业、浪费教育资源的情况做了部分调整，统一规划集团内的专业布局，以茶产业为支柱产业的印江将中职改为铜仁职业教育集团分校印江茶业产业学校，办学定位是为当地培养茶产业相关的技术人才。集团内所有茶叶生产与加工技术专业的教师和学生均纳入此校，集中一切茶业专业教育资源，打造茶业学校。其他中职学校也做了相应调整，如玉屏中等职业学校改为黔东工业学校，思南中等职业学校改为黔东电子信息技术学校，江口中等职业学校改为梵净山旅游学校，石阡中等职业学校改为黔东营养健康学校。

职业教育集团的专业规划并不是一蹴而就的，经历改名、专业调整的中职学校并未完全按照职业教育集团的规划来招生。部分中职学校为了在激烈的竞争中获取更多的生源，不顾师资与教学设备的限制，依然迎合大众需求开设热门专业，学生入学后允许随意更换专业；或者在职业教育集团分校打造的特色专业招生时，自设类似专业，与职业教育集团分校抢生源。这种专业重复设置情况可以从表3.8略窥一二。

表3.8　2014年铜仁职业教育集团中职学校(部分)招生专业①

铜仁中等职业学校	沿河分校	黔东营养健康学校(原石阡职校)	万山分校	黔东电子信息技术学校(原思南职校)	黔东工业学校(原玉屏职校)	印江茶业产业学校(原印江职校)	梵净山旅游学校(原江口职校)	沿河卫职校
计算机应用技术	学前教育	护理	护理	护理	数控技术应用	护理	护理	护理
计算机网络技术	现代农艺技术	农村医学	学前教育	数控技术应用	电子电器应用维修	学前教育	旅游服务与管理	
酒店服务与管理	畜牧兽医				电气运行与控制		药物制剂	
旅游服务与管理	护理				服装设计与工艺			
学前教育	农村医学				护理			
汽车运用与维修								
工业自动化仪表及应用								
电气运行与控制								
建筑工程施工								
会计电算化								

数据来源：铜仁市中等职业学校2014年专业设置及招生计划[EB/OL].http://old.trzy.cn/zsjy/ShowArticle.asp?ArticleID=9209，2014-07-16/2016-04-02.

由表3.8可知，即使在进行了专业调整和教育资源整合之后，职业教育集团内部的中职学校依然处于专业重复设置状态，大量开办护理专业、学前教育专业，并未体现其专业整合的优势。可以说，职业教育集团组建之后并未发挥其统筹作用，集团内中职学校的专业依然存在重复设置问题，说明教育资源的再配置并未取得良好的效果。

2.就业情况

铜仁职业技术学院的就业情况整体呈现良好发展趋势。本研究将从生源结构、就业

① 表中所显示专业均为铜仁职业教育集团统一建设专业，各分校在开设铜仁职业教育集团学校打造的特色专业以外，还会进行独立招生，独立招生的专业由各中职学校设定。

率、就业专业分布、就业流向和就业质量几个方面对其进行分析。

铜仁职业技术学院的生源结构可以从民族、生源所在地、贫困生数量等方面进行现状描述。以2015年为例,该年毕业的学生共3531人,有3035人的生源所在地为贵州,其中又有2106人来自铜仁市境内,929人来自贵州省其他地区。仅有496人来自全国其他省(市)。总而言之,毕业生中贵州省生源占总数的85.95%,铜仁市生源占毕业生总人数的59.64%。这一生源所在地结构与本研究关于西部经济欠发达地区的地方院校招生以本地生源为主的构想一致,也从侧面证明铜仁职业教育集团的功能是为本地培养人才(见图3.8)。

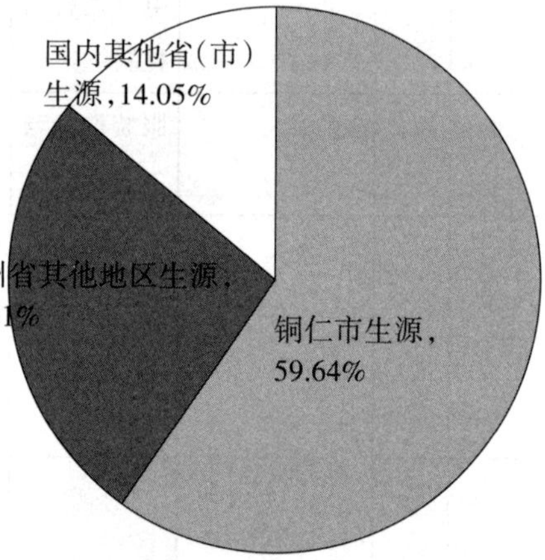

图3.8　2015年铜仁职业教育集团毕业生生源所在地结构

贵州省属于少数民族聚居区,少数民族人口众多。铜仁职业教育集团2015年毕业生的民族结构中,少数民族生源有2557人,占毕业生总人数的74.42%;汉族学生为974人,占毕业生总人数的27.58%。这说明职业教育集团的人才培养功能还兼具辐射少数民族地区、培养少数民族高层次应用型人才的重任。这不仅关系到西部经济欠发达地区的社会经济发展,也影响着少数民族教育在尊重和保护其民族性的基础上与教育现代化的衔接。

铜仁职业技术学院的初次就业率[①]自2010年以来一直保持在95%~98%,我们可以从表3.9对2010—2015年专业分布情况和就业情况作初步了解。

① 初次就业率是指统计时间为学生毕业当年的9月1日之前所统计的就业率。

表3.9 2005-2015年铜仁职业技术学院就业情况一览表

学院	专业	2010			2011			2012			2013			2014			2015		
		N（人）	E（人）	ER（%）	N（人）	E（人）	ER（%）	N（人）	E（人）	ER（%）	N（人）	E（人）	ER（%）	N（人）	E（人）	ER（%）	N（人）	E（人）	ER（%）
农学院	设施农业技术	19	19	100				20	19	95	23	23	100	23	23	100	94	93	98.9
	畜牧兽医	64	62	96.8	5	5	100	85	83	97.6	66	66	100	83	81	97.5	153	151	98.6
	园艺技术										25	24	96	27	27	100	35	35	100
	茶业生产与加工技术	36	35	97.2				55	54	98.2	42	42	100	43	42	97.7	111	110	99.1
	水产养殖技术							14	14	100	9	9	100	8	8	100			
工学院	环境检测与治理技术	36	36	100	31	29	93.5	34	33	97.0	35	34	97.1				24	24	100
	数控技术	34	31	91.1	39	39	100	23	23	100	14	14	100				26	26	100
	工程测量技术	33	32	96.9	21	21	100	29	28	96.5	11	11	100	19	19	100	59	59	100
	汽车检测与维修技术							30	30	100	16	16	100	42	42	100	28	28	100
	水利水电建筑工程													26	26	100	232	232	100
	建筑工程技术													99	98	99.0	125	125	100
药学院	中药制药技术							41	41	100	25	24	96	66	62	90.9	81	81	100
	药物制剂技术	80	79	98.7	88	85	96.6	53	52	98.1	46	43	93.5	108	108	100	150	150	100
	药品经营与管理	85	81	95.4				103	103	100	107	105	98.1	74	74	100	120	120	100

续表

学院	专业	2010			2011			2012			2013			2014			2015		
		N（人）	E（人）	ER（%）	N（人）	E（人）	ER（%）	N（人）	E（人）	ER（%）	N（人）	E（人）	ER（%）	N（人）	E（人）	ER（%）	N（人）	E（人）	ER（%）
信息工程学院	计算机应用技术	54	50	92.6	51	48	94.1	47	47	100	39	38	97.4	18	18	100	37	35	94.6
	计算机网络技术	36	36	100	29	23	79.3	27	26	96.3	15	15	100	24	24	100	32	32	100
	图形图像制作	18	18	100	15	15	100	21	20	95.2	21	21	100	27	27	100	49	49	100
经济与管理学院	金融保险							32	32	100	31	31	100	11	10	90.9	29	29	100
	投资与理财	25	24	96				15	15	100	12	11	91.6	17	17	100	12	12	100
经济与管理学院	会计电算化	112	110	98.2	89	87	97.7	137	130	94.9	129	126	97.7	145	142	97.9	215	215	100
	营销与策划	18	18	100				16	15	93.7	24	23	95.7	12	12	100	23	23	100
	电子商务	41	38	92.6				28	28	100	15	15	100	8	8	100	15	15	100
护理学院	护理	352	326	92.6	230	220	95.6	484	459	94.8	722	695	96.3	674	649	96.3	699	670	97.4
	助产	67	65	97.0				132	119	90.1	92	92	100	76	73	96.0	110	106	96.4
医学院	临床医学													457	435	95.1	546	528	96.7
	医学检验技术	67	67	100	38	37	97.3	123	122	99.1	127	125	98.4	97	93	95.9	160	156	97.5
	医学影像技术	71	68	95.8	36	33	91.7	113	111	98.2	241	235	97.5	85	84	98.8	97	94	96.9
	康复治疗技术										104	100	96.1	78	75	96.1	125	133	97.3
人文学院	旅游管理	28	28	100				40	37	92.5	23	23	100	41	38	92.7	63	61	96.8
	旅游英语				7	7	100	13	13	100	8	8	100	19	19	100			
	文秘	27	25	92.6	29	28	96.6	37	36	97.3	35	34	97.1				39	38	97.4
	音乐表演	22	22	100	23	22	95.9	27	27	100	44	42	95.5	30	28	93.3	28	28	100
	环境艺术设计													13	13	100	14	13	92.4
合计		1325	1270	95.9	731	699	95.6	1779	1717	96.5	2101	2045	97.3	2450	2375	97.0	3531	3471	98.3

注：N单位为：人，E单位为：人，ER单位为：%。

N为Students number，即毕业学生数；E代表Employed stuedents，即就业学生数；ER代表Employment Rate，即就业率。数据来自调研统计。已经招生但尚未有学生毕业的部分专业尚未纳入该表。

2015年铜仁职业技术学院的毕业生在铜仁市就业的占55.59%，达1963人；在贵州省其他地区就业的占26%，达918人；在全国其他地区就业的占18.41%，达650人。其中有58人自主创业，82位毕业生进行专升本教育。医学院的28位毕业生继续升学，是所有二级学院中升学人数之最。从毕业后的就业流向来看，铜仁职业教育集团所培养的人才大多是直接服务于铜仁当地的经济社会发展，这也与本研究关于西部地区应当培养并留住当地应用型人才以带动经济社会发展的构想一致。西部经济欠发达地区不仅难以吸引外来人才前来就业，其地方高职院校也难以大量招收其他地区人才，因此培养符合当地产业和城镇化发展需求的应用型人才成为职业教育集团工作的重点。

2013年，贵州省开始实施“9+3计划”，即9年义务教育加3年免费中职教育，60%以上的中职学生可以获得国家助学金，来自贫困家庭的学生还可以申请“雨露计划”获得助学金，这使得贵州省的中职学校入学率大大提升。“9+3计划”走在了十八届五中全会关于全面普及高中教育及逐步分类推进中等职业教育免除学杂费的教育政策前沿，不仅顺应了西部经济欠发达地区社会发展对中职教育的要求，还为我国全面普及高中教育及推进中职教育免除学杂费提供了实践经验。铜仁职业教育集团中的10所中职学校的毕业生人数自2005年起逐年增加，可见其办学规模一直在扩大。2005年，中职学校的毕业生就业人数仅有969人，2014年则增加到10265人。近十年，中职学校较大程度上突破了招生困境，发展迅猛，这与贵州省提倡每县办好一所中职学校、大力发展中职教育的政策密不可分。

根据当地教育局提供的数据，中职就业人数中，升入高职高专学校的学生比例自2010年以来均在50%以上，升学途径有中职单报高职、“3+2”分段制、五年一贯制、中职推优。职业教育集团内部的中职学校并没有打通直升铜仁职业技术学院的途径，大部分中职学生均考入职业教育集团以外的高职院校，考入铜仁职业技术学院的学生人数较少，总体来说高职生源中中职学生的比例偏低。以2015年为例，铜仁职业技术学院的毕业生中，来自中职单报高职的仅占总数的19.85%，“3+2”制转录学生占3.07%，自主招生占6.03%，统招和订单班学生占了71.05%。需要说明的是，自主招生学生是面向应届和往届普通高中，中等职业学校、职业高中和技工学校毕业生进行招生。因此，2015年的毕业生中、由中职升学至高职的学生比例为28.94%。由于年龄较小、知识技能水平不如同专业的高职学生，未能升学的中职学生毕业后大多在当地的企业工作，或者与亲属共同创业，或者流动至东南沿海地区继续当学徒等。

(二)铜仁职业教育集团人才培养现存的问题

铜仁职业教育集团的人才培养为铜仁经济社会发展提供了大量的应用型人才，也让大批少数民族学生接受现代化职业教育，促进了少数民族人口与现代经济社会的紧密融合，为西部经济欠发达地区经济社会发展提供了人力资源。但铜仁职业教育集团人才培养也存在一些问题：第一，铜仁职业教育集团的人才培养结构松散，这是人才培养中最主要的问题。职业教育集团并未充分发挥其集团办学优势，使得10所中职学校与铜仁职业技术学院的人才培养存在脱节，基本上处于各自独立进行人才培养的状态，既无中高职一体化人才培养方案，也未搭建中职学校与铜仁职业技术学院的升学通道。中职学校的人才培养以招生为导向，紧紧围绕热门专业进行人才培养，较少考虑所培养人才的后续发展与成长，与当地产业的联系也不够紧密。铜仁职业技术学院并未对中职学校在人才培养规范上起到引领作用，也未对集团内中职学生的升学采取优先录取或者开辟单独招生通道。在人才培养上，铜仁职业技术学院与中职学校各自独立办学，基本处于割裂状态，未能较好地发挥集团办学优势。第二，铜仁职业教育集团专业设置重复，且与当地产业结合度较低。无论是中职学校还是铜仁职业技术学院，均重点发展了许多热门专业，如护理、学前教育、数控技术应用等。原定的职业教育集团的专业调整计划并未生效，各中职学校依然根据招生需要设置专业。这是由办学经费的多少取决于招生人数的多少决定的，每招收一个中职学生，中职学校能获得2000元办学经费。专业重复设置导致教育资源的浪费与分散，影响了集团办学的教育质量。第三，中高职的升学率不高。铜仁职业教育集团内中职升高职、高职升本科的学生比例都不高，可见职业教育的应用型人才立交桥并未搭建成功，学生选择职业教育之后获得更高等级教育的机会较少。

二、铜仁职业教育集团的科学研究现状及问题

铜仁职业教育集团的第二大功能是科学研究功能。不少人认为科学研究功能与人才培养功能存在重合之处。铜仁职业教育集团的教学与科研确实是融为一体的，在教学中产生科学研究，以科研来带动教学，人才培养功能与科学研究功能颇有重合之处。但本研究中，科学研究功能之所以与人才培养功能并列而谈，是因为两者存在根本上的区别。第一，人才培养功能的主要对象是学生，受益的主体侧重于学生本人及其所在家庭、社会。人才培养的目的在于让毕业生在社会化大生产中更好地进行服务，获得更高薪资。科学研究功能的主要对象是教师，受益的主体是政府、社会及全人类。人才培养功能侧重于研究人才的"入口"与"出口"；科学研究功能侧重于在教学中进行研究，侧重于教学的过程。第二，人才培养功能的内容侧重于关注以某种目的和方式对学生进行培养，以获得某种社会成效，如人力资源的收益率；科学研究功能的内容侧重于既定的教育目标，通过教育方法的运用取得更好的教育成效，如对未知领域的科学探索、对课堂效果

的改进与提升、对研究成果的实际运用等。因此,科学研究功能与人才培养功能是职业教育集团的两个独立功能,应当分开叙述。

(一)铜仁职业教育集团的科学研究现状

铜仁职业技术学院作为全国骨干高职院校,其科学研究功能主要体现出教学与科研融合程度高、科研成果侧重于与当地生产实际相结合、科研项目级别不高等特点。中职学校的科学研究功能较弱,其原因有两个方面:一是由其处于中等教育的属性所决定,其办学定位属于培养中等职业人才,为高等职业教育输送人才。中等职业教育既不属于强制性的义务教育,也不属于个体特殊化的高等教育,是对义务教育所学知识的强化和深化,也承担着挖掘学生个性、促进学生甄别和确定个人职业偏好的任务,是义务教育与高等职业教育的连接阶段。二是由其自身办学规模及科研实力所决定。中职学校在科研投入和教研队伍建设两个方面都达不到承担科学研究功能的要求。

1.科研团队情况

铜仁职业技术学院组建了数个科学研究团队,如植物生产技术教学团队、植物药生产技术教学团队、中兽药研发科技创新人才团队、大学生文化修养教学团队等。科学研究团队将科研融入教学,以教学带动科研,服务于当地的产业发展。

以植物生产技术教学团队为例,它依托于农学院的设施农业技术专业,共有10位专兼职教师。从专兼职比例来看,专任教师6人,来自种植行业的兼职教师4人;从团队成员专业资质情况来看,专任教师中有2名专业带头人,2名学术带头人,2名骨干教师。专任教师中有3名教师具有正高职称,2名教师具有副高职称,1名教师具有中级职称;兼职教师中,1名具有正高职称,有3名高级农艺师,有2名省管优秀专家,有1名地管优秀专家,有1名贵州省首届青年创新人才。农学院的顾昌华教授与种植行业带头人杨文总农艺师分别承担该团队的教学和行业实践活动。团队自组建以来,已经主持了省部级、地厅级、校级等科研项目27项,编写教材4部,在国内重要学术期刊、核心期刊发表论文60余篇。

2013年,铜仁职业技术学院组建食用菌研发基地,由植物生产技术教学团队负责梵净山食药用菌的研发与生产教研工作,铜仁市政府投资10万元进行菌种研究,铜仁职业技术学院配套部分资金与基础设施建设。

梵净山地处铜仁境内,属于亚热带季风气候,降雨丰富,大多集中于5月至10月,本应冬季温暖,夏季酷热,四季分明,然而梵净山的海拔高度(主峰红云金顶海拔2336米,最高峰凤凰山海拔2572米)导致其夏无酷暑,冬无严寒,空气湿润,年平均气温15.3℃。最热的七月下旬,平均气温为24℃;最冷的一月上旬,平均气温是4.6℃,总体来说气候较为稳定。梵净山因为地理位置偏僻,树木众多,政府较早进行保护开发,因此保存了亚热带原生生态系统，留存着数千万年前的古老珍稀动植物。近年来，当地林业坚持退耕还林政策，栽种了许多适合菌种生长的树木，为野生菌类大规模生长补充了原料。因此，梵净山地理环境与气候因素非常适合食药用菌的生产与开发，其保留的野生食药菌种也是设施农业的重点研发方向。在铜仁职业技术学院开办食用菌研究中心，可以对梵净山食药用菌种资源进行保护与合理利用。

图3.9　铜仁市梵净山食用菌菌种资源工程技术研究中心

为了与梵净山的食药用菌生产情况紧密结合，植物生产技术教学团队编写了校本教材，如《梵净山野生菌开发与利用》，根据梵净山野生菌的实际情况进行教学，不仅使农学院学生对本地的具体情况十分了解，也推动了梵净山的野生食用菌的研究。

中职学校的科研团队主要来源于学校内部专业教研组以及所在县教育局的教研组，是一种为提高教学效果而组建的科学研究团队。印江中职学校每个星期抽固定时间进行教师集体教研活动，针对课程开发、课程进度、教学实例、教学设计等方面进行讨论与分析。这种团队式教研活动的目的是提升教学效果，但有的学校在讨论时流于形式，主要是应付上级教学管理部门的教研要求和教案检查，教研沦为教研组内教师集体备课、抄写教案的组织形式。

图3.10　印江中职学校

中职学校的科学研究团队中，教师学历普遍是大专，自考本科和全日制本科较少，虽然各县均采取了一系列吸引高学历教师的招聘计划和措施，但尚无中职学校教师的第一学历具备研究生学历。10所中职学校中有不少教师毕业于铜仁职业技术学院，这也进一步说明了中职学校发挥科学研究功能的科研实力远远不足，难以达到铜仁职业技术学院的程度，只是教学功能的延伸。

中职学校的科学研究团队没有吸纳来自行业和企业的兼职专业教师，大多数任务由校内专任教师完成。我们在调研中发现，有部分中职学校聘请了行业、企业专家，但在实际教学中起到的作用十分微小。有的中职学生表示并未见到校外专家进行教学，在实习、实训等校外联合基地也没有接受学校所聘请专家的指导，而是直接被分配给一线工人进行学徒式教育。

2.论文发表情况

铜仁职业技术学院的科学研究功能在其2010年至2014年所发表的论文及刊物的级别中有所体现（表3.10）。

表3.10　2010—2014年铜仁职业技术学院发表学术论文期刊及刊物级别一览表

2014年发表刊物	刊物级别	2013年发表刊物	刊物级别	2012年发表刊物	刊物级别	2011年发表刊物	刊物级别	2010年发表刊物	刊物级别
Environmental Toxicology andPharmacology	SCI	International Conference On Technology Management and Engineering Science	EI	山西财经大学学报	核心	社会科学家	核心	社会科学家	核心
中国中药杂志	核心	时珍国医国药	核心	职业技术教育	核心	时珍国医国药	核心	中国高教研究	核心
时珍国医国药	核心	现代预防医学	核心	贵州农业科学	核心	安徽农业科学	核心	人民论坛	核心
中国针灸	核心	中国全科医学	核心	西南师范大学学报	核心	中国实验方剂学杂志	核心	职教论坛	核心
世界科学技术-中医药现代化	核心	中国全科医学	核心	中国中药杂志	核心	中国食用菌	核心	黑龙江畜牧兽医	核心

续表

2014年发表刊物	刊物级别	2013年发表刊物	刊物级别	2012年发表刊物	刊物级别	2011年发表刊物	刊物级别	2010年发表刊物	刊物级别
中国针灸	核心	中国针灸	核心	贵州农业科学	核心	广东农业科学	核心	贵州农业科学	核心
中国老年学杂志	核心	中国针灸	核心	贵州农业科学	核心	中国药房	核心	计算机仿真	核心
财会月刊	核心	中国老年学杂志	核心	中国统计	核心	中国中药杂志	核心	人民论坛	核心
Ecotoxicology and Environmental Safety	SCI	中国老年学杂志	核心	中国高等教育	核心	改革与战略	核心	前沿	核心
中国教育报	国家级	中国科技论文在线	核心	江苏农业科学	核心	前沿	核心	黑龙江畜牧兽医	核心
文汇报	国家级	中国科技论文在线	核心	黑龙江畜牧兽医	核心	中国报业	核心	黑龙江畜牧兽医	核心
文汇报	国家级	中国教育报	国家级	黑龙江畜牧兽医	核心	中国临床解剖学杂志	核心	黑龙江畜牧兽医	核心
中国实验方剂学杂志	核心	人民日报	国家级	中华中医药杂志	核心	中国实用眼科杂志	核心	贵州农业科学	核心
合成化学	核心	中国高等教育	核心	中国兽医科学	核心	中国实用眼科杂志	核心	职业与教育	核心
山东农业大学学报(自然科学版)	核心	音乐创作	核心	中国兽医科学	核心	教育与职业	核心	黑龙江畜牧兽医	核心
芒种	核心	兰台世界	核心	中国兽医学报	核心	教育与职业	核心	湖北农业科学	核心
北方园艺	核心	中国病原生物学杂志	核心	黑龙江畜牧兽医	核心	中华中医药	核心	黑龙江畜牧兽医	核心
中国职业技术教育	核心	南方农业学报	核心	芒种	核心	解剖学杂志	核心	中国动物检疫	核心

续表

2014年发表刊物	刊物级别	2013年发表刊物	刊物级别	2012年发表刊物	刊物级别	2011年发表刊物	刊物级别	2010年发表刊物	刊物级别
黑龙江畜牧兽医	核心	中国中药杂志	核心	财会月刊	核心	解剖学杂志	核心	职业技术教育	核心
中国兽医杂志	核心	北方园艺	核心	四川戏剧	核心	解剖学杂志	核心	中国兽医杂志	核心
江苏农业科学	核心	中草药	核心	中国南方果树	核心	中国临床解剖学杂志	核心	中国药房	核心
江苏农业科学	核心	中草药	核心	中国高等教育	核心	中国临床解剖学杂志	核心	中国药房	核心
食品研究与开发	核心	中国实验方剂学杂志	核心	教育与职业	核心	中国临床解剖学杂志	核心	贵州农业科学	核心
教育探索	核心	种子	核心	职教论坛	核心	大家	核心	种子	核心
教育与职业	核心	兰台世界	核心	黑龙江畜牧兽医	核心	林业实用技术	核心	中国经贸导刊	核心
中国教育学刊	核心	江苏农业科学	核心	中国家禽	核心	应用昆虫学报	核心	煤炭技术	核心
教育与职业	核心	语文建设	核心	土壤通报	核心	湖北农业科学	核心	中国远程教育	核心
内蒙古师范大学学报（教育科学版）	核心	食品工业科技	核心	Biological Trace Element Research	SCI	粮食与饲料工业	核心	中国审计	核心
当代教育科学	核心	会计月刊	核心	中国康复医学杂志	核心	湖北农业科学	核心	财政监督	核心
北方园艺	核心	会计月刊	核心	中国针灸	核心	饲料工业	核心	财会研究	核心
西南大学学报（自然科学版）	核心	会计月刊	核心	中国针灸	核心	中国食用菌	核心	商业时代	核心

续表

2014年发表刊物	刊物级别	2013年发表刊物	刊物级别	2012年发表刊物	刊物级别	2011年发表刊物	刊物级别	2010年发表刊物	刊物级别
中国现代医学杂志	核心	编辑之友	核心	中国全科医学	核心	黑龙江畜牧兽医	核心	贵州农业科学	核心
商业时代	核心	科学养鱼	核心	时珍国医国药	核心	中国兽医科学	核心	种子	核心
兰台世界	核心	西北植物学报	核心	贵州农业科学	核心	饲料研究	核心	大家	核心
课程·教材·教法	核心	黑龙江畜牧兽医	核心	贵州农业科学	核心	贵州农业科学	核心	大家	核心
医学与哲学	核心	医药导报	核心	现代预防医学	核心	中国蔬菜	核心	中国经贸导刊	核心
		畜牧与兽医	核心	现代预防医学	核心	安徽农业科学	核心	中国经贸导刊	核心
		饲料工业	核心	中国老年学杂志	核心	中国商贸	核心	前沿	核心
		北京大学学报	核心	中国高等教育	核心	财政监督	核心	财会研究	核心
		Journal of Agricultural and Food Chemistry	SCI	贵州农业科学	核心	贵州农业科学	核心	中国兽医杂志	核心
		Environmental science and pollution research	SCI	湖北农业科学	核心	煤炭技术	核心	中国经贸导刊	核心
		Journal of food, agriculture&environment	SCI	饲料研究	核心	会计之友	核心	中国审计	核心
		理论探讨	核心	饲料研究	核心	中国临床解剖学杂志	核心	商业时代	核心
		教育研究	核心	煤炭技术	核心	大家	核心	中国商贸	核心

续表

2014年发表刊物	刊物级别	2013年发表刊物	刊物级别	2012年发表刊物	刊物级别	2011年发表刊物	刊物级别	2010年发表刊物	刊物级别
				中华中医药杂志	核心	教育探索	核心	中国商贸	核心
				贵州农业科学	核心	继续教育研究	核心	人民论坛	核心
				西南农业学报	核心	中国大学教学	核心	种子	核心
				Journal of Hazar - dous Mate-rials	SCI	机床与液压	核心	北方园艺	核心
				Journal of Soils Sedi-ments	SCI	统计与决策	核心	北方园艺	核心
				湖北农业科学	核心	安徽农业科学	核心	中国蔬菜	核心
				教育理论与实践	核心	贵州农业科学	核心	种子	核心
				PHYTO - THER - APY RE-SEARCH	SCI	中国教育学刊	核心	中国调味品	核心
				GMR	SCI	解剖学杂志	核心	广东农业科学	核心
				黑龙江畜牧兽医	核心	甘肃农业大学学报	核心	贵州农业科学	核心
				中国教育学刊	核心	中国经贸导刊	核心	食品研究与开发	核心
				贵州农业科学	核心			食品研究与开发	核心

续表

2014年发表刊物	刊物级别	2013年发表刊物	刊物级别	2012年发表刊物	刊物级别	2011年发表刊物	刊物级别	2010年发表刊物	刊物级别
				食品与机械	核心			辽宁中医杂志	核心
				中国教育学刊	核心			中国饲料	核心
								江苏农业科学	核心
								解剖学杂志	核心
								解剖学杂志	核心
								北方园艺	核心
								贵州农业科学	核心
								中国南方果树	核心
								中国南方果树	核心
								中国医学教育技术	核心
								北方园艺	核心

由表3.10可知，铜仁职业技术学院所发表的论文，大部分是自然科学研究，少部分为人文社科研究。从论文数量来说，核心期刊论文的数量自2010年起到2014年是递减的，数量最多的年份是2010年，数量最少的年份是2014年。从论文的质量来说，虽然论文数量递减，但其质量却不断提升，2012年之前发表的重要论文主要是中文核心期刊，2012年之后开始出现SCI和EI刊物，也有国家级报刊。2012年发表了5篇SCI刊物的论文；2013年发表了1篇EI刊物的论文，3篇SCI刊物论文，2篇国家级报刊文章；2014年2篇SCI刊物论文和3篇国家级报刊文章。

中职由于学校众多，而且学校自身没有完整统计，本研究采取在中国学术期刊网络出版总库中以各中职学校的名称作为关键词搜索，对已经进入数据库的论文做了简单梳理，时间跨度最早是2009年，最近是2016年，刊物级别大多是一般期刊，核心期刊只有2

篇，其中1篇是第三作者。

表3.11　铜仁职业教育集团中等职业学校发表论文刊物及数量

中等职业学校	刊物名称	数量(篇)
思南县中等职业学校	新课程(下)	1
	职业	1
印江县中等职业学校	文理导航	1
	数学学习与研究	1
德江县中等职业学校	环境科学(第三作者为德江县中等职业学校)	1
玉屏县中等职业学校	中国农村教育	2
江口县中等职业学校	贵州教育	1
万山区中等职业学校	中华教育理论与实践科研论文成果选编(第七卷)	1
沿河县中等职业学校	中国校外教育	1
	新课程学习(基础教育)	1
铜仁市中等职业学校	中国职业技术教育	1
	出国与就业(就业版)	1
	新课程(上)	1
	现代阅读(教育版)	1
松桃县中等职业学校	无	无
石阡县中等职业学校	贵州教育	1
	中国科教创新导刊	1
	成功(教育)	1
	时代教育	2
	新课程(下)	2
	中国职工教育	1
	课程教育研究	2
	现代阅读(教育版)	2
	新课程学习(中)	2
	中学生英语(高中版)	1
	中华教育理论与实践科研论文成果选编(第二、三、四卷)	7

中职学校教师所发表论文的内容，大多是针对教育教学的经验之谈，或者是对课堂

的设计和规划，与一线教学工作紧密结合，对中职教育有总结归纳作用，具有实践意义，但缺乏深层次的理论依据，实践中的工作总结未与理论有效结合，使得论文的质量不高，发表的刊物也较为普通。在数量分布结构当中，可以看出2009年至2016年期间，铜仁职业教育集团10所中职学校发表的论文数量极少，大部分学校仅有2篇左右，松桃县中等职业学校甚至没有发表论文。由于石阡县的教师职称、评优评先等活动均与发表论文数量挂钩，因此该校论文数量高达22篇，远远高于其他学校。

（二）铜仁职业教育集团科学研究的现存问题

铜仁职业教育集团的科学研究取得了许多成效，如吸纳专兼任教师共同组建了若干科学研究团队，与政府共同组建了茶研所、食用菌研发基地等与当地产业紧密结合的研究中心，发表的论文在数量上优势明显，但其科学研究功能的发挥也存在许多问题。

一是整体科学研究能力不足。铜仁职业教育集团11所学校的科学研究能力最强的应属铜仁职业技术学院，在师资队伍建设、科研启动资金、科研平台搭建上都远超10所中职学校，但其与同类别高职院校相比科学研究能力尚需提高。铜仁职业技术学院所承担的科研项目层次不高，大多为校级项目和市级项目，省级和国家级项目较少。中职学校较少承担科研项目，大多是发挥教学功能。科学研究团队大多是由集团内部教师组成。铜仁职业技术学院现有教职工802人，从职称角度看，有41人具有正高职称，有154人具有副高职称；从学历程度看，具有博士学位的仅有11人，具有硕士学位的有210人。中职学校教师大多是专科，本科、研究生学历占少数，还没有第一学历是研究生学历的中职专任教师。科学研究功能的发挥与教师学历、教师职称有着密不可分的关系，学历越高、职称越高，往往科研能力越强。

二是财政投入不足限制了其科学研究功能的发挥。由顾昌华教授主持的食用菌研究中心由铜仁市政府出资10万元进行菌种研究，由铜仁职业技术学院提供场地和配备基础设施。因经费欠缺，食用菌研究中心的菌种出菇后直接卖给学院内教师及附近农民食用，收入归中心所有。不仅如此，食用菌研究中心还不断承接菌菇企业订单，帮助他们培养菌种，以获得梵净山野生菌保护和开发的研究经费。2013年，福建农林大学与古田县共同组建了古田菌业研究院，设于古田县食用菌加工基地，总投资约1415万元，后续投入研发经费是100万元/年，总面积3832平方米，依托古田县移民农业科技创业园建设100亩中试基地。研究所还具有招收研究生、优先承担省部级课题及配套科研经费的资格。[①] 两者相比，财政投入的不足严重限制了铜仁职业教育集团科学研究功能的发挥，不

① 农业部.福建农林大古田菌业研究院挂牌[EB/OL]. http://www.moa.gov.cn/fwllm/qgxxlb/fj/201311/t20131104_3665839.htm，2013-11-04/2016-04-06.

仅使得梵净山内珍稀野生菌种得不到相应的科学保护与开发,还导致科学研究团队在捉襟见肘中推迟了工作进度。中职学校全部教育经费来自招生,每个学生能使学校获得2000元。这笔经费用于中职学校的日常运行、基础设施维护、教学设备更新,根本无力承担科学研究任务。

三是职业教育集团内部科学研究活动孤立分割,没有使各科研团队协同发展。职业教育集团内部的中高职衔接问题不仅在人才培养功能中有所体现,还体现在科学研究功能的实施当中。以铜仁职业技术学院的茶研所为例,茶研所直接与印江茶业基地进行联合研究,而印江中等职业学校同样开办了茶业生产与加工技术专业,从能力及资金上来说,印江中等职业学校无力独立承担茶业科研任务,但若能参与科研活动,无论对印江中等职业学校自身,还是对茶研所和当地的茶业生产基地来说,都是一件共赢的好事。印江中等职业学校的茶业生产与加工技术的毕业生大多就职于当地各个茶企业担任加工技术员,或在各乡镇担任茶管员。印江职中参与茶业科研活动,能使学生提升技术技能水平,也使茶业企业能招聘到更切合自身需求的毕业生。铜仁职业技术学院若能获得印江中等职业学校的帮助,则可以分担科研压力,提高科研的效率。

三、铜仁职业教育集团为产城发展服务的现状及问题

铜仁职业教育集团作为由政府主导投资的准公共产品,其功能不仅体现在人才培养和科学研究之上,还可以作用于社会发展。简单地说,为产城服务是对其社会功能的提炼。为产业服务包括为企业提供人力资本,为企业提供最新科学技术,为企业消化过剩产能;为城镇化服务包括人口脱贫,人口向中心城镇聚集,引导人口有序流动,为城镇化的规划、建设、管理服务。如果说职业教育集团的科学研究功能、人才培养功能在产城教融合的视域下是潜在的,不直接作用于产业发展及城镇化发展,而需要通过其他对象进行转化,那么为产城服务的功能则是显而易见的,中间不需要任何交易成本,直接作用于产城发展。

(一)铜仁职业教育集团为产城发展服务的现状

铜仁市主要以农业及畜牧业、茶产业、民族医药产业、旅游产业、石材产业为经济支柱,境内并无大型工业集聚,难以因产业发展而促使大量人口向产业集中地区发展。铜仁地理因素独特,地处云贵高原与湘西丘陵的过渡斜坡地带,西北高,东南低。全境以山地、丘陵为主,最高海拔达2572米的梵净山主峰武陵山脉将铜仁市划分为东西两部分。总体来说,铜仁市因地貌原因不适宜集聚较大型工业,更难以因工业集聚产生具有百万

人口的大型工业城市。

铜仁市地处西部三线地区，经济发展较为落后。面对严峻的就业压力和脱贫压力，当地政府不断出台政策鼓励农民以创业促就业，创收增收，通过产业发展过程带动城镇化发展。职业教育集团也承担了许多为产城服务的功能。

1. 铜仁职业教育集团为产业服务现状

铜仁职业教育集团为产业服务主要体现在为产业输送人才和为产业发展提供科学技术两个方面。以2015年为例，在铜仁市就业的毕业生达55.59%，在贵州省其他地区就业的毕业生达26%。经调查，毕业3个月之内专业对口程度达到85.15%，医学院、护理学院、药学院3个学院专业对口率极高，经济与管理学院和工学院的专业对口率则较低(图3.11)。总体来说，铜仁职业技术学院的毕业生大多数进入了本地与自身专业相关的产业就业。毕业后月薪的对比中，工学院平均月薪最高，达3200元；护理学院平均月薪最低，仅2194元。结合专业对口率，可见护理专业的学生对专业的忠诚度极高，对自身职业具有强烈认同感和职业精神。

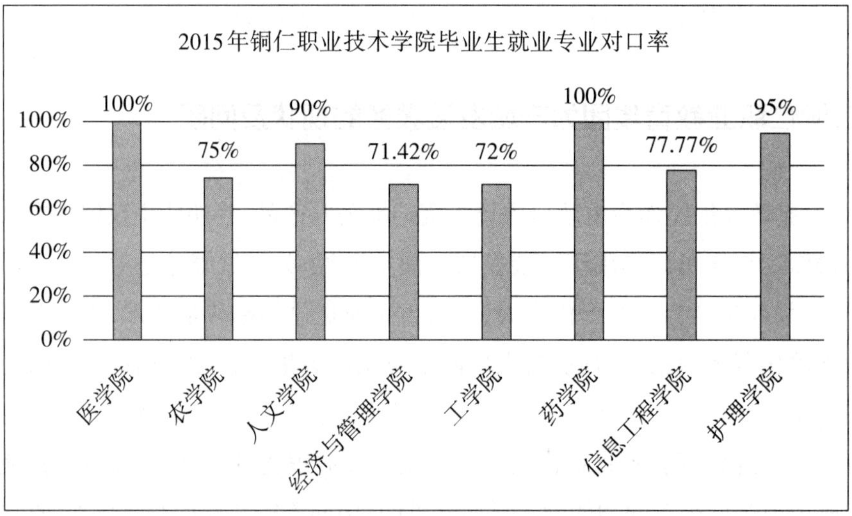

图3.11　2015年铜仁职业技术学院毕业生就业专业对口率

铜仁职业技术学院与多个企业开展校企合作。铜仁职业技术学院食用菌研究中心与印江木黄食用菌农业示范园合作，并与当地农民开展“专业+基地+农户”的校企合作形式。食用菌研究中心接受木黄食用菌农业示范园内企业的订单，利用自身专业技术技能为企业培养菌种，不仅限于梵净山野生菌种的开发，还包括外来高端菌种的培养。企业自身并不具备开发野生菌种和培养外来高端菌种的科研能力，必须依托食用菌研究中心进行栽培。铜仁职业技术学院的食用菌研究基地，利用层架式、地栽式、袋栽式等大棚内培养方式，调节温度、湿度、虫害等因素，出菇后交给企业。在这一校企合作的组织形式当中，食用菌研究中心提供栽培技术，代企业培养高端菌种和开发野生菌，企业则提供资金，寻求技术支持与指导。

图3.12　印江木黄食用菌农业示范园内梵天菌业

图3.13　印江木黄食用菌农业示范园内木耳栽培

图3.14　铜仁职业技术学院食用菌研究中心的层架式平菇栽培棒

图3.15　铜仁职业技术学院食用菌研究中心袋栽式多种食用菌栽培棒

研究基地也承担了部分农民种植户的订单。食用菌研究中心为了创收而做好平菇、木耳之类的普通食用菌的栽培棒，以每棒3元的价格卖给农户。农民培养出菇，每棒大约出菇2~2.5斤，企业再以每斤4~5元的价格回收鲜菇。因为鲜菇的保存需要低温环境，这要求企业配备一定的冷库设施，因此大部分企业都利用加工技术和设备将食用菌制作成干品进行销售，同时在小范围内出售少量鲜菇。农户参加铜仁市举办的、由食用菌研究中心的教授主讲的食用菌管理技术培训，以获得防治病虫害、感染杂菌等处理技术。在这一生产、销售的链条当中，企业需要农户代为培养出菇，以缩小自身在出菇培养环节的生产规模；农户需要从中赚取差价，获得利润，同时也需要由食用菌研究中心对相应生产管理技术给予培训;食用菌研究中心承担企业订单以增收,获取进一步的研发资金。

铜仁职业技术学院护理学院与当地的袁家寺骨科医院也形成了校企合作模式,袁家寺骨科医院承担了护理学院学生的实训工作,也解决了部分护理专业毕业生的就业问题。袁家寺骨科医院由后来并入铜仁职业技术学院的铜仁卫校中医专业2001届毕业生袁景祥创办,大力发展其家传的中医骨科秘方,是当地民族医药事业的主要推动者,目前已有3家分院。

图3.16　袁家寺骨科医院成为铜仁职业技术学院实习实训基地

3家分院每年能够吸纳30~40名护理专业毕业生就业,自其成立以来每年承担50~60名护理专业学生进行实训。2016年该医院扩大了规模,承担护理专业学生实训已达100人。此外,袁景祥院长于2012年在铜仁职业技术学院设立了袁景祥奖学金,目前已有80余人获得该奖学金。这一校企合作的模式,不仅为农村医药产业提供了便利,还推动了民族医药事业的传承与发展。

集团内各中职学校对产业的扶持不如铜仁职业技术学院直接,但依然承担着为各县产业服务的功能。以印江土家族苗族自治县为例,该县是贵州省茶叶主产县,全县面积1969平方千米,宜茶种植面积50万亩,目前投产35万亩。印江属于典型山区农业县,自然资源丰富,亚热带温暖湿润季风气候,雨热同季,冬无严寒,夏无酷暑,适合多种植物生长。土壤以黄壤、山地黄棕壤、红壤为主,pH值在4.5~6.5之间,土壤结构疏松,有机质含量3.13%~3.4%,非常适宜茶业生产。从2010—2015年印江茶产业发展情况可以看出,印江茶业的发展趋势仍在上升。

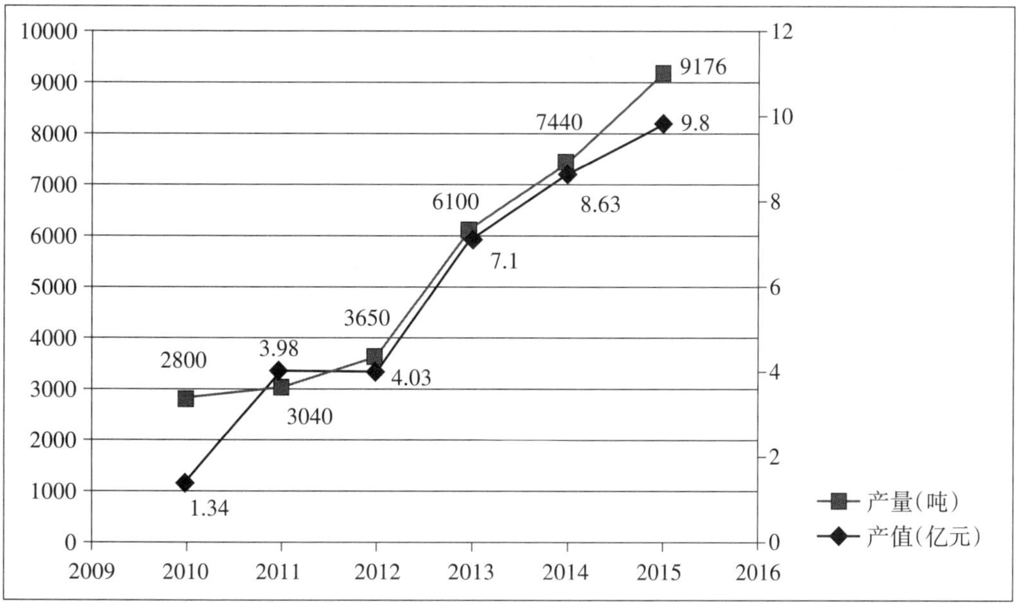

图3.17　2010—2015年印江茶产业产值产量趋势图

2012年9月，由于茶产业的不断发展壮大，印江茶业局与印江中等职业学校联合向印江县申请由中职学校开办茶业生产与加工专业，并在2012年就招收了60余名学生。① 这些学生的实训与实习均在印江县内各大茶业企业进行。目前有25名学生成为各乡镇的茶业生产管理员，其余均进入本地茶业企业就业，从事生产与加工工作。

图3.18　印江中职茶业生产与加工专业的学生在茶业企业实训

茶业及食用菌产业的兴起，带动了当地电子商务的需求，许多个体户开始寻求网络交易渠道，京东、淘宝等电商巨头开始进入这个国家级贫困县，纷纷在食用菌基地、茶业生产园区等开办代理点。为此，印江中等职业学校又开办了电子商务专业，并多次为个体户进行"如何开办淘宝商店""如何进行线上教育"等培训。

① 冉伟隆．县职校2012级茶业生产与加工专业开班[EB/OL]. http://www.yjxedu.cn/Item.aspx? id=1565.2012-11-22/2016-04-08.

2.铜仁职业教育集团为城镇化服务现状

铜仁职业教育集团为城镇化服务的功能主要体现在促进创业就业、带动人口脱贫、促进人口向中心城镇集聚以及文化影响等方面。

铜仁市的贫困情况可以从近年《贵州统计年鉴》中窥见一斑,铜仁市下辖区(县)中有7个县贫困发生率长期处于极高状态。

表3.12　2009—2014年铜仁市农村贫困人口及农村贫困发生率

年份	农村贫困人口(万人)	农村贫困发生率(%)
2009	68.58	18.9
2010	52.34	14.1
2011	145.21	38.8
2012	115.10	30.5
2013	92.7	24.6
2014	77.54	20.6

数据来源:历年的《贵州统计年鉴》。

表3.13　2009—2014年铜仁市7个贫困县贫困发生率

	2009年	2010年	2011年	2012年	2013年	2014年
江口县	21.1%	14.4%	39.6%	30.4%	23.5%	18.8%
石阡县	20.3%	15.3%	43.3%	33.4%	25.4%	21.3%
思南县	18.4%	13.8%	37.7%	29.7%	25.4%	21.3%
印江土家族苗族自治县	19.2%	14.4%	39.5%	30.8%	23.6%	19.1%
德江县	20.6%	15.4%	42.3%	33.9%	28.8%	25.8%
沿河土家族自治县	20.3%	15.0%	41.3%	32.4%	27.1%	22.9%
松桃苗族自治县	18.6%	14.2%	37.7%	30.1%	23.3%	18.9%

数据来源:历年的《贵州统计年鉴》。

从表中可知,铜仁市脱贫形势严峻,并且时有反复。2009年为18.9%,之后呈下降趋势,到2010年为14.1%,2011年却贫困人口突增,贫困发生率也再次回升。2011年之后一直呈下降趋势,2014年农村贫困发生率为20.6%,无论贫困人口总数还是贫困发生率,均差于2009年的状态,可见铜仁市脱贫工作形势严峻,时有反复,城镇化过程漫长且形势严峻。从表3.13可知,铜仁市7个国家级贫困县的贫困发生率与铜仁市总体贫困发生率的趋势一致,2009年至2010年呈下降趋势,2011年突然大幅度回升,之后又继续下降。

2014年各区县的农村贫困发生率稍低于2009年。农村人口一直在增长,其贫困率也难以降低,脱贫致富的任务依然艰巨。

当今社会,教育是改善个人及家庭社会阶层的重要途径。20世纪70年代至90年代,一方面受西方思潮的影响,另一方面我国处于改革开放经济腾飞的起步阶段,社会上充斥着大量的"读书无用论""文凭无用论"等言论,直到现在依然流传在经济欠发达地区。然而在学界,教育对GDP的贡献早已获得肯定,它也作为一种扶贫手段提上了扶贫开发工作的日程。教育通过作用于人的社会性,提高人适应社会化大生产的能力。

铜仁职业技术学院2015年毕业生的贫困率高达92.58%。每培养一位贫困大学生,背后都承载着一个贫困家庭的脱贫希望。时任人力资源和社会保障部部长尹蔚民针对就业创业问题在《人民日报》发表社论,指出应当坚持就业优先战略,实施更加积极的就业政策;鼓励以创业带就业;统筹人力资源市场,完善就业服务体系;做好高校毕业生和就业困难人员就业工作;加强职业培训,提高劳动者就业能力。[①] 为此,学院通过各种途径对学生进行了创业教育及创业扶持。

以2015届农学院毕业生杨某为例。杨某系铜仁市思南县人,土家族,贫困生,铜仁职业技术学院农学院畜牧兽医专业2015届毕业生,属政府订单培养学生,毕业后由市政府分配至乡镇工作。他在就读期间,参加了学院举办的创业大赛,并多次参与以畜牧养殖为内容的创业培训,随后担任学生会创业与实训部部长。大二上学期,杨某与同班同学共同开办养殖场,利用所学知识进行纯生态乌骨鸡饲养,饲养规模一度达到800多只,仅经营1年时间,不仅收回成本,2人各获取利润4000元左右。随后由于杨某进入大三参加实习,因此养殖场被迫中断经营,清空了所有库存。在访谈中杨某表示,乌骨鸡市场在贵州省尚未打开,发展前景较好,而自身所掌握的饲养技术使得培养出来的乌骨鸡更具有市场竞争力。他就业后决定与父母开办养殖场,进一步扩大经营规模,改善家庭的经济环境。铜仁职业技术学院对杨某的创业行为给予了最大支持,主动免费提供了养殖场地,农学院的教授也给予了较大的技术支持。这种创业教育与创业扶持,是教育扶贫的直接成果。面对比重高达92.58%的贫困毕业生,促进就业、鼓励创业、争取增加收入是促进当地人口脱贫、中小城镇发展的重要途径。

此外,城镇化发展不仅体现在经济上脱贫致富,无论中职还是高职,增加教育年限、提高人口素质本身也是促进城镇化的重要因素。铜仁职业教育集团的办学理念在于"立德树人,以技立业,服务新农村"。集团毕业生大部分参与农村一线工作,使得农村高素质人口比重提高,为我国新农村的发展添砖加瓦。

为城镇化服务的另一功能在于促使人口向中心集聚。只有不断发展产业、壮大产业

① 尹蔚民.促进就业创业[N].人民日报, 2015-12-15(07).

规模才有可能促使人口向工业中心集聚，铜仁职业教育集团的这一功能在现实中处于滞后阶段。文化功能在于深化文化、传递文化以及参与构成文化本身。我们在调研中发现，铜仁职业教育集团的中职学生对当地民族文化了解较少，虽然大部分学生都具有少数民族身份，但是经过长时期的多民族共同生活，共同使用当地方言，对自身民族的认同感也比较低。职业教育集团在文化上所承担的功能，除了发展当地民族医药、民族特色旅游以外，还要促进民族文化与现代文化的融合，降低少数民族毕业生在进入社会时因民族身份所带来的不适应感。

（二）铜仁职业教育集团为产城发展服务的现存问题

铜仁职业教育集团在为产城服务的功能上承担了巨大压力，这与其自身属于政府投资占主导地位的准公共产品属性有关。在经济迫切需要发展、城镇化进程极其缓慢且易反复的严峻形势下，无论中职还是高职，政府赋予了学校更多的社会化的教育意义。职业教育的属性要求其不得不紧密联系当地社会化大生产的各种需要，如产业发展、文化传承、人口脱贫等等。铜仁职业教育集团为产城服务的功能还需要进一步磨合与调整。

第一，铜仁职业教育集团没有发挥引导与扶持当地产业发展的功能。在现有的专业与产业对接的情况中，往往是产业引导专业，专业迎合铜仁地区产业的需求，集团内毕业生绝大部分由铜仁市内产业吸纳就业。但铜仁职业教育集团作为铜仁职业教育的发源地，应当承担起引导当地产业发展的功能，对新兴产业进行人力资源培养、提供科学技术等方面的扶持，对夕阳产业进行资源再配置，把握并引领产业发展趋势。

第二，10所中职学校规模庞大，人数众多，但对其所应承担的城镇化发展功能发挥甚少。中职学校的办学定位始终不甚明朗，并未将学生的培养方案与当地社会发展的趋势相结合，也未针对本土文化以教育活动形式进行传承与深化，使得中职学生的本土文化认同感较低。

第四节　铜仁职业教育集团提升产城教融合的对策分析

考察铜仁职业教育集团办学功能的现状，找到办学功能不佳的原因，其目的在于提升铜仁职业教育集团办学功能，通过职业教育集团的调整来促进铜仁地区的产城教融合发展。根据前文的分析,本研究将从制度建设,教师队伍建设,招生,学生培养以及促进产业、城镇化、职业教育融合发展等几个层面探讨如何提升和优化铜仁职业教育集团的办学功能。

一、加强职业教育集团的制度建设

制度是影响铜仁职业教育集团内部中高职协同发展的重要因素。加强铜仁职业教育集团的制度建设,可以从根源上改善铜仁职业教育集团的管理体制与运行机制,改善办学功能。本研究从推进职业教育集团一体化办学、获取专项财政拨付资金、建立省政府直辖的三级管理体系等方面对职业教育集团的制度建设提出建议。

(一)推进职业教育集团一体化办学

职业教育集团一体化办学是职业教育发展的大势所趋,是职业教育与产业发展、城镇化发展融合的必然路径。推进职业教育集团的一体化办学应当从管理机构独立,人力资源互通,教学计划一体,教育资源共享,校校、校企、校地合作等方面进行。

第一,铜仁职业教育集团应当设立独立的管理机构,招聘独立的集团工作人员。目前铜仁职业教育集团的管理模式较为混乱,高职和各区(县)共同管理下辖中职学校,两者管理职能划分不清,管理成效不佳。集团不应当由铜仁职业技术学院代行管理职能,因为高职虽然在办学功能上对中职有引导作用,但中高职学校的地位是平等、独立的,高职对中职学校并不具备领导职能。设立职业教育集团独立的管理机构,启用独立于中高职学校的工作人员,有利于构建良好的职业教育集团管理制度,引导职业教育集团提升管理成效。第二,集团内的人力资源应当实现互相流通。在合并和改造重复专业的过程中,集团内的教学人员自由流通,根据专业调整或集团发展需要更换工作地点是不可避免的。现有的人事制度显然不适应职业教育集团教育资源的优化重组。第三,职业教育集团的中高职学校如设置了相同专业,应当建立中高职一体的人才培养计划,尽量避免同一专业内中高职学生的升学衔接困境。这样做不仅可以促进集团内的专业建设,还有利于学生接受更成体系的职业教育。第四,铜仁职业教育集团应当建立良好的教育资源共享机制,不仅在中职学校间进行课程资源、教学设备、学校基础设施等方面的共享,还包括高职对中职进行专业建设指导、教学活动指导、实践实训指导等方面,充分利用职业教育集团内所有教育资源。第五,实施集团内校校合作、校企合作与校地合作机制。集团内部分学校与企业、地区都建立了合作的长效机制,但部分中职学校由于自身科研能力较弱和办学规模较小等原因,与企业的联合培养较少。集团应当充分发挥资源配置的调控能力,通过校校合作的形式,在集团内传递校企合作、校地合作模式,引导集团内所有学校都建立起良好的人才培养机制。

建立职业教育集团一体化办学机制,从根源上避免职业教育集团成为空壳,才能使高职与中职学校之间、各中职学校之间建立紧密的合作关系,协同发展,真正发挥职业教育集团的办学功能。

(二)获取专项财政拨付资金

职业教育集团应当获得专项财政拨付。政府间财政转移支付分为一般性转移支付和专项转移支付两种。一般性转移支付也称无条件转移支付,它是政府间转移支付主体。无条件是指它不要求被转移的地方政府提供资金配套,也不规定转移支付资金的用途。专项转移支付也称有条件转移支付,条件包括要求下级政府提供资金配套,或者指定转移支付的用途,也可二者兼而有之。这种支付大多体现中央或上级政府的政策,带有行政干预色彩,对地方政府的决策影响较大,地方政府使用自由度较小。①职业教育集团现有的财政拨付体系属于一般性转移支付,各校由上一级教育主管部门拨付未规定用途的财政资金。由于各地经济条件不一,当地财政的拨付能力也不一致,导致集团内部学校所获得的办学经费不均衡,从而进一步加剧教育质量的不均衡。

在建立独立的管理机构的基础上,职业教育集团作为独立的单位向省教育厅申请办学的专项转移支付资金,有利于集团内根据学校规模合理分配办学资金,必要时可以使用教育券作为办学经费的调控手段,以招生数量为指标合理评估每所学校所需要的办学经费,使集团内中职学校的教育维持在集团统一的水平线上,打造铜仁当地职业教育品牌。

专项财政转移支付可以改变之前独立的财政拨付制度,以铜仁职业教育集团的名义,通过财政测算计量方式,计算职业教育集团发展预算,直接向上一级政府申请专项办学经费,避免办学经费的滥用与不足等问题,增强经费使用的顶层设计能力。这是解决职业教育集团发展经费不足、集团内学校教育水平参差不齐的重要途径。

(三)建立省政府直辖的三级管理体系

建立省政府直辖的三级管理体系是本研究关于铜仁职业教育集团制度建设的管理层级的构想。目前铜仁职业教育集团的管理体系中,铜仁职业技术学院由省、市共管,以市为主。除铜仁市中等职业学校由铜仁职业技术学院管理之外,其他中职学校均由各区(县)教育局管理。这样的管理体制使职业教育集团内部各学校成为分割的个体,错杂的管理层级使职业教育集团的制度改革难以推行。

---

① 王善迈.公共财政框架下公共教育财政制度研究[M].北京:经济科学出版社,2012:22.

将铜仁职业教育集团收归省政府直接管理有利于降低管理的交易费用。交易费用是指一系列制度费用，包括信息费用、谈判费用、起草和实施合约的费用、界定和实施产权的费用、监督管理的费用和制度安排的费用。总而言之，交易费用包括一切不直接发生在物质生产过程中的费用。[①]减少管理层级是降低交易费用的最佳办法，在财政上能实施专门用于职业教育集团的专项资金拨付，管理层级上能减少市县两级管理部门的多重困扰。

建立省政府直辖的三级管理体系，将职业教育集团作为独立单位收归省政府直接管辖，打造贵州省职业教育品牌，从根源上改善铜仁职业教育集团的松散结构，削减不必要的管理层级。三级管理体系是指建立"贵州省人民政府-铜仁职业教育集团-集团内各学校"自上而下的管理体系，由贵州省人民政府负责配置职业教育集团的资源供给，如财政、人力、物资等；由铜仁职业教育集团统筹各学校间资源的分配，办学模式的构建，人才培养计划的管理等；由各学校负责本校内部事务，根据各校的发展特色进行内部管理。

建立省政府直辖的三级管理体系是推进铜仁职业教育集团一体化办学和获取专项财政转移支付的必备条件，没有省政府的独立支持就难以供给专项财政拨付资金。削减不必要的管理层级是简化行政管理的必要途径，由此才能进一步推进职业教育集团的一体化办学，加强集团内宏观调控，真正从根源上改善铜仁职业教育集团管理松散的局面。

二、加强教师队伍建设

教师是职业教育集团发展的主要动力之一，是提升集团人才培养功能、科学研究功能和为产城服务功能的主要推动者。集团所培养的学生直接作用于产业和城镇化的发展，教师对人才培养具有决定性的作用。因此，加强教师队伍建设是提升铜仁职业教育集团办学功能的关键。本研究将从构建职前职后一体化的教师培训体系、多途径提升教师职业认知水平和加大双师型教师培养力度三个方面提出相应建议。

（一）构建职前职后一体化的教师培训体系

为适应职业教育对教师的新要求，教师专业化和终身学习理念逐渐被人们所接受，最好的证明莫过于教师资格证改革打破了一考定终身的制度，使得教师继续教育成为教育界共同关注的焦点。教师专业化过程包括预期专业社会化和继续专业社会化两个阶段。预期专业社会化是指个体为承担职业角色进行准备性的个体社会化，如师范生接受师范教育构成了教师专业化起步的第一阶段；而继续专业社会化是指个体承担角色后进

① 卢现祥.新制度经济学（第2版）[M].武汉：武汉大学出版社，2011：44.

行发展性的专业社会化，包括教师工作实践、重返有关院校学习与在职培训等。[①]在教师培养体系中，职业教育集团作为人才接收单位，无法对教师职前的师范教育做出改变，但可以在招聘后所进行的培训中进行一体化培养，也就是在继续专业社会化中做出调整。

第一，职业教育集团应当建立专门的职业教育教师培训机构。职业教育教师培训因其与产业结合紧密的特殊性，不能简单等同于师范教育培训，在培训时应当兼顾职业教育的特性。职前职后培训一体化在教师培养目标、理论课程设计、专业技能培训等方面都需要针对中高职的差异专门进行设计。教师的培训关系到教师质量的提升，新教师自入职开始就应当接受系统而完整的培训，并贯穿其教学生涯的始终。因此，教师人数众多的职业教育集团应当有专门的教师培训机构。第二，职业教育集团应当引入多种渠道进行职前职后一体化培训。目前职业教育集团的职前培训流于形式，职后培训零散且成效不高。职业教育集团在教师的再培养上应当注重成本与责任分担，仅依靠集团内部进行培训是远远不够的。将所有教师的培训控制在集团内进行不利于吸收外来经验，无法大幅度提升教师质量。职业教育集团应根据职教教师的特性，设计一体化的课程及实训计划，在进行一部分基础培训后，教师可选择由职业教育集团委托其他师范类院校培养更高学历人才的计划，由职业教育集团资助的出国研训计划，由职业教育集团与企业联办的教师实训项目。不仅要在集团内培训中做到培训课程设计专业化，还要利用多个渠道打造更高水平的职前职后教师一体化培训系统，提升职业教育集团教师质量。

（二）多途径提升教师职业认知水平

职业认知是个体在家庭、学校和社会的综合影响下，通过职业学习与自身实践以认识、评价某一职业的过程。教师职业认知是职业认知在教育领域的延伸，是教师个体在其工作、学习与生活中，以主动或被动方式参与认识教师职业的活动中所形成的基本认识与评价。[②]在铜仁职业教育集团中，教师对自身职业活动的基本认识不足，对职业的评价偏低。职业教育教师大部分并非师范生，职业认知水平必然不如已经在职前做好师范生培养的普通教师。教师的职业认知水平直接关系到教师的职业精神，关系到教师对自身的定位，是影响教学工作的重要因素。

要解决这一困境，应当从以下方面进行教师职业认知水平的提升。第一，职业教育集团教师在入职前参加由集团主办的职前职后一体化培训，在培训中进一步丰富教师角色，了解职业教育的发展规律和自身特点，逐渐明晰教师身份在教育中所起的作用，加强教师职业道德方面的训练，逐渐构建对职业教育教师身份的认同。在入职后，经过一系

① 高艳．职教教师教育一体化体系构建研究[D]．秦皇岛：河北科技师范学院，2014.

② 郭小兰．教育实习对师范生教师职业认知发展的影响研究[D]．临汾：山西师范大学，2015：1.

列的教学活动、师生之间的日常相处，教师身份的认同感会逐渐加强。第二，提高教师的福利待遇和社会地位。改善社会对职业教育教师的认知环境，能使教师对自身职业产生荣誉感和认同感，激发他们的敬业精神与热情。改善教师的福利待遇水平，如提供教师安置房、教师住房补贴、教师科研津贴等方式提高教师的生活水平，使其逐渐认同自身职业，逐步在内心建立教师角色。第三，构建教师专业意识，即通过提高教师对自身专业的认识能力，构建职业教育教师的角色。职业教育教师具有极强的专业性，这一特点也体现在职业教育集团的教师招聘上，往往更加注重教师的专业性而忽视教师的师范教育。建立经验丰富的老教师与新入职教师的帮扶制度，通过老教师对新教师的专业指导，逐步提升新教师对专业的认识水平，继而提升其对职业的认知水平。

（三）加大双师型教师的培养力度

职业学校双师型教师是指在各级各类职业院校从事教学工作的，既能承担理论教学又能指导学生实践，既具备理论教学资格，又具有实践教学资格认证的职业教育教师。[①]铜仁职业教育集团要想办好职业教育，应当坚持走理论教学与实践教学并行的双轨道路。双师型教师规模不断扩大有利于职业教育质量的提升，有利于节约办学成本，充分利用集团内教师资源，减少聘请校外兼职教师，有利于学生在接受理论教学和实践教学之时降低两类课程衔接的难度，保持课程设计的完整性。

目前，铜仁职业教育集团具有双师型资格的教师不多，而时代对未来职业教育教师的要求是既能够承担理论教学，又获得实践教学资格认证。本研究认为加大双师型教师的培养力度，主要应从提高教师入职门槛、将双师型教师资格引入教师评价、建立双师型教师的激励机制三个方面入手。

第一，铜仁职业教育集团应当提高教师入职门槛，在招聘时将双师型教师资格作为条件之一，优先录取具有双师型教师资格的人才，在师资来源上对理论教学和实践教学能力进行把控，减少职后培训的压力与成本。第二，铜仁职业教育集团可以将双师型教师资格认证作为教师发展过程评价的一部分，使双师型教师资格成为教师评优评先、教师职称评定、教师晋升等活动的指标，以此倒逼已经入职的只具备理论教学资格的教师不断提升职业技术技能水平，不断提高专业素养，获得双师型教师资格。第三，建立双师型教师的激励机制。铜仁职业教育集团可以通过为教师提供培训机会、提供委培经费、减免教学任务等途径，对集团内尚未获得双师型教师资格的教师实施激励机制，在资金保障、培训途径保障、后勤保障等方面为其提供帮助，使集团内双师型教师队伍不断扩大。

---

① 孙芳.浙江省高职院校“双师型”教师培养机制研究[D].重庆:西南大学,2014:17.

加强双师型教师的培养，有利于提升职业教育教师的专业素养和职业精神，也是职业教育师资建设未来的趋势所在。不断扩大双师型教师规模，可以促使集团在师资上提升质量，在管理中降低成本，在教学中提高成效。

三、改革招生制度与提升学生综合素质

近年来，职业教育的招生陷入了困境。第一，中职学校面临的招生困难比高职院校更大。中职学校因为自身教育质量、社会对其认识有偏差、升学途径狭窄等原因陷入招生困境，所招的大部分学生在初中学业成绩排名靠后。部分初中学生宁可直接进入工厂工作也不愿意进入中职学习。第二，中高职学校都面临着学生综合素质不高的问题。由于学业成绩水平较差，自我规划能力较差，学生的综合素质与普通教育学校的学生相比较差。第三，一旦职业教育学校扩大招生规模，就只能放宽对学生综合素质的要求，牺牲一部分教育质量以换取办学规模。综合素质较差的学生数量越大，职业教育的办学成本也越高。本研究从引入注册入学招生制度、因材施教定制人才培养计划、打造应用型人才立交桥三个方面进行分析。

（一）引入注册入学招生制度

注册入学是指学生不必参加统考，直接到某一高校通过注册即可入学。考生可以根据自己的爱好、兴趣或特长，结合自己的相关条件，并根据相关院校的录取条件，直接向高职院校提出申请。高职院校结合考生的综合素质，多方面综合评价学生，并依据学校的招生制度，在计划范围内选择符合招生标准的学生入校学习。被录取的学生根据自身实际情况，选择一所院校就读。[①]这种招生方式有利于降低招生门槛，扩大招生规模。从微观层面来说，注册入学是扩大职业教育招生的手段之一，保障了生源数量，但在一定程度上牺牲了生源质量，增加了教学活动和学生管理的交易费用；从宏观层面说，注册入学制度扩大了受教育的群体，把入学门槛降至最低，促进了教育公平，使得低学历低技能的难以就业人群能把职业教育作为改善自身及家庭经济条件的途径，大幅度提升这部分群体的职业技术技能和综合素质，促进社会稳定与和谐。铜仁职业教育集团无论中职学校还是高职院校，都可以采用包括注册入学制度在内的多种招生制度，把注册入学作为单独招生途径。

第一，铜仁职业教育集团应当在设计注册入学制度时，对注册入学的学生进行相应教育阶段的学力审核和综合素质考核，主要有逻辑思维与创造能力、自我学习能力、对报

① 刘欢.高职院校注册入学招生保证机制研究[D].重庆：西南大学，2015：5-6.

考专业的了解与理解、自我职业发展规划、自我管理能力等方面，通过考核了解学生的兴趣爱好和职业倾向，最终确定学生所学专业。

第二，铜仁职业教育集团应在人才培养过程中建立宽进严出的培养计划，加强培养过程中对学生的管理，引入严格的学生考核制度，对学生在校期间的发展过程进行过程性评价，设立班主任制度对注册入学制学生实施管理，做到柔性管理，最大限度提升注册入学制度学生的学业成绩水平。

引入注册入学制度是扩大职业教育集团招生规模、破解招生困境的重要途径，也是大规模提升铜仁地区整体人口素质的必经路径，既可以为产城服务发展提供更多的人力资源与生产动力，又可以为社会发展储备更多的人力资源。

（二）因材施教定制人才培养计划

前文提出要针对招生困境引入注册入学制度作为扩大招生规模的途径，加上中职单报高职、中职推优计划、"3+2"中高职联合培养、订单班、高职自主招生等途径，铜仁职业教育集团的学生来源渠道丰富，学生质量参差不齐。由于入学水平不一致，统一定制的人才培养计划并不适用于来源不同的学生。本研究认为，应当针对不同的学生群体定制人才培养计划，以达到因材施教的目的。

人才培养计划不应当仅仅根据专业进行划分，还应该考虑到学生的学业基础。订单班培养的学生学业成绩较好，而实践技能较差，人才培养计划就应当向实践技能教学倾斜。注册入学的学生年龄层次不一，学业成绩较差，但有相当部分学生是工作后返校就读，因此实践技能水平较高，有丰富的实践经验，他们的培养计划应当加强管理，引导学生遵守学校各项规章制度，教学内容向理论倾斜。由中职升学进入高职的学生对本专业已经有了一定程度的学习，专业基础较好，因此不应当与通过普通高考升学的学生共同培养，这部分学生应当注重中高职专业学习的一致性，引导学生进一步深入探究。

因材施教定制人才培养计划，有利于根据学生自身特点和学习基础进行分门别类的教导，打破僵化死板的专业分类型人才培养计划，更加灵活地对人才培养计划进行调整，达到提升人才培养质量的目的。

（三）构建应用型人才培养立交桥

《国家中长期教育改革和发展规划纲要（2010—2020年）》把职业教育摆在较为突出的位置，从我国经济发展方式转变和经济结构调整的客观实际与迫切需要来看，这是一种必然现象。解决职业教育现存问题，关键是要改革教育体系，架设各级各类教育衔接沟通的桥梁，即要构建"人才成长立交桥"。[1]

---

① 钱素平.协同发展构建应用型人才成长立交桥[J].中国职业技术教育，2014(06):14-16.

目前我国教育体系中,职业教育与普通教育基本上是互不相干的独立系统,只有“专升本”、“专业型硕士”、“专业型博士”这几个环节才会出现两个系统内学生互相交流的情况。高职高专的学生如果需要考硕士研究生,必须先通过专升本考试,或者毕业两年后参加同等学力加试。本科毕业的学生除了学术型直博计划,如果要以专业型博士就读,需要提供相关领域五年的工作经验以及其他资质证明。高职毕业生要想进入博士研究生阶段,有部分学校要求从事相关领域至少十年的工作经验,大部分学校则要求必须有硕士研究生学历。因此,职业教育学生在升学体系中不占优势,有许多环节不能直接升学而强调工作经验,这使得职业教育轻学历重实践经历,不利于职业教育学生的继续升学和高等职业教育的发展。

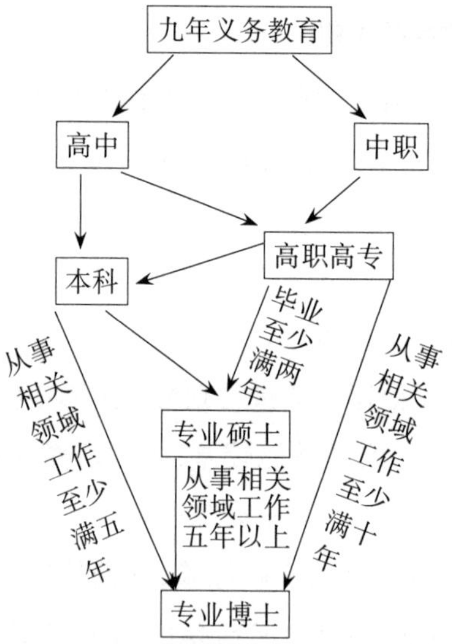

图3.19 应用型人才培养立交桥路径图

本研究认为,铜仁职业教育集团应当在集团内部增加中职直升高职的指标,引导集团内中职学生积极参与“3+2”中高职联合培养项目,并在招生时对集团内部中职学生采取政策倾斜,增加录取比例。

此外,铜仁职业教育集团应当努力将铜仁职业技术学院升级成地方院校中的应用型本科院校,提升职业教育集团的办学层次,建设更高级应用型人才的高等学府。积极与其他地方型本科院校进行合作,在集团内部开设本科班,或者提高专升本录取比例,扩宽毕业生的升学渠道。

打造应用型人才培养立交桥不仅是铜仁职业教育集团的未来发展方向,更是中国职业教育未来发展方向所在。铜仁职业教育集团必须借助教育部、省人民政府、其他本科院校的力量共同构建应用型人才培养立交桥。

四、促进产业、城镇化、职业教育融合发展

上文提出的对策均为职业教育集团内部应当如何调整，但职业教育集团培养的人要经过产城发展来检验，要通过为社会服务来实现教育的功能。产、城、教三方是互动的。铜仁职业教育集团的办学功能并不是单向作用于产城服务，产城发展同样可以影响职业教育集团办学功能的调整，因此要促进产城教融合，可以从加强职业教育集团对产业发展的引导与扶持、通过就业进行人才引流培育中小城镇发展两方面入手。

（一）加强职业教育集团对产业发展的引导与扶持

铜仁职业教育集团不能完全根据当地产业需求链来构建集团内专业群，将人才培养与科学研究的导向完全嫁接于产业因素上，这有违职业教育集团作为科学研究功能主要实施者的定位。职业教育集团承担了科学研究功能，与产业合作共同进行研发，说明其自身具有一定的科研能力，因此职业教育集团的发展速度应当走在产业发展的前面，对其起到一定的引导和扶持作用。

第一，铜仁职业教育集团应与政府合作，利用政府的宏观调控能力，对当地的产业、职业教育发展进行顶层规划。职业教育集团利用丰富的教师资源成立产业发展智库，对历年来铜仁产业发展的数据进行分析，建立科学的指标体系，对铜仁当地已有产业的发展前景进行评估与测量，用相关产业发展理论进行科学指导。由此，铜仁市政府依靠职业教育集团的力量能对当地产业发展趋势有大致了解，有利于政府对朝阳产业进行扶持，对夕阳产业进行资源的优化配置。

第二，职业教育集团可以通过专业设置来引导部分有发展前景的产业的人才培养。当地部分新兴产业尚在萌芽状态，但根据科学测量与评估得知其具有较大发展价值，能为当地产业发展助力，但是这一产业的兴起需要大量相关人才。职业教育集团可以利用自身的优势提前对新兴产业的人才缺口进行补充，以此达到引导和扶持当地产业发展的目的。

加强职业教育集团对产业的引导和扶持作用是发挥其科学研究功能的最佳途径。利用科研能力及人才培养方式，提前对可能出现人才缺口的产业进行人力资源补充，是当地孵化新兴产业的重要途径。

（二）通过人才引流培育中小城镇发展

由于地理环境因素和经济发展较为缓慢，铜仁地区没有出现常见的产业集聚带动人口集聚，最终形成中小城镇的现象。铜仁地区社会经济发展速度缓慢，农村贫困人口较多，城镇化发展任务面临重重困难，因此，铜仁职业教育集团应当以就业为杠杆进行人才

引流,最终达到培育中小城镇发展的目的。

第一,随着铜仁地区城镇化的推进,农民市民化现象会加剧。转变为市民时间较短的农民群体在心理上和人口素质上都难以适应铜仁地区城镇化的推进。铜仁职业教育集团的办学定位是希望毕业生深入农村,服务农村。因此,以就业为杠杆,铜仁职业教育集团输送了一批高素质、高学历的人才到农村,推动了中小城镇的发展。职业教育集团毕业生在农村地区工作期间,不仅与当地居民相处,影响着当地居民的适应心理,使之对城镇化进程提升适应能力,而且还帮助当地贫困居民脱贫致富。

第二,刚刚进城成为市民的农民工,其内心对城镇并没有责任感、依托感和义务感,始终认为自身工作地点与家乡并不一致,但又因工作机会较多,不得不长期居住在城镇当中。职业教育集团有义务对这类群体进行心理疏导和素质提升,利用讲座、海报、公益广告等多种形式宣传现代化的生活方式及生活习惯,提升人们对城镇的归属感和认知能力。举办面向农民工的职业技术技能培训和创业教育培训,引导刚进城的农民工尽早在城镇中寻找就业机会与创业机会,既提升这一群体的经济收入,又产生集聚大量劳动力的作用。

铜仁职业教育集团通过人才引流,将大量闲置的农村劳动力充分集聚和合理利用,为城镇地区发展提供大量劳动力,将高素质、高学历的毕业生送到农村去就业,积极在农村培育中小城镇。这一做法不仅能促进城镇与农村的人力资源交流,也有利于提高当地人口对城镇化的适应能力,缩短城镇与农村地区的差距。

第四章

产城教融合的实践探索——保山案例

第一节 保山玉石与保山学院

一、保山玉石产业的生存环境

研究一个地域产业或从业群体，就必须了解其所处的生存环境。因此，要了解保山玉石雕刻加工业，也必须从其所处的生存环境入手。这里的生存环境，不仅包含静态的地理自然环境，还包含动态的从业场所、变化的人文社会生活。保山的玉石产业既是地域性行业，也是由生态环境、经济和人口构成的独特的社会结构，身处这一区域的宝玉石加工雕刻行业的从业人员也表现出一定的集体精神生活特征。保山玉石产业的区位迁移与变化以及由这些变化所引起的人文环境的构建，使得笔者在叙述保山玉石产业之前，必须先叙述其所处的区域地理环境以及逐渐变化发展的社会环境。

（一）保山的地理位置与自然资源

1.地理环境

保山市古称永昌，位于中国大陆西南边陲，东经98°25′~100°02′和北纬24°08′~25°51′之间，年平均气温14°C~17°C，年降雨量700~2100mm，森林覆盖率53%。东与临沧接壤，北与怒江、西与德宏毗邻，西北、正南接缅甸，拥有国境线170千米，距离省会昆明593

千米，全市面积19637平方千米，山区面积占92%。截至2016年，辖隆阳、施甸、腾冲、龙陵、昌宁1区1市3县。2017年，保山常住总人口261.4万人。2016年末，保山市少数民族人口29万人，占总人口的11.12%。

保山历史悠久，西汉置不韦县，东汉永平十二年（公元69年）设永昌郡，是我国历史上第一条国际商道——南方丝绸之路的要冲，南方丝绸之路经保山至缅甸的密支那，再向西到印度雷多，比从广东、广西港口绕道马六甲海峡运程缩短近5000千米，是中国沟通南亚次大陆最便捷的“桥梁”。

保山旅游资源独具特色，高黎贡山自然保护区被誉为“世界动植物南北交汇走廊”、“物种基因库”，2000年被联合国教科文组织批准为“世界生物圈保护区”。著名景点有龙陵邦腊掌的神汤奇水，有腾冲蔚然壮观的火山，热海的北海湿地，有气壮山河的松山抗战遗址和国殇墓园，有2005年在“CCTV中国十大魅力名镇”评选中荣登榜首的和顺古镇。

2.资源分布

保山四季如春，物产富饶，资源丰富，永子、翡翠、香烟料、连瓣兰声名远播。许多史书记载保山“土地沃腴，宜五谷蚕桑”，自古以来以农耕文明著称于世。现在的保山更培植出了大批优质高产的粮食、蚕桑、烟草、蔗糖、茶叶、咖啡、核桃生产基地。保山地处三江多金属成矿带，史书记载和现今勘查证实，境内矿产资源颇为丰富，品种较全，矿产、水能、地热、天然气资源蕴藏丰富；铁矿、铝锌矿、硅藻土、硅灰石等储量大、品位高、易开采，钛矿、铝锌矿等矿产独具特色，铁矿、硅矿、硅藻土已探明储量分别达2.3亿吨、0.5亿吨、4.7亿吨；水能资源得天独厚，理论蕴藏量1023.75万千瓦，可开发总量821.6万千瓦，目前已开发水电装机容量达52万千瓦；地热温泉179处，热能储量250万千瓦，为全国第二大热气田。

3.腾冲翡翠文化的历史传承与市场环境

保山珠宝玉石的加工历史已近两千年，自古以来，以哀牢为中心的永昌之地被称为“金银宝货之地”。《华阳国志》就记载，永昌郡有“黄金、光珠、琥珀、翡翠、孔雀、犀、象、蚕桑、绵绢、采帛、文绣”[①]。自汉至元，因腾冲得天独厚的地域优势，翡翠逐渐进入中华玉石文化圈。元代中央政府控制了今缅甸北部大部分地区，翡翠产地进入中央辖域之内。明代玉石产地归属腾冲军民指挥使司，成化年间，创镇守之制，于云南置太监，采办缅甸所产各色宝物，翡翠开始成为朝贡不可缺少的珍品。

由元至今，腾冲人曾经握有经营翡翠的主导权。据腾冲海关资料记载，1902年翡翠毛料进口量为271担，1911年为628担，1917年高达801担。民国初年，玉雕作坊有100多家，工匠3000多人，汇聚了国内各地的能工巧匠，毛料贸易、玉器加工、成品交易兴盛，

① （晋）常璩.华阳国志[M].重庆：重庆出版社，2008:50.

成为腾冲翡翠业最为辉煌的时期，许多享誉世界的“翡翠大王”也在这一时期应运而生。20世纪50年代，缅甸所产玉石几乎全部进入腾冲集散、加工，腾冲成为缅甸玉石最大的集散地、交易中心和加工基地。改革开放以后，腾冲翡翠毛料的进口得到恢复。1992年，腾密公路修复通车，毛料的进口量在1994—1996年期间达到了历史的顶峰，进口量一度占全国总量的70%。当时，从业人员近5000人，玉雕作坊约300个，商号50余家，总体上有2万多人从事与翡翠相关的行业。

近年来，旅游业快速发展，珠宝玉石成为云南的形象产品和重要旅游商品之一。据2010年统计数字显示，缅甸平均每年有2万吨左右的翡翠毛料出口，产值接近1000亿元，其中约有6000吨流入中国。通过云南的翡翠交易量中，从瑞丽进口的约4000吨，腾冲约1000吨，总量合计5000吨左右。2010年，瑞丽方面产值近80亿元，腾冲方面20亿元，全省产值约200亿元。从目前翡翠行业的从业人员看，瑞丽翡翠经营和加工的商家接近5000户，从业人员达3.5万人。腾冲经营和加工玉石的商家接近3000户，从业人员达2万余人。缺口粗略估算约1万人。

“十二五”期间，云南省着力构建“一心六区七廊”发展格局，即强化一个中心，把昆明建设成全国重要的旅游目的地，连接东盟旅游圈和中国旅游圈的枢纽；优化滇中国际旅游区、滇西北香格里拉国际旅游区、滇西火山热海边境旅游区和滇西南澜沧江—湄公河国际旅游区、滇东南喀斯特山水文化旅游区和滇东北红土高原旅游区。在进一步完善五条传统精品旅游线路的基础上，面向国际和国内两大市场，构建昆明—曼谷、昆明—河内、昆明—仰光、昆明—腾冲—密支那、昆明—丽江—香格里拉—昌都、昆明—昭通—成都（重庆）—三峡—长三角、昆明—文山—北部湾—珠三角等7条联系周边、延伸国内、辐射国际的旅游经济走廊，努力实现完成旅游投资1500亿元~2000亿元的目标，形成较为完善的旅游产品体系。为响应“玉回云南”的号召，云南重点培育以瑞丽、盈江和腾冲为重点的珠宝玉石毛料生产加工基地，建设昆明中国玉石城、景星花鸟市场等珠宝玉石批发、销售市场。随着旅游环境的改善，珠宝市场成为云南省的支柱产业，年产值近2000亿元。

4.保山南红玛瑙的文献记载

南红玛瑙古称“赤玉”，质地细腻油润。古人用之入药，养心养血。信仰佛教者认为其有特殊功效，佛教七宝中的赤珠（真珠）指的就是南红玛瑙。保山产的南红玛瑙历史悠久，一度被认为绝矿，目前产量稀少。

劳生害马贡红珠，暗胫明投献紫枢。

若得泰元怜赤子，速移宝井到神都。

这首诗是明代永昌诗人张含写的《红珠》，诗中所说的“红珠”就是南红玛瑙。这首诗描写了张含所生活的时代，在滇西永昌（今云南保山）发生了有名的“石祸”。明世宗迷上永昌南红玛瑙之后，为满足奢靡的生活，于1527年开始遣官至滇采办珠宝玉石，从永昌到孟密采办处有三千余里，被派遣往来采办的百姓多难生还，于是称为“石祸”。对于这段历史，异常愤慨的张含还在1540年写作了一首非常有名的《宝石谣》：

成化年中宝石重，私家暗买官家用。
衹在京师给帑银，不索南夷作琛贡。
林宝石家海内闻，雄商大贾集如云。
敕谕林家避科道，恐有弹章皂囊到。
自从嘉靖丁亥岁，采买官临永昌卫。
朝廷公道给官银，地方多事民憔悴。
民憔悴，付奈何，驿路官亭豺虎多。
钦取旗开山岳摇，鬻男贩妇民悲号。
到今一十四回内，涕泪无声肝胆碎。
成化年，嘉靖年，天皇明圣三皇肩。
独怜绝域边民苦，满眼逃亡屋倒悬。
屋倒悬，不足惜，衹为饥寒多盗贼。
山川城郭尽荒凉，纷纷象马窥封疆。
窥封疆，撼边域，经年日月无颜色。
杞人忧天天不倾，浊醪大醉明诗亭。

“成化”是明宪宗的年号。明代上层社会对永昌南红玛瑙的喜爱和痴迷并不是从明世宗才开始，而是从宪宗时代就开始了。明宪宗、明孝宗、明武宗、明世宗四代皇帝，都对永昌南红玛瑙情有独钟。或许是因为它颜色鲜艳喜气，或许是因为“物以稀为贵”，或许是因为它是佛教圣石，又或许是因为它是权力与身份的象征。当时，南红玛瑙成为上层社会争相拥有的宝石。私家与官家都看中了南红玛瑙的市场。当时有一户林姓人家，靠买卖南红玛瑙发家致富，很多人慕名而来，财大气粗的商人聚集到永昌这个边远的小城。而南红玛瑙不仅作为商品在市场上进行买卖，也被当作进贡朝廷的贡品。到了1527年，因为众人抢购，南红玛瑙贡品的数量已经无法满足明世宗的要求了，于是他直接派遣军队，到永昌专门开采南红玛瑙，并全部运送回去供其享用。在那一段时期，百姓被征召去开采和运输，有的人离开家就再也没有回来，原本安静的小城镇中，为了抢夺南红玛瑙多次发生动乱。一边是野外的虎豹豺狼，一边是城中的权贵，当地百姓生活在水深火热之中，卖儿卖女的惨剧时有发生，有些百姓受不了剥削，甚至弃家逃亡。听着百姓们痛苦的悲号，诗人的心都要碎了。原本热闹的小小边城，现在却是一片萧条。其实百姓们不怕苦，也不怕屋漏屋倒，怕的是看不到尽头的饥饿和动乱。本来应该给人们带来幸福和财富的南红玛瑙，却带来了灾难，这大概是大家万万没有想到的吧！所以诗人甚至发出了还不如把这盛产南红玛瑙的宝井搬到京师去的呐喊。

张含以沉痛的心情写作了这首《宝石谣》后，明代三大才子之一、张含的生死之交杨慎倍加赞扬："此诗真史诗，与韩文公之《汴州乱》、晁无咎之《开梅山》、杨廷秀之《海鳅船》、王恽之《义侠王著行》可同传也。"[①]同时，杨慎又以《宝井谣》一诗与张含相呼应：

彩石光珠从古重，窈窕繁华争玩弄。
岂知两片弱云鬟，戴却九夷重译贡。
宝井曾闻道路赊，蛇风蜃雨极天涯。
弛传千群随票鷂，披图万里逐轻车。
君不见，永昌城南宝井路，七里亭前碗水铺。
情知死别少生还，妻子爷娘泣相诉。
川长不闻遥哭声，但见黄沙起金雾。
潞江八湾瘴气多，黄草坝邻猛虎坡。
编茅打野甘蔗寨，崩碛浮沙囊转河。
说有南牙山更恶，髡头漆齿号蛮莫。
光挠戛磴与孟连，哑瘴须臾无救药。
莫勒江傍多地羊，队队行行入帐房。
红藤缠足诏发女，金叶填牙缅甸王。
回首滇云已万里，宝井前瞻犹望洋。
紫刺硬红千镒价，真赝入眼无高下。
得宝归来似更生，吊影惊魂梦犹怕。
吾闻昆仑之上玉抵鹊，庆卿之池金掷鼍。
安得仙人缩地法，宝井移在长安街！[②]

这两首控诉明代宝石之祸的诗作，被史学家称为姐妹篇广为流传。两人相互唱和，结合当时的社会现实，毫不留情地揭露了明朝皇帝强制掠采宝石给百姓带来的深重灾难，反映了统治者的贪婪。两人都是铮铮铁骨，用诗歌留下了铁证，让人们牢记那段不该被忘记的历史。从这两首满含悲愤的诗中，笔者也深深地体会到，南红玛瑙在当时的受欢迎、受重视的程度。

---

① 李根源．永昌府文征［M］．昆明：腾冲美利公印，1941：16.

② 李根源．永昌府文征［M］．昆明：腾冲美利公印，1941：15-16.

永昌的南红玛瑙大多产于悬崖峭壁，古时候条件有限，开采难度大。它的发现虽然晚于东北红玛瑙，但是因为量多质优，所以后来者居上，成为玛瑙中的上品。成都金沙遗址博物馆藏有一件“南红贝币”，据说是当前存世最早的南红玛瑙制品。张增祺先生曾在他的《滇国与滇文化》一书中介绍，滇国的墓葬中以玛瑙饰品居多，有红玛瑙、白玛瑙、浅红色缠丝玛瑙和灰白色条纹玛瑙等，大多半透明，玻璃光泽，有不同的式样，可见汉代的滇人就以玛瑙作为身份的象征了。[①]后来，明代的徐霞客游历永昌时，慕名到位于永昌杨柳乡境内哀牢山支脉的玛瑙山，去寻找永昌玛瑙。在得见南红玛瑙的开采地及矿石生长情况后，他在游记中详细地描述道：“上多危崖，藤树倒罨，凿崖迸石，则玛瑙嵌其中焉。其色月白有红，皆不甚大，仅如拳，此其蔓也。随之深入，间得结瓜之处，大如升，圆如球，中悬为宕，而不粘于石，宕中有水养之，其晶莹紧致，异于常蔓，此玛瑙之上品，不可猝遇，其常积而市于人者，皆凿蔓所得也。”[②]说明永昌南红玛瑙有红的，也有带月白色（古代指月亮的颜色，白色中带有一丝淡淡的蓝色）的，因生于裂缝和空洞之中，大多体积较小，大的也仅有拳头大小，有水滋养，更显灵气。现在玛瑙山还保留有滴水洞和大黑洞等矿洞中常见的景象。

5.民族聚集

保山历史悠久，迄今已有3万年左右人类活动史，大致可以分为三个时期：

（1）原始民族时代。新石器时代，保山出现了三大族系：濮人族系，土生土长；越人族系，来自两广等东南沿海；氐羌族系，来自西北甘青等地，经三江走廊而来。

（2）传统民族时代。哀牢国至明清时代，又分三个阶段：第一阶段，哀牢国至汉晋时代，濮人分化出八九个支系，越人分化出5个支系，氐羌人出现了“昆明”族名，汉族开始进入保山。第二阶段，唐宋时代，濮人分化出望蛮（后来的佤族）和朴子蛮（后来的布朗族、德昂族）；越人出现了金齿、银齿、绣面、黑齿等新族名。这一时期居民最大的一个变化是“西爨白蛮”（白族先民）20万户迁入永昌。第三阶段，元明清时代，濮人出现了蒲蛮、普蛮等族名，越人出现了摆衣、大百夷、小百夷等族名，氐羌人有倮罗、怒子、峨昌、阿昌等族名。回、傈僳、苗等民族先后迁入保山。汉族迁入最多。

（3）现代民族时代。1912年至今，逐渐演变和增加至今天的36个民族。

（二）保山玉石产业的社会环境

1.贸易往来

保山地处东亚、南亚、东南亚交汇区，又处于连接中国、印度两大世界文明古国的枢

① 张增祺.滇国与滇文化[M].昆明：云南美术出版社，1997：46.

② （明）徐弘祖著，朱惠荣校注.徐霞客游记校注[M].昆明：云南人民出版社，1985：1105.

纽区域。南方丝绸之路到此后横穿三江走廊，再走向缅甸、印度、欧洲，使保山自古成为文化、商品交流的中心，被称为“西南一大都会”。抗战大后方重要的国际补给线史迪威公路穿境而过，是滇西的交通要道。现在，保山成为国家级边贸口岸和中国西部重要的国际大通道，同时还是中国面向东南亚和西进中东的重要桥头堡。

2.市场聚集

现阶段，保山市内隆阳区主要的玉石交易场所有花鸟市场、兰花村、沙坝等。

（1）花鸟市场。

花鸟市场位于隆阳区同仁街保山市人民政府对面，地理位置靠近城区中央，商户多为创业的大学毕业生，汇集了一批以“学院玉坊”为代表的2009级、2010级、2011级珠宝学院玉雕专业毕业生。市场每日人流量不大，多为熟客进店拿货。

（2）兰花村。

兰花村是保山当前最为集中的玉石集散市场，翡翠、玛瑙、白玉等都能在这个市场上找到，更重要的是，这里也是多数玉雕手艺人的聚集地。珠宝学院毕业生在此处开店创业，为的就是抱团取暖。

（3）沙坝。

沙坝位于保山市隆阳区东北方向的县郊，距离市中心半个小时的车程。每周六一大早，来自保山市内、腾冲、瑞丽或上海、广东、福建等地的玉石商人、玉雕艺人、附近采料的农民纷纷赶往沙坝进行交易。据玉石店主和泉介绍，几百亩的空地上聚集的全是从事玉石的生意人，从原材料、半成品到成品无一不有。这里代表着每周玉石市场发展走向，只要身在这个行业，若有一两个星期不来市场转一转，心里便会对所做的东西没谱。

3.产业发展

目前在保山市工商行政管理机关注册登记的珠宝行业工商户共2000户左右，注册资本接近2.5亿元，直接从业人员近万人，主要分布在腾冲、龙陵、隆阳三地，其中腾冲、龙陵市场相对完善，基本形成产、供、销的产业链。隆阳区刚刚起步，以生产南红玛瑙产品为主。

如果把整个保山珠宝市场放在全国来看，可以用六个字来概括：小、散、乱、旧、单、缺。以腾冲为例，珠宝产业远没有当年“两万骡马走丝道，驼铃声声财富音”的胜景，没有以前占全中国90%的翡翠的集散地的荣耀与辉煌。由于各种原因，当下腾冲珠宝产业规模小、地点散、价格乱、经营模式陈旧。目前，腾冲还没有一家像“勐珙翡翠”那样的全国连锁企业，没有一个响当当的珠宝大品牌，各卖场、珠宝店分布城乡各地，各自定价，各自规划，导致价格虚高不下，恶性竞争，严重影响到珠宝产业长远发展。腾冲珠宝产业营销模式简单陈旧，仅有从乙地搬运到甲地销售的粗放方式，再加上这几年旅游购物提成的介入，在信誉方面产生了较为恶劣的后果。腾冲珠宝加工人才缺乏，文化观念保守，也成为严重阻碍珠宝产业良性发展的重要原因。龙陵珠宝产业的现状也是如此，更令人担忧的是，保山目前还在重复腾冲那样的粗放模式。从整个保山市来看，腾冲、龙陵、隆阳三地各自发展，远没有形成统一的规划和长远布局。

二、保山学院珠宝学院

（一）历史沿革

保山学院位于云南省保山市，办学历史可以追溯到1905年创办的永昌师范学堂。1978年4月经教育部批准成立保山师范专科学校。2009年4月经教育部批准升格为保山学院，实行省市共建、以省为主的管理体制。

1.专业申报

2005年12月，保山师专美术系教师祝立业在充分调研本系办学条件和保山玉石产业现状基础上，申报了2006年校级重点课题"关于保山师专开设宝玉石专业的可行性调查报告"。2007年，美术系积极向省教育厅申报"宝玉石鉴定与加工技术"专业，未获通过。2008年，再次申报宝"玉石鉴定与加工"专业获云南省教育厅审批通过，2009年开始招生。首届宝玉石班共计21名学生(含1名跟读生)。

2.艰难办学

专业开设初期，由于条件艰苦，部分设备向企业家罗勇借用，其他设备由学生自行购买，实训室由教师带领同学一同改造。雕刻实训材料主要有保山青石、木材。材料来源主要是发动学生在校内施工区域捡碎石块，到白纸房村解石场求取石料。祝立业老师出资购置了一批木板，提供给学生训练用。

2010年，主要以黄腊石及部分较差的翡翠为实训材料。祝立业、李光宙、杨亮3位老师利用周六周日到龙陵黄腊石加工基地无偿收取废石料和加工边角料，或以每袋二三十元的价格收购，均无偿赠与学生作为练习用料。2010级共19名学生，与2009级一样，实训设备均为自行购买，2011年3月1日前实训用料均是靠捡拾青石及老师收购黄腊石为主，此境况自一直到2011年3月方有改变。

3.改善条件

2011年3月，学院首次尝试校企合作。为拓宽实训材料的来源渠道、减轻学生对实训设备的经济投入，提升专业教学质量，祝立业老师带领李光宙老师、杨亮老师，主动与宝玉石行业关心教育的企业家进行了多次沟通，取得了四川籍企业家罗勇先生的支持。自2011年3月1日开始，罗勇先生无偿提供黄龙玉、翡翠料给保山学院宝玉石专业学生作为实训用料,并无偿收回所有加工完成的成品。同时,罗勇先生无偿借给宝玉石专业一批加工设备供教学使用;每次成品回收后,借给宝玉石专业部分成品供展示使用。自此宝玉石专业在学生实训雕刻方面有了持续的毛料供给。

2011年3月21日,罗勇先生无偿赠予宝玉石专业翡翠、水沫玉共43,块作为标本及供学生毕业创作使用。2011年9月10日,学院与腾冲美玉珠宝签订合作办学协议,学院为美玉珠宝免费加工玉石,原材料由美玉珠宝提供;美玉珠宝为学院提供价值2万元的玉雕工具和1万元招生宣传费。至此,宝玉石专业的原材料问题完全解决。

从2010年5月开始,宝玉石专业积极争取中央财政项目。2011年获中央财政支持地方高校项目资金300万元。资金到位后,学院随即按相关招投标程序进入紧张有序的设备采购阶段,包括大型数控机、宝玉石大型加工设备、宝玉石常规设备、宝玉石鉴定仪器、陶艺设备、金属工艺设备等各类教学仪器、设备,极大地改善了宝玉石专业的条件。

2011年9月,宝玉石专业教学场地变更为春秋楼四楼及五楼共10间教室。随着专业的发展,2012年春秋楼一楼以上均为该专业教学场地。同年,宝玉石鉴定与加工专业获"云南省特色专业"称号。

2012年6月,首届毕业生毕业,多数同学自主创业。同年,首届毕业班优秀作品集《学院玉雕》出版。12月,"5321"人才培养模式"民间传统玉雕工艺人才创新培养模式与实践"获得云南省第七届高等教育教学成果二等奖,教学成果逐渐显现,各级领导莅临指导。2013年5月7日,宝玉石专业从艺术学院独立出来,成立珠宝学院。

(二)珠宝学院成立后发展概况

珠宝学院于2013年5月在原艺术学院宝玉石系基础上成立起来。学院立足地域资源优势和市场优势,把握云南文化产业战略发展方向和桥头堡战略契机,结合云南珠宝产业、文化产业状况及人才需求的实际,大胆创新教学理念,创新人才培养模式,创新人才评价体系,注重提升学生全面素质,培养品德高尚、基础扎实,有创新能力、设计能力、动手能力、审美能力的工艺美术高级人才及中小企业家。

1.办学定位及培养目标

立足保山,面向云南,辐射全国。注重学生全面素质提升,培养品德高尚、基础扎实、实践性强,有创新能力、设计能力的工艺美术高级人才。

2.办学思路

紧密结合地方经济社会发展需要,坚持以改革为动力,以人才培养为中心,服务社会为重点,学科和专业建设为龙头,兼顾师资建设,提高教学质量和管理水平,建设全省领先、全国知名的特色突出、优势明显的珠宝学院。

3.学科建设

学科是珠宝学院全面发展的核心支撑。结合地方民族民间文化资源，整合各种优势，本科教育以艺术学科（一级编码760）为核心，整合材料科学（一级编码430）、机械工程（一级学科编码460）为支撑，培养民族民间传统工艺美术（艺术二级学科编码50）人才为重点学科发展方向，专科强调以珠宝为核心、高职高专人才培养模式为支撑的发展思路，强调培养高级工艺技术加工人才，本专科实行分层定位、分层培养、分层管理、分层教学的模式。

4.办学成效

2011年，宝玉石鉴定与加工专业获“云南省特色专业”称号，2011年获得中央财政项目300万元资金支持。

2012年出版《学院玉雕》，2014年出版《盛世南红》、《云南玉文化二十讲》、《玉堂闲话》等专著或光盘6部。

2013年“5321”人才培养模式获得云南省第七届高等教育教学成果二等奖。

2013年，自编教材“翡翠雕刻系列教材”之一《泥塑·雕刻》被列为云南省高校“十二五”规划本科教材。

2013年，保山工艺产品研发中心、隆阳区文化产业乡土人才培训基地等省市级文化重大专项横向项目立项，学院共获得省级重大项目8项、市校级质量工程及科研成果奖15项，专利申请5项。教师、学生作品在国家级、省级大赛中获得10余项奖励。

2014年，宝玉石特色专业群实习实训基地建设与技术创新服务中心获得云南省新建本科院校向应用技术型大学转型发展“实验实习实训基地与技术创新服务中心”项目立项，同时获得云南省“国门大学”建设项目。

2014年，云南省高校宝玉石特色产业研究与发展工程研究中心获得保山市青年示范园建设立项。

5.对外服务

宝玉石鉴定与加工专业自2009年招生以来，始终坚持开门办学、服务社会的宗旨，强化走出去服务社会的战略，与省内外相关高校、协会开展合作。2013年与上海海派玉雕协会签署战略合作协议，2014年与上海工艺美术职业技术学院签署合作协议，互派教师到校学习交流、进修。此外，学院校企、校政合作成效显著，与企业、政府、个人开展多项合作，2011年引入保山非物质文化遗产“乌铜走银”项目和地方陶瓷开发项目，2013年与地方政府签订两个工艺产品开发横向课题，获得资金支持25万元。目前，学院自主研发创新产品效果突出，已经有多项创新产品准备申请国家专利。学院还积极响应学校的要求，努力与泰国帕那空皇家大学、暹罗大学，缅甸密支那大学、密支那珠宝协会合作共建。

第二节　宝玉石鉴定与加工专业人才培养现状及创业因素分析

一、宝玉石鉴定与加工专业毕业生就业创业现状

（一）宝玉石鉴定与加工专业招生数据统计

2008年，保山学院立足地域资源优势和市场优势，结合云南珠宝产业、文化产业状况及人才需求的实际，向云南省教育厅申请设立宝玉石鉴定与加工专业，2009年开始招生，学制三年，为专科层次。招生至今，该专业共有6个教学班，188名专科生，历年具体招生数据如下。

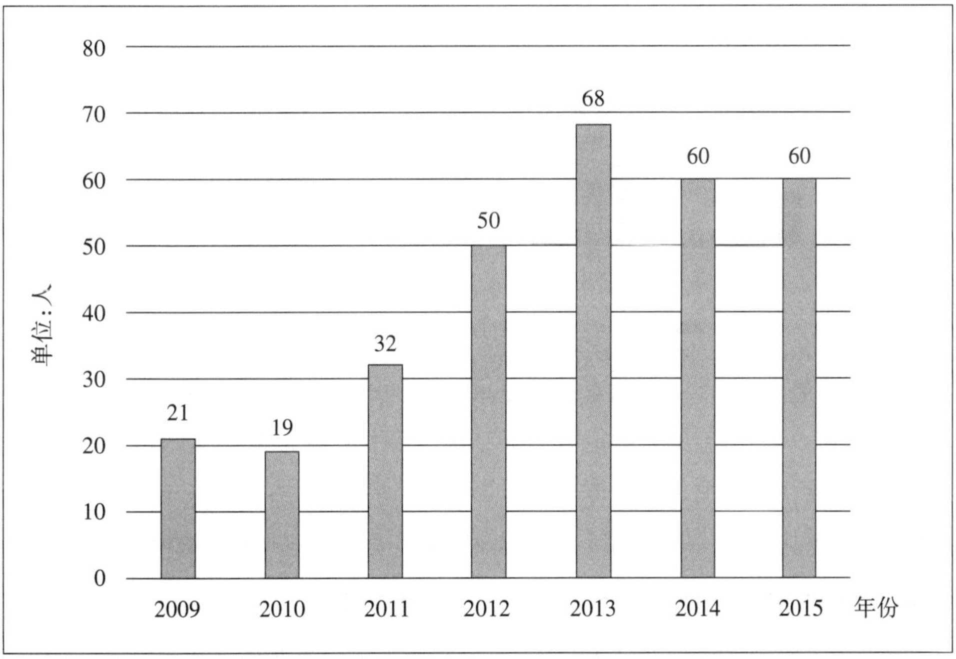

图4.1　2009—2015年珠宝学院宝玉石鉴定与加工专业招生数量统计

如图4.1所示，保山学院设立宝玉石鉴定与加工专业以来，2009—2015年招生人数分别为21人、19人、32人、50人、68人、60人、60人。经过几年的发展，该专业的教学条件大为改善，师资队伍不断增强，市场吸引力大增。目前，宝玉石鉴定与加工专业招生呈平稳态势，年均60人，招生数额已呈常态化，生源较为充足。

(二)宝玉石鉴定与加工专业毕业生就业创业数据统计

截至2015年,宝玉石鉴定与加工专业已培养四届毕业生,从2012届、2013届、2014届、2015届毕业生的就业创业数据来看,历年就业率达100%。其中,毕业生的专业对口就业人数分别为20人、17人、29人、48人,各占当年该专业毕业生总人数的95%、90%、91%、96%;四届毕业生的创业人数分别为6人、9人、15人、20人,创业率分别达到33%、47%、50%、40%。从事其他工作的毕业生每届仅1~2人。

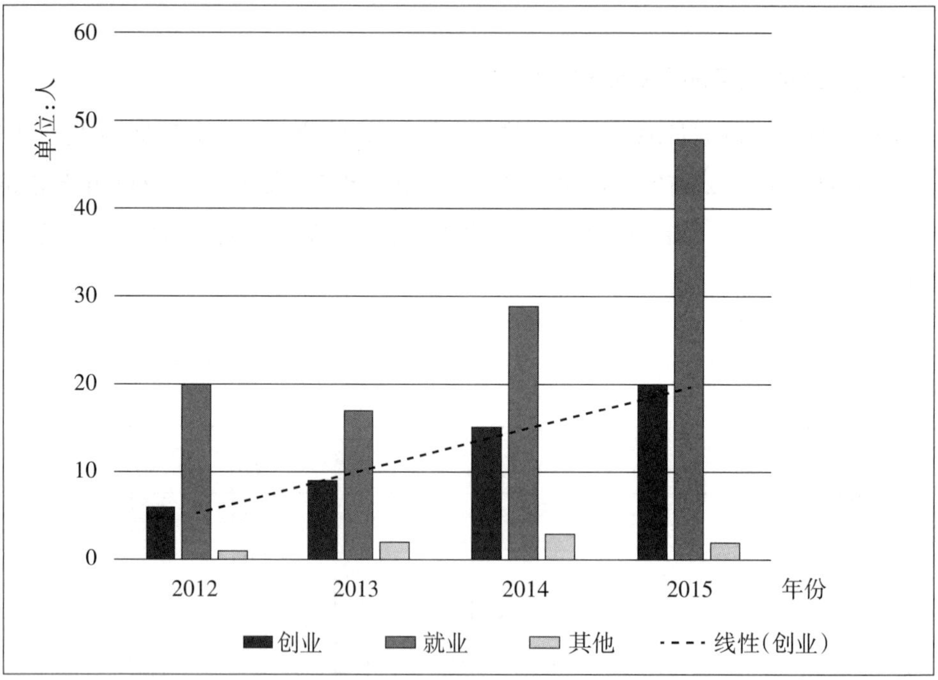

图4.2　2012—2015届宝玉石鉴定与加工专业毕业生就业创业情况统计

从图4.2可以看出,宝玉石鉴定与加工专业毕业生从事玉雕领域工作的意愿强烈,这一点在大多数学生的创业选择上体现得更为明显,创业人数占历年宝玉石鉴定与加工专业毕业生总数的比例持续增加,增长率呈正值,显示了学生创业队伍规模持续扩大。

(三)宝玉石鉴定与加工专业毕业生的就业创业区域分布

从四届毕业生就业区域统计来看,宝玉石鉴定与加工专业的人才培养充分体现了当地的产业特色并满足了地区就业市场需求,多数毕业生选择留在保山本地就业。如图4.3所示,四届宝玉石鉴定与加工专业毕业生从事玉石雕行业或销售工作的,留在保山当地的比例达78%,其余均在保山附近的龙陵、腾冲、大理、丽江以及省会昆明,流向省外的学生不到当年毕业生人数的1%。

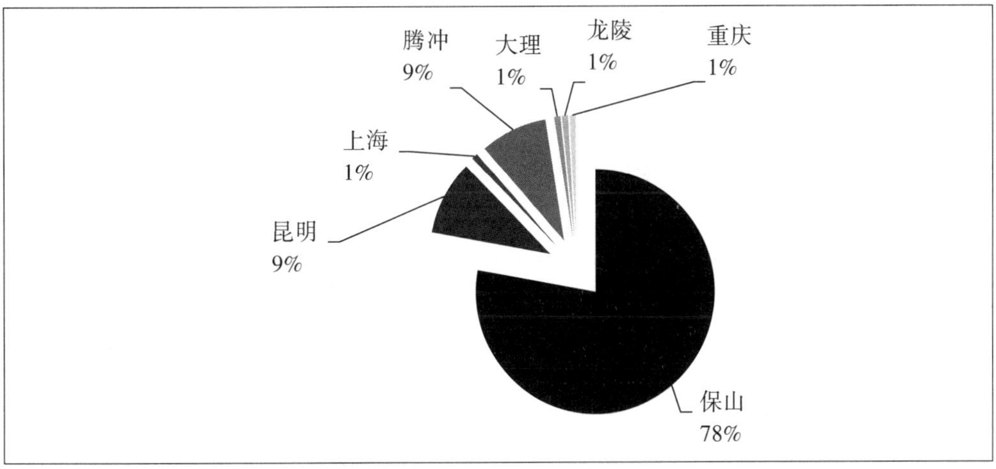

图4.3　宝玉石鉴定与加工专业四届毕业生就业区域分布

根据图4.4对宝玉石鉴定与加工专业四届毕业生创业区域分布数据的汇总，90%的毕业生选择留在保山当地进行创业，选择昆明作为创业地点的人数占6%，前往腾冲创业的人数仅为4%。

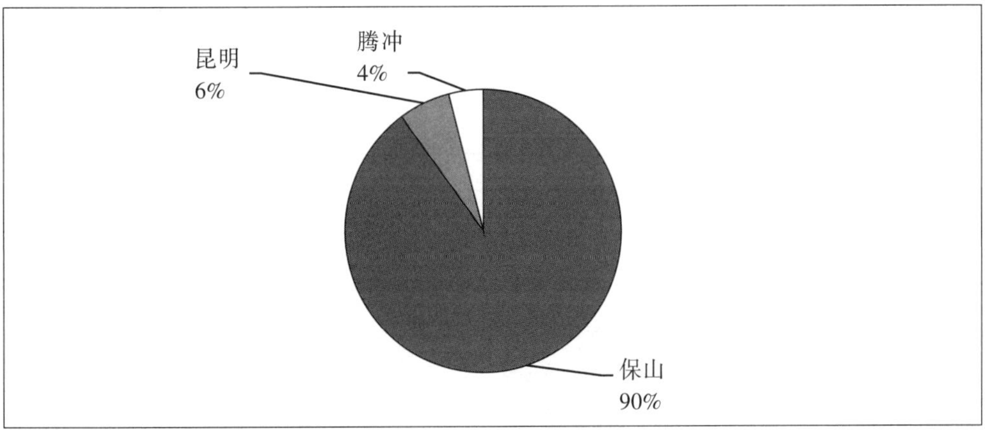

图4.4　宝玉石鉴定与加工专业四届毕业生创业区域分布

二、宝玉石鉴定与加工专业毕业生的创业因素分析

民族地区高职院校学生的创业能力培养需要专业教师的引导，需要外部资源环境的支持，需要学生个人创业的勇气和承担风险的能力。通过对保山学院宝玉石鉴定与加工专业毕业生个人成长特质，个人所在学院、所在企业、所在社区的创业环境进行调查，在了解他们创业的过程、方法、需求的基础上，综合分析他们创业的特质，能够为其他民族地区高职院校创业人才的培养提供借鉴。

(一)个人成长特质

从事创业研究的学者认为,个体的基本特征(包括性别、年龄、受教育程度、生活环境等)影响到每个人的创业能力。通过对这些因素的分析,我们可以了解宝玉石鉴定与加工专业毕业生的培养是否基于学生自身的内驱力。

1.性别

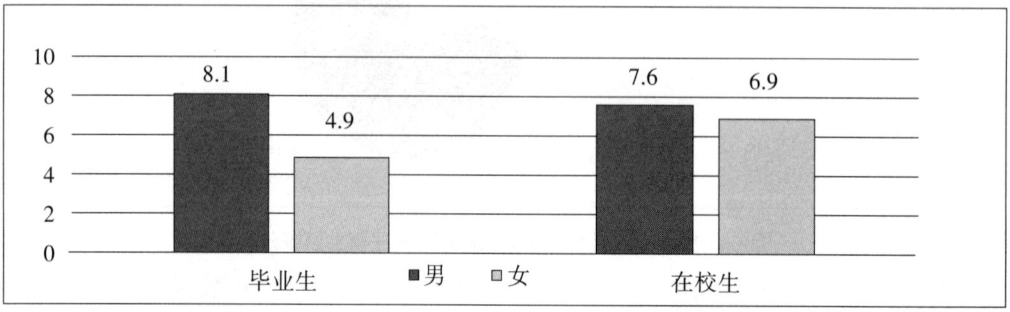

图4.5　不同性别毕业生和在校生的创业者比例

图4.5左侧描述了2015年9月前已经毕业的四届宝玉石鉴定与加工专业创业学生的性别比例。总的来说,男生的比例高于女生。图右侧则描述了现阶段该专业在校生的创业意愿,男生相较于女生从事创业活动的意愿更强烈。

2.年龄

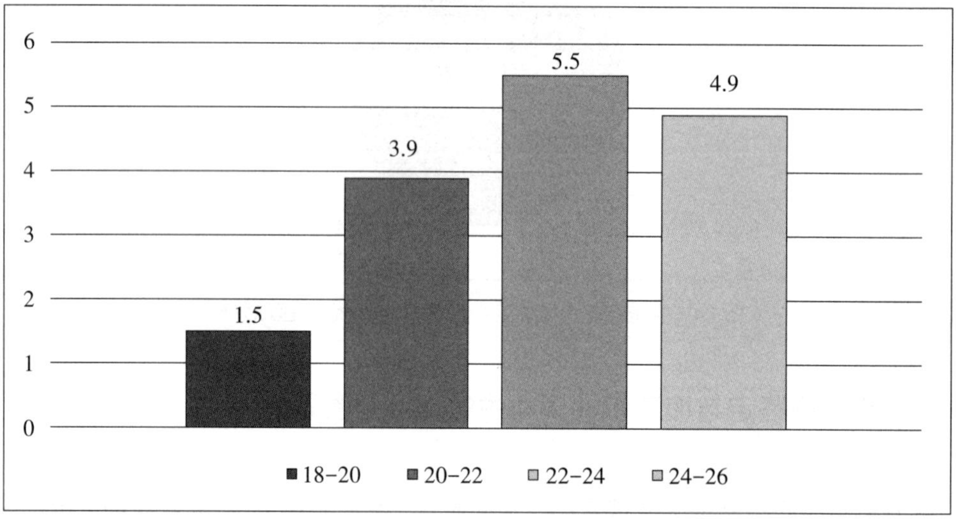

图4.6　不同年龄的往届毕业生创业者比例

图4.6显示了宝玉石鉴定与加工专业毕业生创业的年龄分布,其中22~24岁范围内的创业者最多,这表明,大部分从事创业活动毕业生的年龄与其接受教育的年限呈正相关,多数创业者通过高职阶段的专业能力培训,具备了基本的创业能力。

3.家庭收入水平

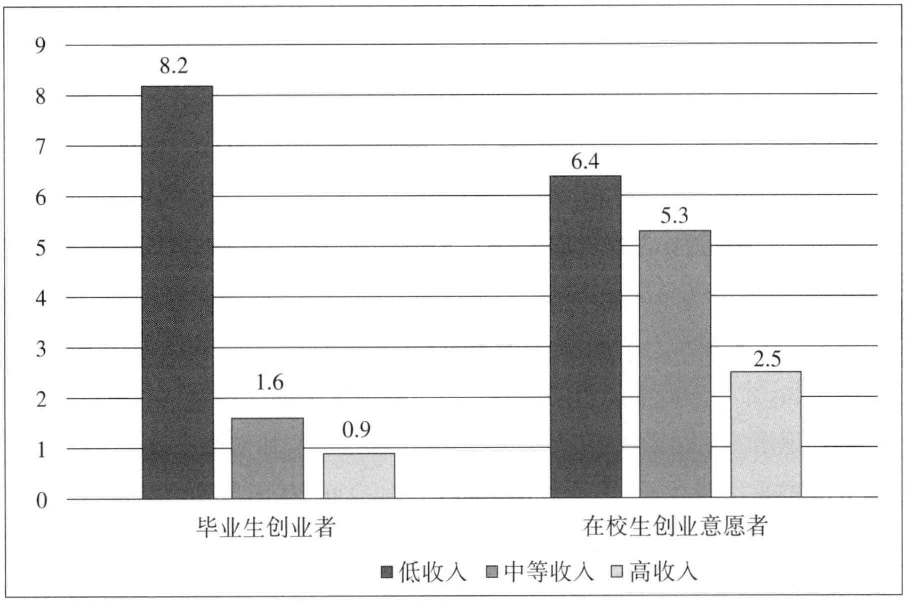

图4.7　不同家庭收入水平的毕业生创业者和在校生创业意愿者比例

被调查学生的家庭收入水平分布情况，可以大致分为三个层次：低收入群体（500~1500元）、中等收入群体（1500~3000元）和高收入群体（3000元以上）。图4.7表明，低收入家庭的创业人数明显高于中等收入和高收入家庭。这一结果与GEM参与国家和地区中高收入创业者或企业所有者最多、低收入创业者或企业所有者最低的阶梯式分布有明显差别，体现了西南地区职校毕业生创业群体的独特特征。

4.城乡居住地

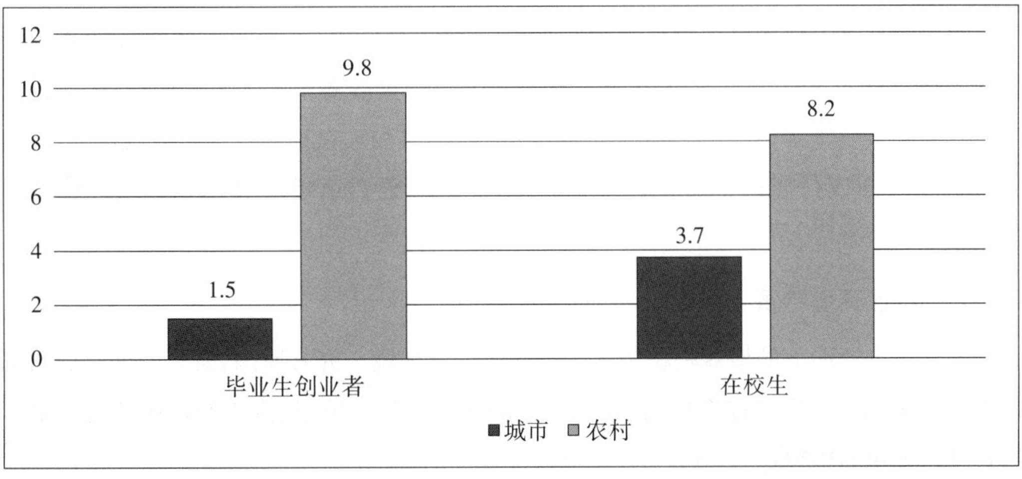

图4.8　不同居住地的毕业生创业者和在校创业意愿者比例

城乡二元结构并存是中国社会的一个显著特征，农村和城市在经济发展、生活水平、基础设施、受教育机会、医疗卫生、社会保障等方面都存在明显差异。因此，城乡居住地成为影响毕业生从事创业活动的重要因素之一。如图4.8，宝玉石鉴定与加工专业往届创业毕业生中，农村人口所占比例远远高于城市人口。

（二）创业潜能特质

1.富于创新意识

创业者除了拥有较强的竞争意识、自立精神、闯荡社会的勇气外，还应具有创新能力。例如，当下玉雕市场已形成山水、花鸟、人物、走兽等固定风格，按照固有模型雕刻只能算低级玉雕人。根据玉石的颜色、材质、形状设计出形象新颖、构图美观同时融入自身雕刻特点的作品，才是玉雕师追求的境界。宝玉石鉴定与加工专业设立之初就认识到玉雕人才创新意识培养的必要性，在课程设置、教材编排与实际操作过程中，教师侧重培养学生自我意识的表达与表现，给予学生自由发挥的空间，从而培养学生乐于且善于运用创造性思维的玉雕设计能力。在销售模式方面，创业学生们建立线上和线下互补的销售模式，建立完善的顾客系统及售后服务。一些创业学生的作品很受市场欢迎，作品做出来后，拍照发到淘宝，一般顾客预定的第二天就可以发货。电商客户与商家彼此信任，建立了较好的客户关系。

2.团队合作

毕业生创业的动机不同，其就业机会也不尽相同。以2012届毕业生和泉的学院玉坊为例，该店铺目前共有8名玉石雕刻技术人员，其中4名毕业于保山学院玉雕专业，也有来自艺术系美术专业的应届毕业生。创业者和泉介绍，公司近3年的发展目标是打造设计团队、雕刻团队、销售团队。和泉青睐本地宝玉石鉴定与加工专业培养的毕业生，认为学院培养的这批人才不仅受过良好的专业训练，且思想新颖，有特点，能够雕刻出不同于市场普通式样的玉石作品，同时企业完全有能力容纳更多雕刻人才。据调查，多数创业学生在经营过程中都会经历个别经营到团队合作的过程。在招聘合伙人的过程中，他们都倾向于应届或往届的玉石及艺术类学生，当地的玉石市场能够充分容纳这些学生就业。

（三）社区环境特质

大学生创业能力的培养根植于良好的社区创业环境。究其原因，所有的创业活动都发生在一定的政治经济体系中，存在于一定的社会文化环境里，离不开社区环境背景下特定社区文化的影响。

1.学校创业文化环境

保山学院宝玉石鉴定与加工专业毕业生从事玉石行业创业的不在少数，这首先得益于当地政府为“玉回云南”政策所营造的宽松创业环境，鼓励创业者追求创新，落实大学生创业贷款项目等；其次，当地玉石集散市场聚集的创业店铺较为密集，吸纳了多数该专业毕业生，对创业形成较好的社会认同感；最后，以和泉为代表的成功创业案例给宝玉石鉴定与加工专业和其他专业学生起了较好的模范作用，激励他们为追求个人的成就而努力掌握玉雕技能、持续提升技艺，最终选择创业。

2. 市场创业文化环境

珠宝学院四届毕业生立足于当地玉石市场进行创业，积极响应政府建设“珠宝之都”的政策号召。通过和泉创办的学院玉坊总店，保山市的大学生创业者（包括在校大学生创业者）正携手共建促进大学毕业生创业发展的民间组织——保山市大学生创业联盟商会。该联盟计划分别成立隆阳区创业组、腾冲县创业组、昌宁县创业组、施甸县创业组、龙陵县创业组，通过建立大学生创业联盟网络、微信平台，帮助成员推广创业项目，方便成员交流创业经验，收集优秀创业者的创业故事，激励初创者，定期开展大学生创业培训，帮助有志青年创业。

第三节　宝玉石鉴定与加工专业创业学生培养特点及经验

一、宝玉石鉴定与加工专业创业学生培养特点

近几年，宝玉石鉴定与加工专业毕业生就业创业发展势头良好。在创业能力培养方面，该专业既注重培养目标与区域经济发展的紧密结合，又服务于当地经济与文化产业，并在学生创业能力培养方面注重四个一致性，即：培养目标与市场目标的一致性、内部教师与外聘教师培养的一致性、教学环境与作坊环境的一致性、职业熏陶与学生创业激情的一致性。

（一）培养目标与市场目标的一致性

产业的良性发展对于一个地域及社区的经济发展至关重要。以保山地区的玉石文化市场为例，它立足于当地南红玛瑙矿产的丰富资源，通过现代服务业的支撑，聚集当地

及周边地区的玉石从业者,形成推动保山市产业经济发展和城镇化建设的玉石文化产业市场。它作为提升保山自身文化自信和凸显民族文化特质的助推器,包含多方面市场目标。宝玉石鉴定与加工专业设立之初,就力求培养目标与当地玉石文化产业发展目标一致,将基础扎实、实践操作技能强,具有设计能力、创新能力的高级技术专门人才作为培养目标,以本地经济与文化产业的发展框架作为拟订培养方案的基准,以玉石专业人才创业能力培养为核心,给予该专业学生创业基础技艺与创业素质双重修养,最终实现人才创新创业能力培养与地方经济和文化产业的发展目标紧密结合。

(二)内部教师与外聘教师培养的一致性

宝玉石鉴定与加工专业人才创业能力的培养,取决于一支实践经验充足的教师队伍,这是由传统玉雕工艺技术的特质所决定的,因此,宝玉石鉴定与加工专业在组建师资团队时,建立了专业教师引进制度。一方面,对于外聘人才偏重教学能力、专业技能水平、专业实践经历及专业理论知识的高标准、严要求。外聘教师兼具校外经营者身份与校内执教者身份,有利于教师将自身市场创业实践、经营管理经验向学生进行言传身教,为学生的职业能力培养提供养分。另一方面,校内教师作为宝玉石课程讲授者,需要善于因材施教,培养学生自主创业观与创业意识,给学生的专业实践提供场所与社会实践机会,并在整个过程中给予指导。作为专业人才的培养者,校内教师与外聘教师都要意识到,玉雕技艺的教学不应局限于玉石本身,还需延伸至实践操作的方方面面,通过完备自身教学的职业技能,丰富与市场挂钩的从业经验,让学生学到更多新的理论和技能,具备自主创业的意识与能力。

(三)教学环境与作坊环境的一致性

宝玉石鉴定与加工专业建立以来,立足当地自然与人文资源优势,利用高职教育平台传承与创新民间玉雕技艺的人才培养方式,创立与市场作坊环境一致的新型工作室环境。利用典型项目引领教学,项目要求与市场要求一致,大量开设案例式教学和实操课程,使学生在习得传统雕刻技艺的同时,掌握工艺与创意、传统与时尚、科技与艺术的融会贯通。课程方面,所有专业课程由一位校内教师和一位外聘教师共同完成;建立工作室负责制,由工作室聘用和培养专业带头人,以地区人文历史的优秀资源作为专业寓教的内容来培养适合当地经济与人文产业发展的技能型、应用型技术人才。该专业在保持教学环境与作坊环境的一致性方面,将数百年来的民间玉雕技艺传承方式纳入高职教育体系,以高校的教育资源优势整编、发展和诠释民间玉雕技艺的精髓,对于其他民族地区高职技能型人才的培养具有借鉴意义。

(四)职业熏陶与学生创业激情的一致性

宝玉石鉴定与加工专业四届毕业生的创业情况，不仅展示出该专业人才培养方式的有效性，还表明了培养过程中职业熏陶的重要作用。教师祝立业发觉该专业学生对于创业的激情很高，便利用多种教学手段，有意识地培养学生的创新意识，在课程设置、教材编排与实际操作过程中，侧重于学生自我意识的表达与表现，雕刻不拘泥于普通方法，抓大放小，给予学生自由发挥的空间，从而培养学生乐于且善于运用创造性思维的玉雕设计能力与雕刻技术，形成了追求良好创新性和个人成就感的氛围，形成自身创业的价值观和信仰；通过分享教师自身的创业经历与经验，解决学生在创业初期的困难与疑惑，并提供近距离接触创业市场环境的实践机会；定期邀请创业毕业生或同行分享他们从事创业活动和管理企业的经验，有利于培养学生的综合素质。创业能力熏陶使学生拥有积极向上的创业观与敏锐的创业意识，在创业过程中做到心中有数、有序。

二、宝玉石鉴定与加工专业创业学生培养经验

通过对保山学院宝玉石鉴定与加工专业创业学生的培养过程的了解，我们发现，要让学生增强创业的意识，培养创业的能力，就要注意：在培养理念上必须注重产教融合；在培养目标上体现联系区域实际；在培养过程中注重挖掘潜能；在培养环境上给予政策支持。

(一)培养理念：创业能力培养必须注重产教融合

《国务院关于加快发展现代职业教育的决定》在服务需求、就业导向等基本原则指导下，对加快发展现代职业教育做出了重大战略部署。全国各地尤其是民族地区职业教育要实现“到2020年，形成适应经济发展方式转变和产业结构调整要求、体现终身教育理念、中等和高等职业教育协调发展的现代职业教育体系”的要求。云南保山学院宝玉石鉴定与加工专业立足特色，服务地方经济，满足市场创业就业人才需求的产教结合、校企合作、顶岗实习的人才培养模式为民族地区的高职教育做出了表率，可见，创设与地方人文资源相符合的高校特色专业，培育适合民族区域产业发展的技能型创新型大学生，注重产教结合，是地方高校培育人才的一种趋势，是培养高校技能型创业型毕业生的根本方法。

(二)培养目标：必须立足于为区域经济社会发展服务

宝玉石鉴定与加工专业立足于培养玉雕人才的高职教育体系，承担着服务地方经济社会，培育高素质、高水平、高层次技能型专业人才的使命。该专业致力于培育服务区域

经济社会发展的专业性技能型人才，从三个层面深度推进：(1)产业层面：鼓励产业资本进入宝玉石加工人才教育市场，为专业人才教育的发展提供必要经费支持，将具备创新创业能力的宝玉石专业教育视为地区玉石产业发展人才供给的重要保障；(2)区域经济社会发展层面：把技能型创新型专业人才教育提升到城市发展乃至区域经济社会发展的战略高度，并纳入当地经济社会发展规划，从而为专业人才教育的发展提供重要机制保障；[①](3)学校人才培养层面：需进一步深化玉石专业人才教育教学改革，重点围绕宝玉石鉴定与加工专业学科建设与创新创业型人才培养，探讨服务当地经济发展的人才培养有效机制。

(三)培养过程：必须注重发掘学生自身创业潜能

专业人才创新创业能力的培养，要明确培养对象的主体地位，考虑到学生的个体需求、个人特征与特色，尊重每一个受教育者在人格、生理、心理与社会背景方面的差异，尽可能多地考虑主观能动性与创造能力的发挥。以宝玉石鉴定与加工专业人才培养为例，要给予学生充分发展的时间与空间。工作室制度超越了普通课堂仅仅传递知识的局限，通过师生共同参与创作、相互影响，创造性地实现教学目标，学生最终获得全面的专业知识与独立的创新创业能力。因此，民族地区高职院校在专业培养的过程中要注重发掘学生自身创业潜能，使他们具备专业技能与创业实践能力双重素养，从而实现培养创新创业实践型人才的目标。

(四)培养环境：政府必须给予专业人才培养政策支撑与保障

现在我国教育财政性支出已经达到国内生产总值的4%。坚实的经济基础是保障教育基础设施建设、教师队伍稳定成长、地区职业教育持续健康发展的前提条件。宝玉石鉴定与加工专业自成立以来，已经获得中央财政项目400万元资金支持。2014年成功申报云南省工程中心建设项目，获得150万元资金支持。同年，学院投资4000万元建设15000平方米的珠宝大楼，大楼集实验实训、营销、学术交流等功能于一体，为玉雕专业教学与研究提供便利的条件。鉴于工艺的特殊性质，宝玉石鉴定与加工专业在培养环节仍需大量经费来保证教学、科研、实训等场所的硬件设施与机械设备的更新维护，因此，政府机构应继续制定相应培养支持政策，增加经费投入，以实现宝玉石鉴定与加工专业人才及其创业能力的可持续发展。[②]

---

① 张诗亚.发展民族特色职业教育促进民族共生教育体系建立[J].民族教育研究，2013(1)：5-9.

② 崔彬.高校毕业生创业行为及其影响因素研究——基于扬州大学947名本科毕业生的调查[J].国家教育行政学院学报，2011(11)：76-80.

第五章

产城教融合的实践探索——和田案例

第一节　新疆维吾尔医学专科学校毕业生就业现状

一、新疆维吾尔医学专科学校概况

维吾尔族医学具有悠久的历史，它是在继承古西域人民和后来移居西域的维吾尔族劳动人民长期的生产活动和生活实践的基础上，在与各种疾病做斗争的过程中所形成的科学的积累和总结。这门医学经过不断的实践验证，学习其他民族医学先进的理论，逐渐形成了较为完整的理论体系和独具特色的临床治疗经验。[①]维吾尔族医学和其他民族医学一样，是中华民族医学宝库中的重要组成部分，是我国珍贵的民族文化遗产。新疆维吾尔自治区各地陆续兴办了30多所维吾尔医医院，在和田地区成立了新疆维吾尔医学专科学校和新疆维吾尔医学研究室，以开展医疗、教育和科研工作。

和田地区位于新疆维吾尔自治区南部，总面积为24.78万平方千米，山地面积占33.3%，沙漠戈壁面积占63%，绿洲面积仅3.7%，而这3.7%的绿洲又被沙漠和戈壁分成了大小不均匀的300多块。和田属于暖温带极端干旱荒漠气候，常年干旱少雨，昼夜温差较大，春秋季黄沙漫天，夏季炎热，冬季寒冷。据和田地区官网公布，截至2017年末，全地区户籍总人口为252.28万人，其中男性人口128.21万人，女性人口124.07万人；城镇人口

① 努尔古丽·突尔孙．古代维吾尔医学及其东传[J]．中国民族，2005(3)：67-69.

56.05万人，乡村人口196.23万人。和田地区自古以来就是以维吾尔族为主的多民族聚居区，除维吾尔族外，还有汉族、回族、哈萨克族、柯尔克孜族、满族、蒙古族、藏族、土家族、乌孜别克族等20多个民族。[①]

随着和田地区维吾尔医药事业的发展，各民族对维吾尔医药事业的认识逐步加深，社会对维吾尔医药学专业人才的需求也逐年上升。本章对新疆维吾尔医学专科学校在人才培养过程与专业设置等方面的情况进行考察，对学校维医学专业毕业生的就业情况进行分析，探讨学校如何将维医产业与城市发展相融合，以促进维医学专业毕业生就业。

学校紧紧围绕自治区经济社会发展，坚持把学科专业建设作为打造学校核心竞争力的关键。随着新疆医药卫生事业和维吾尔医药事业的发展，学校不断优化学科专业结构，设有维医学、维药学、医学检验技术、康复治疗学、护理、助产、医学影像技术等7个专业。其中维医学专业是自治区级特色专业，医学检验技术专业是自治区级重点专业。学校高度重视构建校企结合、工学结合的人才培养模式，维医学专业形成了“理实一体能力递进”人才培养模式，维药学形成了“一链、三段、五模块”人才培养模式。

表5.1　新疆维吾尔医学专科学校现有专业一览表

系部	专业类别	专业名称	专业代码	备注
医疗系	临床医学类	维医学	620108k	1987年招生
药学系	药学类	维药学	620304	1992年招生
护理系	护理类	护理	620201	2005年招生
		助产	620202	2016年审批
检验康复系	医学技术类	医学检验技术	620401	2011年招生
		医学影像技术	620403	2016年审批
	康复治疗类	康复治疗技术	620501	2013年招生

长期以来，学校在自治区教育厅、自治区人力资源和社会保障厅的领导下，深入贯彻落实科学发展观，始终把促进毕业生就业工作摆在突出位置，深入分析面临的形势和问题，认真总结学校毕业生就业工作的基本经验，努力促进教育教学改革，优化人才培养结构，建立健全就业指导服务体系和工作保障机制，提高就业工作管理和服务水平，不断开创学校毕业生就业工作的新局面，取得了明显成效。

① 和田概况[EB/OL].https://www.xjht.gov.cn/article/list.php? catid=142. 2018-01-19.

二、新疆维吾尔医学专科学校毕业生分布状况

本章以新疆维吾尔医学专科学校2016届毕业生为例，共544名，其中维医学专业287名，维药学专业126名，医学检验技术专业92名，护理专业39名。

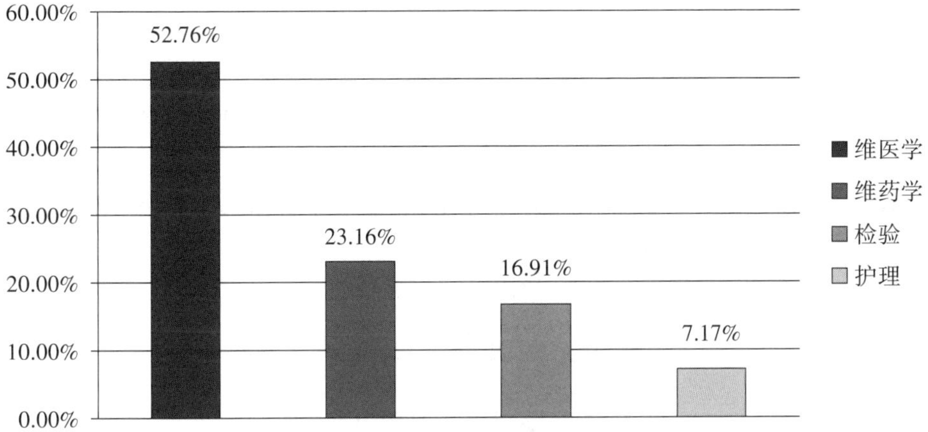

图5.1　毕业生总体毕业生规模

毕业生性别分布。学校2016届毕业生中男生146名，占毕业生总人数的26.82%；女生398名，占毕业生总人数的73.18%。

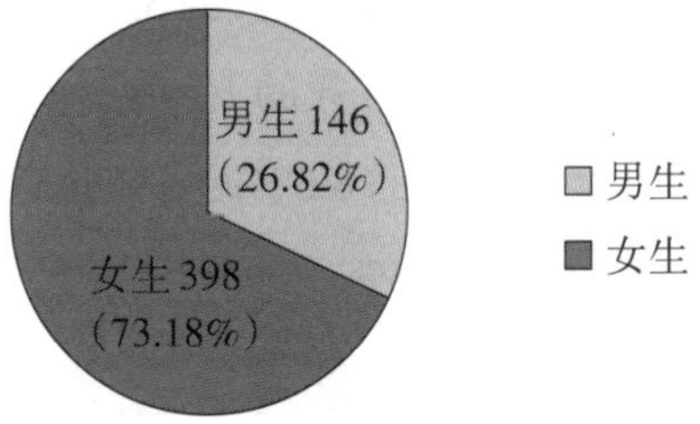

图5.2　毕业生性别分布

毕业生民族分布。学校2016届毕业生中，汉族学生共14名，占毕业生总人数的2.57%；维吾尔族学生共500名，占毕业生总人数的91.90%；哈萨克族学生共13名，占毕业生总人数的2.39%；回族学生共11名，占毕业生总人数的2.03%；塔吉克族学生共3名，占毕业生总人数的0.56%；柯尔克孜族学生共2名，占毕业生总人数的0.37%；乌孜别克族学生1名，占毕业生总人数的0.18%。

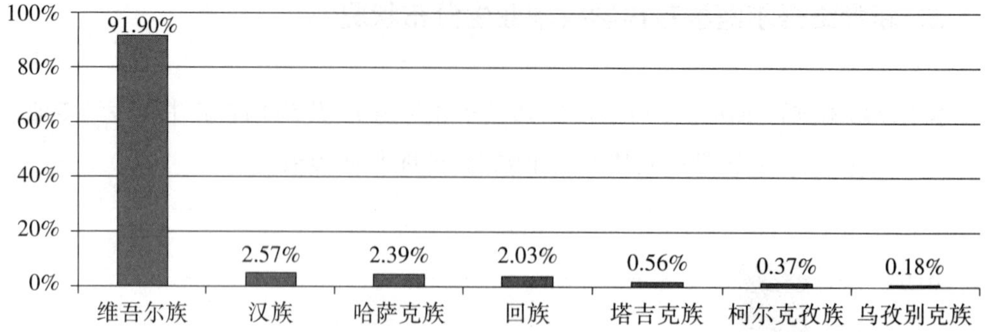

图5.3　毕业生民族分布

毕业生生源地分布。学校2016届毕业生中,北疆生源地105人,南疆生源地439人。

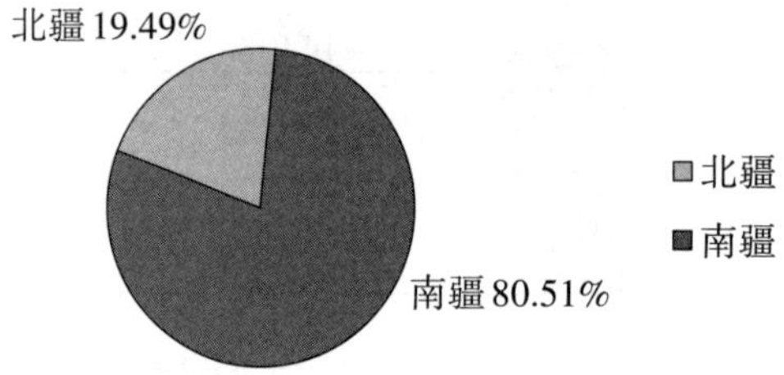

图5.4　毕业生生源地分布

北疆:乌鲁木齐市共11名,占毕业生总人数的2.02% ;阿勒泰共4名,占毕业生总人数的0.73%;吐鲁番地区共18名,占毕业生总人数的3.31%;哈密地区共11名,占毕业生总人数的2.03%;昌吉共7名,占毕业生总人数的1.29%;博乐共6名,占毕业生总人数的1.10% ;伊犁州共44名,占毕业生总人数的8.09%;塔城地区共4名,占毕业生总人数的0.74%;石河子1名,占毕业生总人数的0.18%。

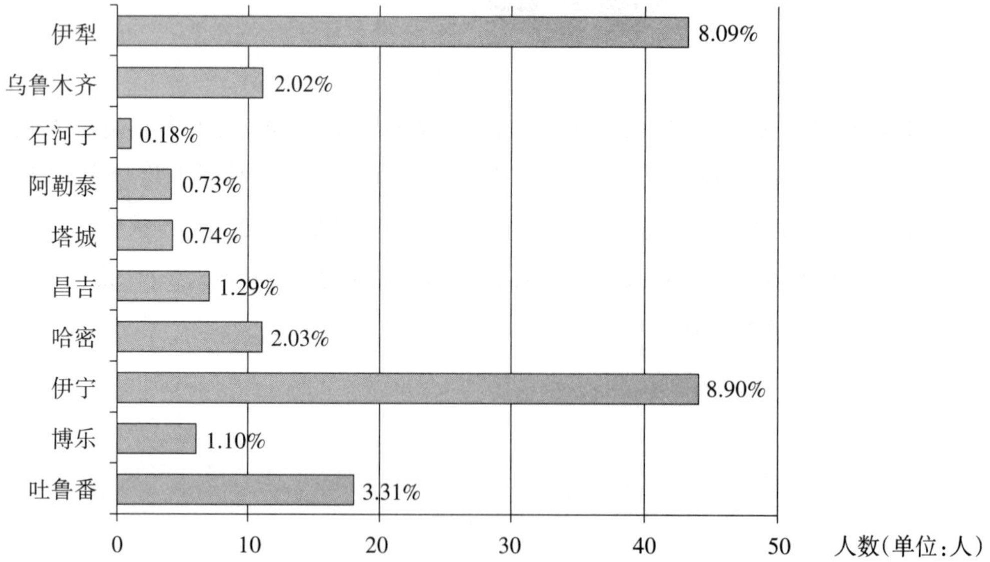

图5.5　毕业生北疆地区生源地分布

南疆：巴州共32名，占毕业生总人数的5.88%；阿克苏地区共65名，占毕业生总人数的11.95%；克州共31名，占毕业生总人数的5.70%；喀什地区共224名，占毕业生总人数的41.18%；和田地区共86名，占毕业生总人数的15.80%。

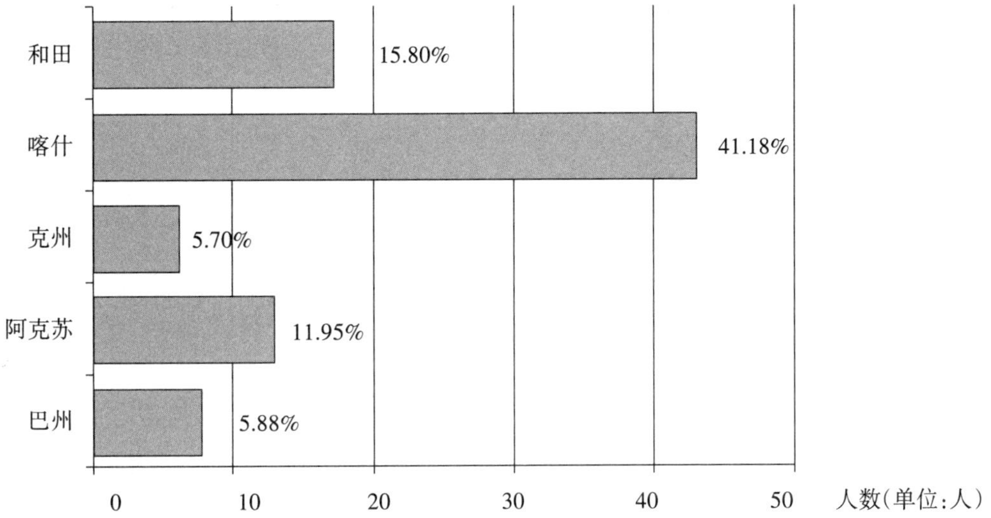

图5.6　毕业生南疆地区生源地分布

三、新疆维吾尔医学专科学校毕业生就业率状况

毕业生总体就业率。学校2016届毕业生就业人数共443名，年底就业率81.43%；待就业人数共101名，待就业率18.57%。

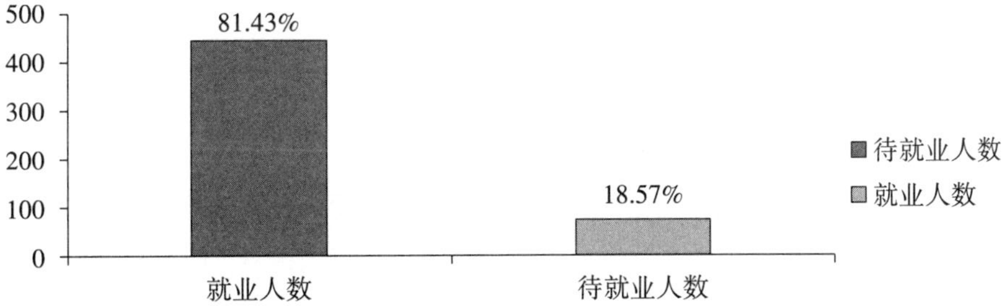

图5.7　毕业生总体就业率

毕业生分性别就业率。2016届毕业生中，男生就业率为78.76%，女生就业率为82.41%。

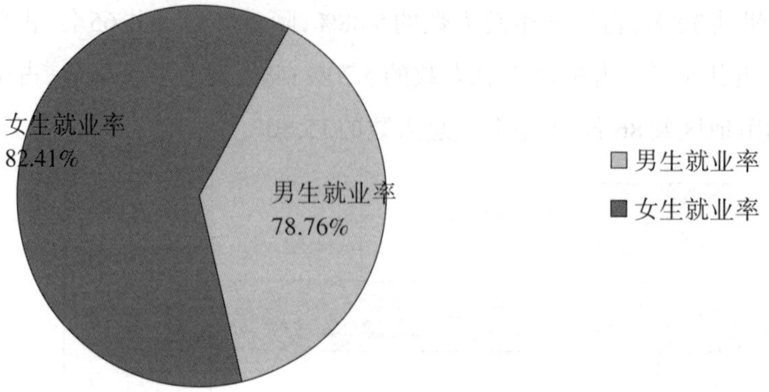

图5.8　毕业生分性别就业率

毕业生分生源地就业率。学校2016届毕业生中，南疆毕业生人数438名，就业人数361名，就业率82.42%；待就业人数77名，待就业率为17.58%。北疆毕业生人数106名，就业人数82名，就业率为77.35%；待就业人数24名，待就业率为22.65%。

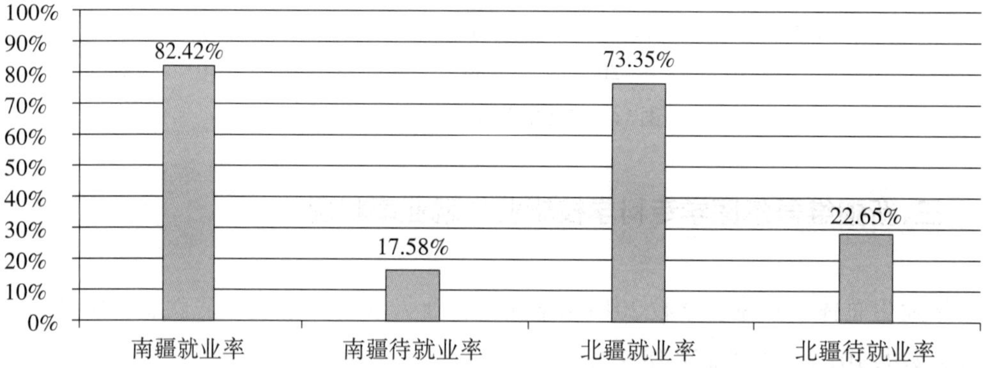

图5.9　毕业生分生源地就业率

少数民族群体的就业率。学校2016届汉族毕业生人数共14名，就业率71.42%；少数民族毕业生共530名，就业率81.50% 。

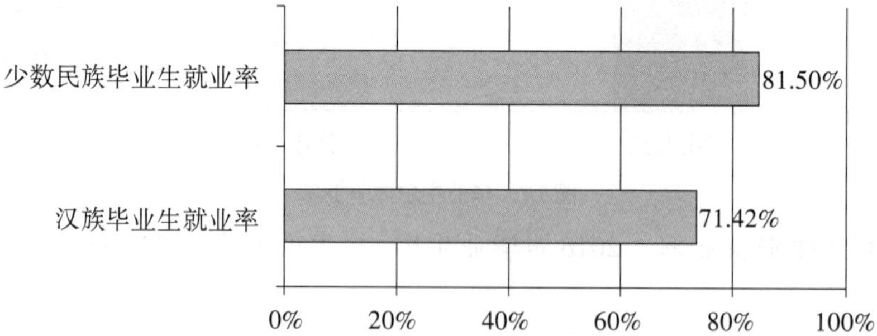

图5.10　少数民族群体就业率

分系部就业率。学校2016届医疗系毕业生就业人数共247名，就业率86.06%；药学系毕业生就业人数共102名，就业率80.95%；护理系毕业生就业人数共31名，就业率

79.48%;检验康复系毕业生就业人数共63名,就业率68.47 %。

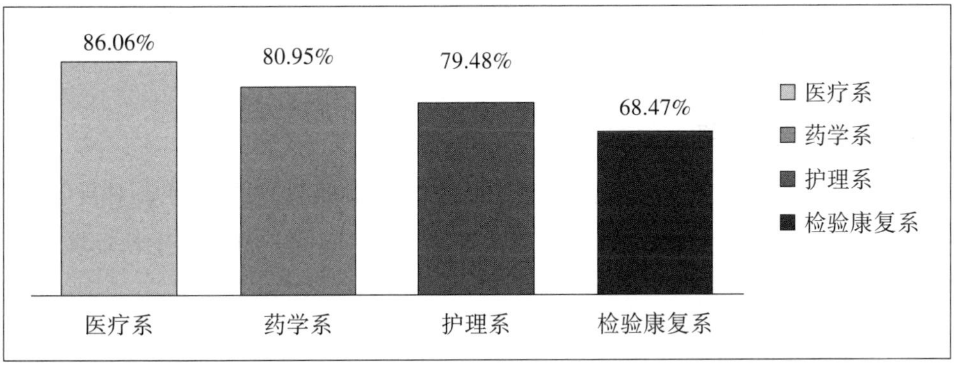

图5.11　毕业生分系部就业率

从新疆维吾尔医学专科学校2016届毕业生就业情况来看,维医学、维药学等专业就业比例较高,其他专业的就业比例相对稳定。医疗服务需求不断增长,就业岗位更加多元化。随着经济的增长,消费者对健康消费的需求正在快速增长,为医疗行业带来了增长空间。社会对学校毕业生的需求还是较高,特别是维医学和维药学专业要细化专业方向,这样培养的维吾尔医药人才才是实践型的、实用型的,更适应社会需求,这样的维吾尔医药学专业人才的社会需求一直较高。①

四、新疆维吾尔医学专科学校毕业生就业存在的问题

经过对新疆维吾尔医学专科学校近年的就业情况进行调研,我们认为目前学校毕业生就业还存在一些问题。

(一)学历层次的新要求

随着市场经济的发展和人才数量的相对饱和,社会对人才的质量要求也逐步提高。自治区各级维吾尔医医院对人才的学历要求不断提高,北疆大部分医院和维吾尔医药相关企业在招录人才时,只招本科学历及以上人才,这对医专这样专科层次的高职学院产生了极大的影响。

(二)就业结构的失衡

毕业生供需见面会上用人单位较多,但是个体医院、药厂、保健品企业的人才需求得不到满足。许多国有医院、国有企业的招聘现场则出现了爆满的现象,一些私营企业和个体商户没人报名。究其原因,很多毕业生没有结合社会实际情况和自身因素,就业观

① 根据《新疆维吾尔医学专科2016年毕业生就业质量年度报告》整理。

念未转变,就业态度不切实际,要求太高,一次到位的就业观念占了主导因素。国有企业优厚的待遇、相对较高的工资等条件优于私营企业和个体商户,也导致毕业生就业观念存在误区,影响了就业。

(三)就业观念的调整

毕业生自身的就业观念还未能做适当的调整,就业期望值过高,或者对自己评价过低,不能做到合理定位。大部分毕业生因边远贫困农牧区自然环境和生活环境恶劣,不愿意去边远贫困乡村就业。

(四)语言文字的障碍

受汉语水平的制约,少数民族学生缺乏就业自信。部分毕业生在校期间不重视汉语课程的学习,求职中经常因为无法将自己的想法完全表达出来而失去应聘机会。

在和田古老梧东维吾尔医医院调研时,我们刚好碰到新疆维吾尔医学专科学校3名大三维医学专业的学生,她们都来自新疆伊犁。当问及她们就业可能会遇到哪些困难时,她们的回答是:“我们现在读的学校和专业是大专学历,如果回到自己的家乡找工作,那边都是要本科学历的学生,有点害怕自己找不到工作。另外也受汉语水平的限制影响到就业,现在老师上课基本上都是用维语,我们只有预科一年的时候才会上专门的汉语课。与老师和同学们都是用维语交流,以前在高中的时候汉语比较好,那边汉族的同学比较多,现在在学校很少讲汉语,自己深感语言文字都过不了关。”

第二节 维吾尔医药产城教融合的试点探索

新疆维吾尔医学专科学校结合和田地区的产业部门、行业部门和城镇,利用城乡的土地资源、交通资源,以维吾尔医药为纽带,以农民脱贫增收、大学生就业创业为目标,形成了教育科研、生产、销售的联合体,促进了产城教融合发展。

一、壮大维吾尔医药,促使产业带动就业

作为维吾尔医药产、学、研一体化发展典范的新疆维吾尔医学专科学校,坚持以人才

培养为中心，深化教学改革，狠抓内涵建设，突出维吾尔医药学科专业特色，不断创新人才培养模式，强化学生实践能力的培养，建立了一批校内外实习实训基地。学校建有18个基础实验室，拥有2家附属医院及制剂室、1家直属药厂，有39个校外实习基地。校办企业新疆新维制药厂生产的爱维心口服液以及玫瑰花酱、骆驼刺花酱等，非常符合当今国内外对自然养生、保健医疗的需求，越来越受到人们的青睐，显示了旺盛的特色产业发展活力。

近年来，在自治区相关政策的支持下，维吾尔医药事业发展迅猛。目前自治区县级以上维吾尔医医疗机构达到40多所，一些乡镇卫生院、部分西医医院成立了维医科，个体维吾尔医医院、诊所、医务室也如雨后春笋般发展起来。下图是对新疆维吾尔医学专科学校2016届544名毕业生的毕业流向分析。

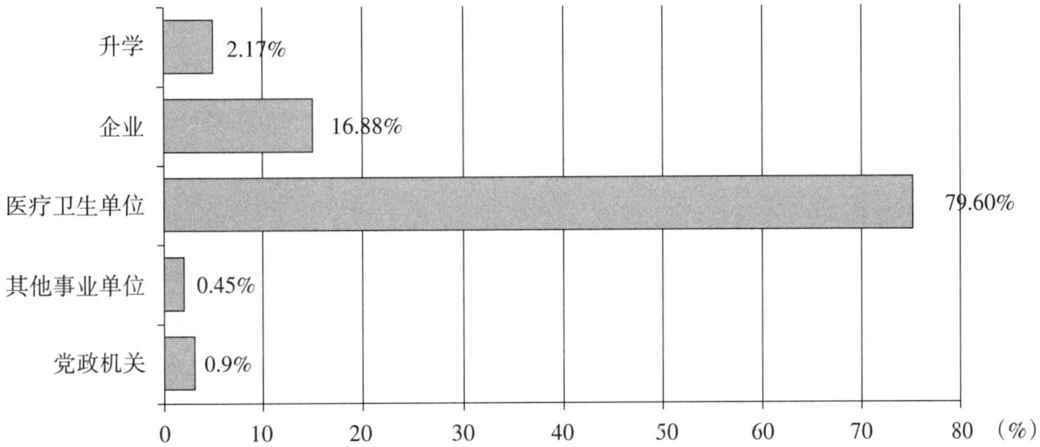

图5.12　毕业生的毕业流向分析

从就业行业来看，毕业生就业单位的性质主要是医疗卫生事业单位和企业，所占比例达到97.83%，其他行业的就业比例不足5%。维吾尔医药的发展，促使多数医学生会考虑到各大医院从事医疗及相关工作，或者去医药公司、民营单位工作。维吾尔医药的发展促进了大学生的就业与创业。

为了引导学生掌握职业生涯发展的基本理论和方法，促进大学生合理规划自身发展，在学习过程中自觉提高就业能力和生涯管理能力，有效促进求职择业与自主创业，学校将“新疆大学生职业生涯规划与就业指导”作为公共必修课，共38个学时。通过该课程的教学，帮助维医药学的学生养成职业生涯发展的自主意识，认识自己的特长、职业的特性以及社会环境的特点，了解就业形势与政策法规，学会运用人力资源市场信息、相关的职业分类知识以及创业的基本知识。在全国倡导创新创业和学校倡导自主创业的大背景下，借助维吾尔医药产业化的发展，学校涌现出一批优秀的创业者，为大学生就业创业树立了榜样。

新疆麦迪森维药有限公司是一家专业从事维吾尔医药药品生产和销售的企业，是由新疆维吾尔医学专科学校毕业生麦迪森创立的。麦迪森毕业后选择了创业，是看到了维吾尔医药的发展前景，为自己找到了就业的机会。目前公司发展状况良好，所经营的维药产品达到362种，其中国药准字号有7个。为了促进和田地区的经济繁荣稳定，创造更多的就业机会，满足人民群众对民族医药日渐增长的需求，给人民群众提供安全有效的药品，他通过了解有关法律法规和长时间市场调查，决定由新疆麦迪森维药有限公司以租赁土地的方式，在和田市东环路东边建造了符合GMP标准的厂房及仓库，开办中药饮片生产企业。经过近几年的发展，公司逐步转变经营理念，2015年销售收入达到1亿元，公司资产达到1.8亿元。

新疆麦迪森维药有限公司自2008年5月成立后，规模逐渐壮大，药材饮片车间已建成两条GMP标准生产线，具备现代化生产技术、多种样式和型号的包装条件，仅生产加工一线的员工就有258名，其中专职执业药师6名，大专以上学历职员160名。

公司具备完善的产品结构和丰富的客户资源，拥有产品1500多种，合作医院、商家60多家。10多年来，公司以专业化的营销队伍、规范的质量管理、强大的市场开发能力，树立了维吾尔医药企业的良好形象。

医专和我们公司有合作，每个学期开学的时候，医专都要安排20~30个学生过来实习。最短实习时间为2个月，也有七八个月的。我们有相关的实习制度，实习工资为1500~2500元/月。对刚参加实习的学生，公司会专门派出师傅，教他们认识药材，了解如何制作成品。第一个月安排在饮片厂实习，第二个月在成品厂实习，第三个月在制药厂实习，第四个月在化验室。这样四个月下来，他们基本了解了整个制药的过程。去年我们从医专招聘了20多名毕业生。

（——麦迪森公司人事处经理）

二、校企协作，共建科研生产联合体

近年来，新疆维吾尔医学专科学校坚持以市场为导向，以就业为宗旨，将新疆新维制药厂作为产、学、研开发创新基地，将民间制作方式和科技制药方式相结合，组织专家研制出了玫瑰花酱、骆驼刺花酱、罗勒酱、藿香酱、石榴花酱、薄荷酱等产品。同时通过精心包装，以“新维礼物”的形式，把新疆的特产精深加工后推向品牌化，推动新疆维吾尔医药学走向全国、走向世界。

学校对科研工作十分重视，构建了高效的激励机制：一是加大对科研成果的奖励，激发教师从事科技创新工作的积极性和主动性；二是加大对课题资金配套的扶持力度；三是突出维吾尔医药学科专业特色。维吾尔医药具有悠久的历史、完整的基础理论、独特的诊疗方法、丰富的药物资源和大量的古籍文献，它对地方病、常见病、疑难病有特殊的疗效，给科研工作提供了广阔空间。学校充分发挥这个优势，鼓励广大教师围绕专业建设、教学改革、医疗技术和药品开发等方面开展教学科研工作。多年来，学校承担科研课题71项，其中国家级课题6项，自治区级课题27项。

表5.2　新疆维吾尔医学专科学校部分科研项目表

项目名称	项目编号	项目负责人	项目来源	经费(万元)	起止时间
维吾尔医学心血管内科重点学科建设	国中医药发2004-14	凯赛尔·阿不都克热木	国家中医药管理局	280	2012.12-016.12
维吾尔药材科技示范基地建设与产业化	2006005A03	吐尔洪·艾买尔	自治区科技兴新项目	67.2	2006.3-2008.12
罗勒等20种维吾尔药材育种基地建设	200433115		自治区科技攻关项目	72	2004.1-2006.12
菊苣、香青兰等维吾尔药材的规范化种植技术研究	2007BAI30B06-4	吐尔洪·艾买尔	国家“十一五”科技支撑计划项目	53	2004.1-2007.7
维吾尔医生物学课程网络资源平台建设	XJEDU2012I039	阿力木江·排孜艾合买提	自治区教育厅重点项目（自然科学）	7.5	2013.1-2015.12
降糖孜亚比提片对大鼠糖尿病模型代谢组学研究	XJEDU2012I088	艾克拜尔·买买提	自治区教育厅	4	2004.7-2017.5

另外，学校成立了维医药研究所、维医药职业教育研究所和维医药文献研究所，创办维医药学学术刊物《新疆维吾尔医学专科学校学报》，至今已出版100余期，出版著作、教材90部，发表论文169篇，其中被SCI、BI收录9篇，获得地区级以上科研奖2项。学校积极推进产学研结合发展，高度重视科研成果转化，自主研发的爱维心口服液获得国药准字号，150个维吾尔医药品获得自治区制剂批准文号，研发生产了玫瑰花酱、骆驼刺花酱等维医保健食品，实施品牌战略，通过参加各级博览会、召开产品发布会等形式，提升维吾尔医药的社会影响力，实现社会效益与经济效益双丰收。

研发与品牌建设是新疆维吾尔医学专科学校推进维药产业化的关键。为推动维药成果转化，学校以技术创新为驱动，组织专家指导维药产业化的研究和技术创新工作，建立产学研联合发展平台，共同致力于维药理论、产业化课题的研究与技能型人才培养。

在此基础上，各企业在国内市场和国际市场传播维吾尔医学文化，提升维药品牌知名度，逐渐赢得医生和患者的认可。

三、建立“合作＋生产＋开发＋运用”的维吾尔医药材种植示范基地

维吾尔药材种植示范基地采用新疆维吾尔自治区科技厅支持、学校师生提供维吾尔药材种植技术、农民种植药材、企业购买药材的“3+1”合作模式，以教育促进职业农民队伍壮大，以种植维吾尔药材的方式帮助农民脱贫，促进城镇化建设，最终达到维医产业健康快速发展。[①]目前，示范基地主要集中在墨玉县与和田市经济开发区。基地培训的对象主要是农民。就示范基地的具体情况看，农民整体科技文化素养较低，思想保守，接受新技术、新理念时有很强的从众心理。实训基地把维吾尔药材科研成果或种植技术展示给广大农户，让农户自己去接触、去观察、去比较、去选择，农民才会信服，才能接受。

（一）加大资金和政策扶持是开展维吾尔药材种植示范基地的基础

没有政府的支持与补助，企业和学校开展新型职业农民培育工作将很难坚持下去，所以我们在倡导学校与农民合作的同时，应建立以政府项目资金为引导、企业投入为主体、社会资金广泛参与的投入机制，加大对学校的扶持力度，为药材产业发展提供资金保障。调研中我们发现，之所以和田地区学校与各维吾尔医学产业创建了培育基地，是因为得到了不少的政府项目支持，如新疆维吾尔医学专科学校获得了罗勒等20种药材育种基地建设、维吾尔药材种植示范基地建设、毛菊苣规范化种植技术研究、羊茴香等药材引种栽培研究等自治区科技厅实施的近20个项目。另外，和田维药有限有限公司也获得了维吾尔科技示范基地建设和维吾尔药质量标准提高等项目支持；新疆安萨尔维吾尔药业公司获得了维吾尔药材引种栽培推广、玫瑰花黑种草等药材的生产基地建设等项目支持；新疆麦迪森维药有限公司获得了维吾尔药饮片技术提高、新疆短平快项目等项目支持。另外，在科技援疆方面，和田维吾尔药业有限公司在2012年申请了兰蓟GAP种植栽培技术项目，政府资助20万元；2017年申请了红百合曼基缘研究与标准制定协同创新项目，政府资助了30万元；在成果转化方面，2016年申请了白皮松生根方法的技术应用项目，政府资助20万元。这些项目的实施极大地支持了药材基地的运行。

（二）科技创新是建设维吾尔药材种植示范基地的动力

在基地创立过程中，每年3月，新疆维吾尔医学专科学校的老师要到县里和基地给农

① 谢玲，潘苇芩，刘丽霞，李晓蕙，井萍．新疆维吾尔药材种植现状及发展思路初探［J］．新疆中医药，2009（06）：77-80.

民讲授种植课程，免费发放《维吾尔药材种植技术》课本，重点对新品种进行指导，特别是在农药、化学、重金属残留方面，学校老师帮他们进行土地检测、水质检测、气候检测，给农民介绍怎么种，每个星期到县城对农民进行一到二次技术指导。需要劳力的时候，学校老师还会带领一批学生到现场实习，现场讲授维吾尔药材的栽培学课程，学生一边学习一边定苗。等到药材收获后，学校又帮忙联系药厂、公司等，帮助他们出售药材。

（三）销售市场是维吾尔药材种植示范基地的核心

随着维吾尔药材种植的规范化、规模化和产业化，各企业成立了相应的药材种植基地等联合体，基本形成了“种、管、收、销”一条龙的模式。农民种植药材后，销售到多家维吾尔药业公司，解决了销售途径问题。

今年和田维吾尔药业股份有限公司在墨玉药材基地购买了3万元的香青兰药材。农民种植了药材，但是找不到销售途径，新疆维吾尔医学专科学校联系了我们，刚好我们企业需要，就买了。我们每年都在购买，比例虽然不到10%，一年加起来有几十万吧，因为当地药材种类确实有限，但也确实尽了我们的努力，毕竟种植药材的收益要比种粮食高些，我们也希望农民早日脱贫。和田有将近300年的维药种植历史，又是维药之都，不过产量不高，品种也没有优化，老百姓的积极性不是很强。下一步我们公司准备采取农户加企业合作模式，与农民合作。我们做好技术指导，然后在当地下订单，这样既可以保证维药质量，又可以提高当地农民的经济收益。

（——和田维吾尔药业股份有限公司董事长）

（四）城镇化发展是维吾尔药材种植示范基地的效果

新型职业农民培育基地的建立，既推广了药材规范化种植技术，又增加了农民的收入。2005年药材种植规模为1826亩，经济收入达到211.1095万元。2006年药材种植规模达到3075亩，经济收入达到382.2575万元。2007年药材种植规模达到6015亩，经济收入达到1915.925万元。2008年药材种植规模达到6750亩，经济收入达到2344.36万元。

维吾尔药材种植，可以充分利用当地自然资源和传统医药技术与市场潜力，改善产业结构，促进农业生产的良性循环，逐步发展成优势特色产业。土地有偿租用，大规模种植药材，激活了土地活力；农民既有土地的租金收入，又作为技术工人获得劳动报酬；资金被企业主投入到土地中，产生经济效益；产业链进一步拉长，形成中心村镇。这样以土地为纽带，以技术为支撑，把人力、财力、产业进一步聚集起来，成为农业增效、农民增收、种植业结构调整的有效途径，形成了具有浓郁民族特色、产业特色的新型城镇，对振兴农村经济，改善人民的生活质量，提高各族人民的生活水平，促进和田地区城镇化持续、稳定、健康发展具有重要意义。

四、新型职业农民的培育，推进维吾尔医药产业化发展

改革开放以来，随着经济社会的发展，我国农村劳动力进一步向城市聚集的趋势愈来愈明显。农村劳动力数量不断减少、青壮年劳动力结构性下降的问题日益突出，“谁来种地”成为一个重大而紧迫的课题。确保农业发展后继有人，关键是要构建新型农业经营体系，发展专业大户、家庭农场、农民合作社、产业化龙头企业和农业社会化服务组织等新型农业经营主体，把新型职业农民培养作为关系长远、关系根本的大事来抓。

新疆维吾尔医学专科学校目前正在开展“民族团结一家亲”结对认亲活动、“访惠聚”活动和精准扶贫等工作，以学校附属医院和药厂为依托，发挥维吾尔医药特色优势，积极开展药材种植推动乡村农业结构调整，以产业拉动经济发展，实现从“输血式”扶贫到“造血式”扶贫的转变，真正帮助村民脱贫致富。

（一）深入调研，加强宣传，提高维吾尔医药的知名度

新疆维吾尔医学专科学校组织师生结合课题研究对维吾尔医药资源做了大量调研，收集维吾尔医药古典文献和典型经验，学习兄弟民族医学先进的理论，逐渐形成了较为完整的医学理论体系和独具特色的临床治疗经验。在大量调研的基础上，加大对维吾尔医药的宣传力度，全面宣传维吾尔医药的价值、作用、疗效、基本知识、文化内涵以及维吾尔医药事业发展状况和发展前景，提高了维吾尔医药的知名度，提高了农民对维吾尔医药的认识，从而推动了农民种植药材的积极性。

（二）广泛开展维吾尔药材种植的技术培训工作

各乡镇在示范基地种植维吾尔药材的时间并不长，农民群众还有个接受过程，种植维吾尔药材的经验还不足。因此，学校组织师生深入农户，广泛开展了不同形式的种植技术培训工作，提高农户种植药材的技能，促进新型职业农民的培育。学校结合药材种植技术，针对维吾尔医药学生组织编写实训教材；根据教学计划的要求和专业岗位技术技能要求，制定实训计划和方案，在实际教学中，不断充实与改进实训内容，改革教学方法，实现产学结合、开发推广新技术、新工艺，培养学生应用职业技术技能独立解决实际问题的能力和创新能力，培养学生的职业道德和团结协作精神，全面提高了学生的综合素质。

（三）典型引导示范，实现了规模种植

学校采取“学校+农户+公司”的方式对当地农户进行药材规范化种植技术培训，提高了当地农户应用科技、规范生产的科技意识和素质，推广了药材规范化栽培技术，形成了

初具规模的产业化发展态势，吸引了新疆的多家药厂和医院前来购买药材，最终使药材种植、科学技术应用以及销售之间形成了较好的衔接。学校通过建立示范基地，发展专业户；专业户带种植户，大户带小户，利用典型引导，进一步扩大了药材的种植范围。

五、医教协同发展，增加学生就业机会

多年来，新疆维吾尔医学专科学校积极与各维吾尔医医院协作，共同探讨维吾尔医药的发展、维吾尔医学学生的培养与教育，始终将“教学相长，勤思敏学”的理念贯穿于日常教学工作之中，坚持以人才培养为中心，深化教学改革，狠抓内涵建设，突出维吾尔医药学科专业特色，不断创新人才培养模式，强化学生实践能力的培养，建立了一批校内外实习实训基地。学校建有18个基础实验室，拥有2家附属医院及制剂室，1家直属药厂，有39个校外实习基地，增强了医教协同发展动力，坚持模块化教学，突出学生综合素质、应用能力和创新精神的培养。

表5.3　新疆维吾尔医学专科学校校内实验、实训室一览表

实验室名称	分实验室名称	面积（平方米）	1000元以上设备数（台）	设备总值（万元）
临床技能实训中心	心肺听诊、腹部初诊实训室	98	9	18.00
	基本技能实训室	140	10	2.70
	脉象仪实训室	98	6	34.90
	治疗技术实训室	120	46	6.28
	妇产科技能实训室	120	23	6.66
	外科临床技能实训室	60	26	12.44
	五官科临床实训室	60	7	0.22
	急救技能实训室	120	22	50.22
	ICU病房实训室	50	21	17.67
解剖病理实训室	解剖实训室	100	6	60.33
	病理实验室	60	12	（不详）
生理实验室	生理实验室	60	12	5.43
维药化学实验室	实验室	100	28	22.40
测试中心	测试中心	100	16	61.29
	植物组织培养室	100	3	5.26

续表

实验室名称	分实验室名称	面积(平方米)	1000元以上设备数(台)	设备总值(万元)
鉴定实验室	实验室	100	60	17.73
	准备室	100	49	39.52
腊叶标本室	实验室	120	11	2.66
药剂实验室	实验室	200	28	30.95
	准备室	(不详)	(不详)	(不详)
炮制药剂实验室	实验室	160	6	18.33
	准备室	(不详)	(不详)	(不详)
维药生药标本室	实验室	80.2	4	5.24
	准备室	(不详)	(不详)	(不详)
维药研发基地	蛋白质分析室	10	4	142.31
	分子实验室	30	8	78.54
	细胞培养室	10	4	6.12
	制剂室	16	3	3.21
化学实验室	操作室	36	1	9.54
	仪器室	12	17	11.93
	准备室	12	3	0. 58
微生物实验室	微生物实验室	60	10	9.21
	微生物学检验实验室	70	13	40.00
	免疫学检验实验室	60	10	40.00
	显微镜	60	(不详)	4.30
临床检验实验室	临床检验基础实训基地	30	11	18.71
	生物化学检验实验室	30	42	200.00
	分子生物学检验实验室	100	14	40.00
基础护理实验室	基础护理实验室	360	21	86.95
	准备室	40	(不详)	(不详)
临床护理实验室	临床护理实验室	155	30	54.47
	储藏室	45	(不详)	(不详)
学生体质健康考试室	学生体质健康考试室	100	54	10.37

续表

实验室名称	分实验室名称	面积(平方米)	1000元以上设备数(台)	设备总值(万元)
第一附属医院	门诊楼、住院部	24000	91	2966.47
	制剂室	8948	116	465.00
第二附属医院	门诊楼	11507.56	39	141.82
	制剂室	9848.89	42	104.00
药厂	生产车间	(不详)	78	356.26
计算操作室	微机室	400	380	92.86
合计		58116.65	1398	5301.19

表5.4　新疆维吾尔医学专科学校校外实训实习基地一览表

基地名称	建立时间	基地级别	教学环节	专业人员(人)	每年接待实习生数(人)	带教老师数(人)
自治区维吾尔医医院	1992.7	教学医院	实习	627	250	6
和田县维吾尔医医院	2009.5	实习医院	实习、实训	130	50	4
墨玉县维吾尔医医院	2005.6	教学医院	实习、实训	175	50	4
于田县维吾尔医医院	2009.5	实习医院	实习	(不详)	15	4
和田地区传染病医院	2005.6	协议医院	实习、实训	(不详)	20	2
和田地区人民医院	2005.6	协议医院	实习、实训	(不详)	100	1
墨玉县人民医院	2015.1	协议医院	实习	(不详)	60	1
洛浦县人民医院	2015.1	协议医院	实习	(不详)	50	1
策勒县人民医院	2015.1	协议医院	实习	(不详)	20	1
于田县人民医院	2015.1	协议医院	实习	(不详)	20	1
和田县人民医院	2015.1	协议医院	实习	(不详)	20	1
洛浦县维吾尔医医院	2013.6	实习医院	实习	116	20	1
皮山县维吾尔医医院	2013.6	实习医院	实习	152	10	1
和田市乌敦维吾尔医医院	2013.6	实习医院	实习	(不详)	10	1
和田新生医院	2013.6	实习医院	实习	188	25	1
和田吴不力骨科医院	2013.6	实习医院	实训	(不详)	10	1
喀什地区维吾尔医医院	2005.6	教学医院	实习	269	60	7
巴楚县维吾尔医医院	2009.10	实习医院	实习	114	15	4

续表

基地名称	建立时间	基地级别	教学环节	专业人员（人）	每年接待实习生数（人）	带教老师数（人）
叶城县维吾尔医医院	2009.10	实习医院	实习	239	20	2
莎车县维吾尔医医院	2013.11	实习医院	实习	180	20	4
英吉沙县维吾尔医医院	2013.11	实习医院	实习	150	15	1
疏勒县维吾尔医医院	2013.11	实习医院	实习	122	15	1
伽师县维吾尔医医院	2013.11	实习医院	实习	152	15	3
克州市维吾尔医医院	2013.12	实习医院	实习	159	15	4
阿克陶县维吾尔医医院	2013.12	实习医院	实习	157	15	1
阿克苏地区维吾尔医医院	2009.10	实习医院	实习	260	15	6
温宿县维吾尔医医院	2009.10	实习医院	实习	123	15	4
新和县维吾尔医医院	2009.10	实习医院	实习	127	15	4
库车县维吾尔医医院	2009.10	实习医院	实习	393	15	5
阿瓦提县维吾尔医医院	2009.10	实习医院	实习	167	15	4
沙雅县维吾尔医医院	2013.6	实习医院	实习	239	15	1
拜城县维吾尔医医院	2013.6	实习医院	实习	216	15	1
乌什县维吾尔医医院	2013.7	实习医院	实习	129	15	1
库尔勒市维吾尔医医院	2009.10	教学医院	实习	347	25	6
且末县维吾尔医医院	2013.6	实习医院	实习	160	15	1
吐鲁番市维吾尔医医院	2013.6	实习医院	实习	181	20	4
哈密地区维吾尔医医院	2009.10	实习医院	实习	287	15	5
博乐市维吾尔医医院	2013.6	实习医院	实习	167	10	1
伊宁市维吾尔医医院	2013.6	实习医院	实习	206	25	1

学校的人才培养目标适应社会主义现代化建设和维吾尔医药事业发展需求，学生具备维吾尔医药基本理论、知识、技能及必要的西医基本知识，和进行维吾尔医临床常见病症诊疗的能力；能够从事维吾尔医医疗、预防、保健、康复等方面工作，具备较强的维吾尔医临床思维能力、创新能力和适应能力，胜任维吾尔医教育、科研、文化传播以及维吾尔医药事业管理等方面的工作。

新疆维吾尔医学专科学校第一附属医院作为学校的临床实训基地，使用院系合一的管理体制，实现了理论教学和实践教学一体化、课堂和工作场所一体化、专业教师和医技人员一体化、人才培养和社会服务一体化，保证了学生专业学习和实际工作的一致性，实践能力和职业素质同步提高。

随着维吾尔医药事业的发展，人们对维吾尔医药事业的认识逐步加深。在社会调研中，我们发现维吾尔医药专业人才的社会需求较高，部分维吾尔医医院给学校不同专业毕业的生提供了相应的岗位名额。

表5.5　用人单位对新疆维吾尔医学专科学校2016届毕业生的需求统计表

单位：人

序号	单位名称	普通大专							
		合计	维医学		维药学		护理	医学检验技术	
			男	女	男	女	女	男	女
1	库尔勒轮台县维吾尔医医院	7	2	2	1	–	1	1	–
2	阿克苏地区维吾尔医医院	5	–	–	1	–	4	–	–
3	阿克苏库车县维吾尔医医院	20	2	3	2	1	12	–	–
4	阿克苏拜城县维吾尔医医院	11	3	3	2	–	3	–	–
5	阿克苏沙雅县维吾尔医医院	8	3	2	2	1	–	–	–
6	阿克苏温苏县维吾尔医医院	14	6	–	3	–	4	1	–
7	阿克苏新和县维吾尔医医院	16	2	3	3	2	6	–	–
8	喀什英吉沙县维吾尔医医院	5	2	1	1	1	–	–	–
9	喀什泽普县维吾尔医医院	4	1	1	1	–	–	1	–
10	和田于田县维吾尔医医院	24	4	2	6	4	8	–	–
11	和田策勒县维吾尔医医院	8	1	2	2	1	2	–	–
12	和田皮山县维吾尔医医院	1	–	–	–	–	–	1	–
13	和田阿佤穆医院有限责任公司	14	1	1	–	–	10	2	–
14	和田城裕慈惠综合门诊部有限公司	35	5	5	2	3	10	5	5
15	库尔勒克热木江维吾尔医医院	7	1	1	1	1	2	1	–
16	新疆扩尔甘维吾尔医药科技有限公司	8	4	2	1	1	–	–	–
17	阿图什民意医院	5	3	2	–	–	–	–	–
18	新疆买提尼牙孜生物科技有限公司	10	–	–	5	3	–	1	1
19	新疆麦迪森维药有限公司	34	5	5	8	7	5	2	2
20	和田洛浦县维吾尔医医院	5	–	–	–	–	5	–	–
21	策勒县单采血浆站	16	–	–	–	–	10	–	6

从表5.5可以看出，毕业生可以就业的领域包括：自治区各维吾尔医医院；各医院维

医科;维吾尔医药教学科研部门;康复保健及社区医院;各药厂;维医药经营管理;药品检验与行政管理机构。由此可知,学校毕业生就业领域主要集中在卫生和社会工作行业,从事行业相对单一,对毕业生而言择业目标更明确,专业对口度更高,更能将维吾尔医药临床医疗和学校的教学融合,实现医教协同发展。

维吾尔医药临床医疗和教学是相互促进、相辅相成的。没有一定数量和质量的维吾尔医药临床医疗的支撑,就无法取得很好的教学效果,也不可能提高科研的水平。反过来,教学、科研的提高对维吾尔医药临床医疗也有重要的促进作用。教学和科研能让老师更加深入地思考,面对病人和学生,他们不仅需要知道疾病的现象,更要探索疾病的本质,这对老师来说是一种激励。医教协调发展才能真正促进医疗卫生事业整体水平的提升,提高学生的综合素质,为学生增加就业机会。

第三节　维吾尔医药产城教融合的对策分析

我们对新疆维吾尔医学专科学校毕业生的就业情况进行调查,找到就业中存在的问题和困难,并对维吾尔医药作用于和田地区产城教融合的现状进行深入探析,目的在于发现典型,引领示范,促进和田地区的产城教融合发展。根据前文的分析,本研究将探寻进一步增强新疆维吾尔医学专科学校毕业生就业创业能力的途径。

一、紧密对接产城,加强高校人才培养

产教融合是当前职业教育研究和实践的重要领域。产业所需的人才需要通过职业教育来培养,而职业教育的内容、目标、服务对象、培养途径等都离不开产业的支撑。产、教两者之间相辅相成的关系,是马克思关于全面教育和综合技术教育的重要思想,是杜威以经验为核心的知行统一论、福斯特产学合作论的主要观点;也是世界发达国家职业教育的经验总结,是对德国的双元制、澳大利亚的TAFF模式、美国的社区学院、新加坡的"教学工厂"的有效借鉴。这也是我国许多学者的共识,是国家职业教育改革发展的方向。

产教融合是职业教育与产业界为了推动技能养成与发展而进行的资源优势互补的

合作活动，但不限于人才培养与合作关系，更是一种融合了教育制度与产业制度的职业教育基本制度。[①]同样，由产业、产业链形成的新城镇也离不开高校培养的规划类、建设类、管理类等人才，因此产、城发展都需要教育提供人才保障。

新疆维吾尔医学专科学校在维吾尔医药传承过程中承担着重要的职责，该校少数民族学生的就业创业情况直接关系到维吾尔医药未来的发展。学校要主动调整专业结构，提高人才培养的社会适应性，注重实践，探索多元合作的办学模式，依托维吾尔医药企业，为学生创造良好的实训平台，达到理论与实践能力双丰收的效果。

（一）主动调整专业结构，提高人才培养的社会适应性

马克思指出，大工业生产同样不断地使社会内部分工发生革命，不断地把大量资本和大批工人从一个生产部门投到另一个生产部门，从而决定了劳动的变换、职能的更动和工人的全面流动。[②]大工业生产的这一特性，使得职业教育要想在当今的社会形势下实现可持续发展，就必须适应经济社会发展对技能人才的要求。新疆维吾尔医学专科学校要根据职业学校学生的学习特点，主动调整专业结构，适应地方经济社会发展的需要。学生通过田地实践、车间实习、药房练习，认清新时期的就业形势，学会运用人力资源市场信息，养成良好的职业技能和职业道德，从注重知识学习向注重能力、提高素质方面转变。因此，学校要依据职业岗位的要求构建课程体系，高度重视毕业生跟踪调查工作，走访各地医疗单位，动态监测毕业生质量状况，并将调研报告及时反馈给各培养单位，作为调整人才培养计划的依据，不断根据医药类毕业生就业市场的信息反馈，合理调整招生计划，培养适销对路的人才，将岗位需求、职业要求、产业诉求有机结合起来，实现产业和专业对接，理论和实践对接，课程内容和职业标准对接。

（二）注重实践，探索多元合作的办学模式

搭建坚实的合作平台是实现产教融合的动力。新疆维吾尔医学专科学校要坚持以医学市场需求为导向，以就业为宗旨，进一步明晰人才培养目标，参照职业岗位任职要求，与各维吾尔医药企业共同制订人才培养方案，建立校内外实习实训基地，积极试行多学期、分段式的灵活多样的教学组织模式，和医院、企业共同完成教学任务。通过实习实训，学生既可以提高自身的实践能力，又可以将所学知识应用到维吾尔医药企业的产品开发研制中，实现校企合作，优势互补。

新疆维吾尔医学专科学校要不断改革实践教学模式，积极引导学生转变学习方式。依托维吾尔医药企业，利用好实践实训平台，将实践技能培养由过去单纯的课内实验、实

---

① 李玉珠．产教融合制度及影响因素分析[J]．职教论坛，2017(13)：24-28.

② 马克思，恩格斯．马克思恩格斯选集(第23卷)［M］．北京：人民出版社，1972：530.

践(实验、见习、实习)形式向以临床基本技能为主的综合性、设计性实验转变,集中培养学生的动手能力。学校还要合理调整课程的门数和时数,减少理论教学时数,增加实验教学和毕业实习时数,积极引导学生注重能力、提高素质,培养高水平应用型人才。

二、多措并举提升维医药发展实力

新疆维吾尔自治区自然资源和文化资源丰富,既有得天独厚的药材资源,又有维吾尔族人民积累的医疗技术资源和文化资源。如果能将这些特色资源进行有机整合,势必会推动民族医药成为当地的支柱性产业。近年来,在自治区相关政策的支持下,维吾尔医药事业发展迅猛,目前县级以上维吾尔医医疗机构达到40多所,一些乡镇卫生院、部分西医医院也建立了维医科,个体维吾尔医医院、诊所、医务室也纷纷发展起来。我们要利用这些优势,将维医药产业打造成当地的支柱性产业,从而带动就业。另外,政府还要通过资金倾斜、制度保障,支持学校与企业到技术层面的保证,制定药材种植和加工标准,使示范基地建设有据可查,引领整个行业发展壮大。

(一)利用民族医药特色资源打造支柱性产业

发挥维吾尔医药资源的特色,建立维医药支柱性产业。维吾尔医学具有悠久的历史,它是在继承古代西域人民和后来移居西域的维吾尔族人民长期的生产斗争和生活实践基础上,与各种疾病作斗争的过程中所形成的科学的积累和总结。这门医学经过不断的实践验证,学习兄弟民族医学先进的理论,逐渐形成了其较为完整的医学理论体系和独具特色的临床治疗经验。[①]随着各民族对维吾尔医药事业的认识逐步加深,新疆医药卫生事业和维吾尔医药事业得到快速发展,国家也对新疆加大扶持力度,维吾尔医的开发和保护也在重大会议中多次被讨论。和田地区要充分发挥资源优势,通过校地合作,调整产业结构,与学校、医药企业共建药材种植基地,提高种植药材的技能,推动维医药产业健康发展,使其成为本地区的特色产业和支柱性产业。

(二)不断完善维吾尔医在产业化发展过程中的保障机制

建设有效的保障机制是实现产教融合的保障。改革开放以来,和田地区政府加大了对维吾尔医药中小企业扶持力度和企业技术改造支持力度,予以政策倾斜,重点支持和田地区维吾尔药材种植示范基地的基础设施建设,并予以资金支持。鼓励少数民族毕业生深入基地对当地农民进行专业指导,以教育促进职业农民队伍的壮大,以种植维吾尔药材的方式帮助农民脱贫,促进城镇化建设,最终实现维吾尔医药产业健康快速发展。

---

① 努尔古丽·突尔孙. 古代维吾尔医学及其东传[J]. 中国民族,2005(3):67-69.

三、以维吾尔医药产业发展带动少数民族大学生就业创业

各类高校培养人才的最终目的是服务社会。当前高校毕业生就业形势严峻，人才培养的适应性问题尤为突出。促进少数民族大学生就业创业，只靠学校的教学改革是不够的，还需要扶持行业和社会机构，使教育链与产业链紧密对接，将传统课堂从教室搬到田地、车间、药房等工作场所，与种植基地、医药企业、医院共同完成教学任务，解决职业教育与区域经济发展脱节的问题。

政府通过制定政策，规范管理，加大对维吾尔医药产业的宣传力度，推动维吾尔医药产业的发展。同时，维吾尔医药产业要建立完善的人才竞争机制，建立健全企业内部激励和约束机制。学校通过与维吾尔医药产业的合作共享，实现校企深度合作，凸显专业特色，实现少数民族大学生服务社会能力的新跨越。

（一）提升维吾尔医药产业宣传力度

政府要加大对维吾尔医药产业的宣传力度，高度重视、大力扶持维吾尔医药产业的发展。以政府项目资金为引导，企业投入为主体，加大对学校科研的扶持力度，组织专家指导维吾尔药产业的研究和技术创新工作，建立产学研联合发展平台，共同致力于维吾尔药理论、产业化的研究和技能人才培养，推动成果转化。近年来，为了使维吾尔医药产业持续健康发展，新疆维吾尔自治区各地陆续建设了30多所维吾尔医医院，以开展和推广维吾尔医医疗、教育和科研工作。在此基础上，各企业要在国内市场和国际市场传播维吾尔医学文化，提升品牌知名度，逐步赢得医生和患者的认可，大力开拓新兴市场。

（二）完善维吾尔医药人才引进和竞争机制

各维吾尔医医院和企业要建立、完善人才竞争机制，建立健全企业内部激励和约束机制，充分调动企业员工的积极性，对少数民族毕业生给予特殊关怀。要与学校合作建立实训基地，增强毕业生的实践能力和职业素养，为和田地区培养维吾尔医药专业人才。和田地区政府要制定维吾尔医药产业引进人才、吸引人才的专项优惠政策和办法，在工资待遇、科研项目经费扶持、职称评审、工作条件等方面采取特殊的优惠政策。加大对少数民族大学生创业的引领力度，在资金、项目论证、风险评估等方面给予大力支持，提高创业孵化率，通过创业带动就业。

（三）实现服务社会能力的新跨越

学校在制订人才培养目标时，要适应新时代社会主义建设事业和维吾尔医药产业发展需求，组织师生深入示范基地和农户中，广泛开展不同形式的维吾尔药材种植技术培

训工作,给企业提供全方位的技术支持,提高农户种植药材的技能,促进新型职业农民的培育。继续推行医教协同发展,通过校企合作,培养学生具备维吾尔医药基本理论知识和技能,以及必要的西医基本知识,提升维吾尔医临床常见病症诊疗能力,使他们能够从事维吾尔医医疗、预防、保健、康复等方面的工作,具备较强的维吾尔医临床思维能力、创新能力和适应能力,胜任维吾尔医教育、科研、文化传播以及维吾尔医药产业管理等方面的工作。

第六章

产城教融合的实践探索——彭水案例

在我国，产业、城镇与教育三方历来有各自的使命与职责，而不同性质的产业、不同规模的城镇以及不同层次的教育更是有着截然不同的发展轨迹。我国民族地区的产业、城镇与教育都有自己的特殊性与局限性，如果三方囿于对自身角色的传统认知，则必将阻碍自身的发展。因此，打破民族地区产业、城镇和教育三方的壁垒，实现产城教融合发展是一种趋势。杨如安等曾指出，民族地区产城教融合理论中的“产”主要指民族地区的支柱产业和民族文化产业，“城”主要指民族地区的新型中小城镇，“教”主要指民族地区的高等职业教育。[①]要在民族地区实现产城教融合发展，必须充分考虑这些地区的民族特色，绝不能生搬硬套非民族地区的既有模式。

重庆市彭水苗族土家族自治县便在民族地区产城教融合发展方面进行了有益尝试，本章即是对彭水模式的探讨。只有对三方的背景进行梳理和分析，准确了解三方的优势与需求，才能有效地分析和构建彭水产城教融合发展的运行模式，从而更好地为民族地区的发展服务。

① 杨如安，张诗亚．少数民族地区高职院校产城教融合的理论基础与实践探索[J]．民族教育研究，2016(3)：77-82.

第一节　产城教三方背景概述

彭水县是重庆市东南部一个有着丰富人文资源和独特自然景观的少数民族聚居地，长期以来因为交通落后、基础设施不完善、经济增长方式粗放、经济发展水平低等原因，曾是重庆市为数不多的深度贫困县之一。为了改变这种情况，彭水县在严峻的形势面前不断加大力度探求适合自身特色的发展之路，以期使经济社会的发展水平能够与当地自然资源、文化资源的丰富程度相匹配。

在对蚩尤九黎城所处的新城片区进行规划时，彭水县将其定位为“以生态人文居住为特色，以城市功能提升为重点，集商贸、公共服务和居住功能于一体的现代化新城”。在对新城片区相关产业的发展进行管控时，也是紧密围绕这一定位开展的。除了传统的工业、农业、林业以及制盐等特色工业之外，彭水县综合考虑自身的历史文化背景和自然特色，不断调整产业结构，将旅游业摆在了与现代服务业、生态工业等同等重要的突出地位，着力将彭水打造成一个展示与传承当地苗族文化的旅游城市，发展能展示苗族文化主题的文化旅游产业，近年来不断加大对民族旅游产业与项目的扶持力度。

因此，在彭水县产城教三方的融合发展中，“产”指的便是彭水县蚩尤九黎城的旅游产业；“城”指的是因苗族文化旅游产业而发展成城的蚩尤九黎城；而“教”指的则是重庆旅游职业学院。这三方都带有渝东南地区独特的民族特色，也有着各自不同的发展背景和规划。

一、蚩尤九黎城旅游产业背景概述

从地理位置上看，彭水县毗邻湖北、贵州两省，并与重庆市内的武隆、黔江、石柱、丰都以及酉阳接壤，交通较为便捷。彭水境内河流主要有乌江、郁江等，自然景点有乌江画廊、阿依河、摩围山等，不少景点都按5A级或4A级景区的标准进行开发打造，全县风景优美，物产丰富。从历史人文角度看，彭水县历史悠久，文化厚重，境内有苗族、土家族、蒙古族等多个少数民族，代表文化主要有苗族文化、土家族文化、丹砂文化、盐井文化等，其中尤以苗族文化最为突出。彭水的苗族文化有其历史渊源。西汉时期在今彭水郁山镇设涪陵县，辖今渝东南大部分区域，成为中央政权羁縻该地少数民族的政治文化中心。中央政权派出的部曲时间一长也融入当地的文化习俗，苗族文化成为彭水的主流文化，而郁山古镇、鞍子苗寨、蚩尤九黎城等景点则成为苗族文化的展示窗口。

彭水县意识到了这些资源的特殊性和重要性，便将旅游产业的发展摆在了突出位置，不断加大对旅游业的投入，蚩尤九黎城也在这样的背景中得到迅速发展。然而，虽然彭水县有丰富且品质较高的自然旅游资源与文化旅游资源，但自身基础却存在一定缺陷，如基础设施落后、景点发展缓慢且内容单一、景区规模小、游客容量小等。所以，即便蚩尤九黎城旅游产业在发展中充分利用了彭水自然旅游资源和文化旅游资源中的优势，也长期被这些问题困扰。游客人数、景区形象、区域影响力、产业长远规划等方方面面的因素制约了当地旅游业的进一步发展。若想对这些问题进行改善，首先得靠旅游产业自身的力量，从产业自身进行调整和升级。然而单靠旅游产业本身是不够的。为了真正实现彭水旅游业的可持续发展，还必须依靠政府的宏观调控，多方力量共同配合方能实现。

彭水县既意识到推广和发展文化旅游产业的重要性，也意识到政府及各个部门在旅游产业发展中的独特作用，明白政府可以在制定和完善政策法规、编制规划、招商引资、加强公共基础设施建设、进行宣传和舆论引导等方面履行职能。因此，在蚩尤九黎城旅游产业的建设发展中，彭水县政府一方面严格履行自身职责，对建设过程进行监督和管理，使其符合国家标准和旅游行业标准，在完善基础设施和服务设施的同时，不断提高管理水平和服务质量，全面提升景区品质；另一方面，各个部门也加强统筹协调，提供大量支持，从统一思想认识、提供宏观指引和政策保障、拓宽资金筹措渠道、完善基础设施及交通建设、景区安全管理及景区的推广和宣传等多个方面保障了旅游产业的有序发展。

综上所述，从宏观上看，蚩尤九黎城旅游产业的发展与彭水县旅游产业的整体发展密不可分。彭水县自身的自然资源与人文资源非常丰富，为当地旅游产业的发展提供了良好的基础与保障，但是，其发展中也长期存在着不少需要依靠多方力量才能逐步克服的缺陷。彭水县把旅游产业作为未来经济转型发展的重要抓手，不断加大招商引资力度，提高景区质量并打造旅游精品项目，使当地旅游业从质和量两方面都得到了新的发展。除乌江画廊、摩围山等自然景区外，蚩尤九黎城这一具有浓厚苗族风情的新兴之城，其因产成城的过程以及它与重庆旅游职业学院的合作，为彭水旅游产业的发展提供了新的模式。

二、蚩尤九黎城背景概述

蚩尤九黎城位于彭水县新城片区，由彭水九黎文化旅游投资有限公司开发建设。蚩尤九黎城的主体建筑是一座依山势而建的展示苗族文化的特色古城，总体布局共分为四大片区，即文化广场区（游客聚散区）、阿依苗寨（苗寨风情展示区）、特色安置区（九黎城片区文化区）和九黎街（蚩尤九黎文化区）。它以苗族文化为出发点，与乌江画廊5A景区等旅游集群紧密结合，充分利用旅游资源、基础设施及社会、经济、政策、人口、土地等诸多因素，通过科学、合理的规划，调动区域内一切可利用的积极因素来挖掘、整理、弘扬和发展彭水的苗族文化，最终将其发展成有较高知名度的文化旅游目的地，其规划建设目标在于通过合理利用地形地貌、山势风水、历史文化和地域文化，全面展现彭水和渝东南的人文风采，全力打造国内外知名旅游品牌和国家4A级旅游区。

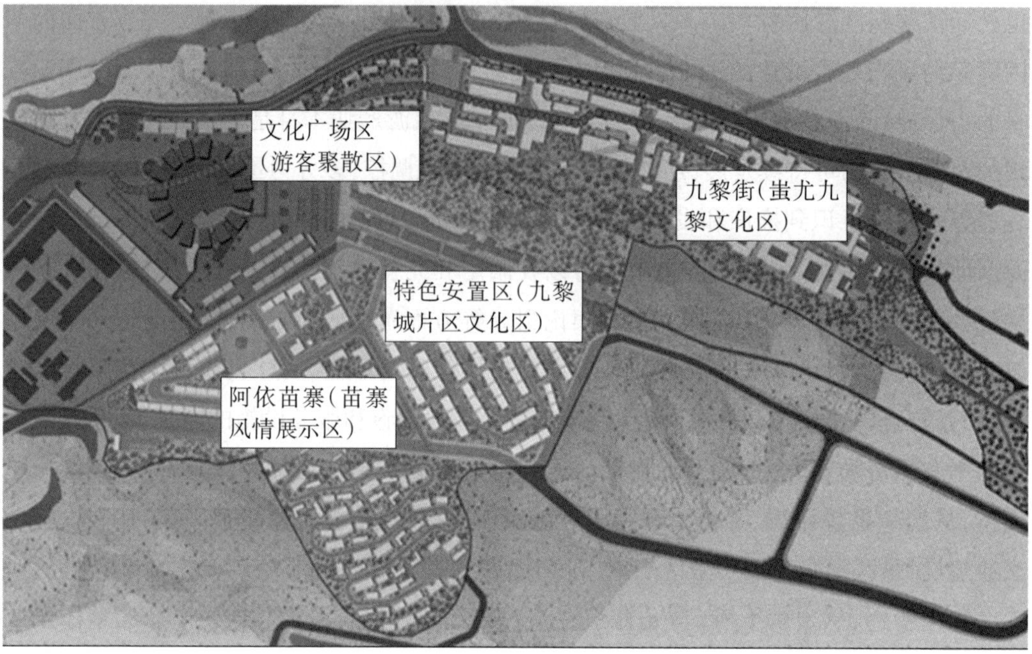

图6.1　蚩尤九黎城功能分区图

彭水县对蚩尤九黎城的建设和发展寄予了厚望。蚩尤九黎城的发展既要满足景区本身和产业发展的相关需求，又承载了区域经济发展和转型的重要使命，还是当地多种文化得以传承的重要渠道，是彭水对外展示少数民族文化和历史底蕴的重要窗口。因此，蚩尤九黎城的规划建设从一开始便受到了多方关注并得到了多方支持，这些支持能够让蚩尤九黎城获得更多的发展资源，从而更大限度地发挥自身的优势，实现自身价值。

蚩尤九黎城的建设能满足彭水经济转型和旅游业发展的需求。一方面，蚩尤九黎城的建设可将旅游经济与生态经济、民生经济与城市经济充分结合，能把旅游产业打造成彭水富民强县的支柱产业，以旅游产业为中心带动当地经济发展，促进彭水的城市建设。另一方面，它可以促进彭水经济增长方式的转型。蚩尤九黎城立足彭水文化资源，使文化资源从“无形资产”变为“有形效益”，用文化力量带动经济发展，是彭水经济增长方式转型的重要渠道。蚩尤九黎城的建设不仅符合未来旅游快速发展的需要，更是彭水县旅游文化产业发展资源整合利用、功能配套的需要，它能够加快彭水新城片区经济、旅游和文化建设，进而在城镇化建设、小康社会建设和减少贫困等方面发挥积极作用，提升彭水的经济发展水平，拉动区域经济的增长。此外，蚩尤九黎城的未来发展更是与区域经济的发展紧密相连，区域经济的增长反过来又可以促进蚩尤九黎城的发展，为蚩尤九黎城的进一步提档升级提供支持和保障，二者相辅相成，焕发出新的活力。

除了拉动区域经济增长、实现经济增长方式的转型以外，蚩尤九黎城还是苗族文化的集中展示窗口。蚩尤九黎城的发展规划意在结合彭水的历史文化背景，充分利用彭水的苗族文化背景和积淀来展现彭水浓厚的苗族文化和人文风情，促进彭水旅游文化产业的发展。与此同时，彭水的苗族文化也通过蚩尤九黎城旅游业的发展焕发了新的生机。彭水的苗族文化有着自身的独特魅力，然而它需要借助载体才能得到展示。蚩尤九黎城便是这样一个良好的平台。彭水苗族文化所承载的历史内涵、民俗风情和特色资源等通过蚩尤九黎城的总体风貌、民俗表演和建筑风格等得到了很好的体现，彰显了新的活力，为苗族文化的推广和展示打开了新的渠道。

三、重庆旅游职业学院背景概述

重庆旅游职业学院是一所创建于2010年的公办旅游高等院校，校址位于重庆市黔江区，与彭水县城相距仅60多千米。由于地处渝东南地区，所以重庆旅游职业学院与所在区域的芭拉胡景区、濯水古镇、小南海景区、武隆仙女山、酉阳桃花源、边城洪安、湖南张家界等旅游景点都相距不远。该学院目前拥有教职工200多人，正试图通过打造一支专业素质高、结构合理、师德师风良好的教师队伍，充分实施人才强校的发展战略。该校现设有酒店管理系、旅游管理系、国际旅游系、旅游艺术系、旅游规划系、旅游装备系和公共基础部7个教学单位，与数十家旅游相关企业开展了校企合作，合作形式包括开设订单班、建立校外实训基地、校企联合教学、特聘行业精英等。学院在发展中立足于西南地区高职院校的实际情况，既突出旅游行业的内在要求，又强调民族文化的地域特色，力争成为西部民族地区旅游人才培养的重要基地，充分发挥其在培养旅游人才、传承民族文化、推动经济发展等方面的作用。

在学生培养方面，重庆旅游职业学院十分注重学生专业素质和实践技能的双重发展。学校积极加强专业建设，开设了导游、旅游管理、酒店管理、景区开发与管理、旅行社经营管理、园林技术、音乐表演、舞蹈表演、旅游英语、商务英语、工艺美术品设计、烹调工艺与营养、空中乘务等10多个涵盖旅游行业各方面需求的专业，试图通过专业课程的学习和实践能力的提升来促进专业人才的培养，造就高素质的学生。学校建有酒店实训楼、中西餐实训室、工艺设计室、航空模拟舱、3D模拟导游实训室、茶文化室、舞蹈练功厅等40多个校内实训场所，确保学生能在学校及时将理论知识付诸实践，拥有较强的实践动手能力。与此同时，学校还与数十家旅游企业建立了多个校外实训基地，能让学生及时和深入地接受企业前沿知识的应用培训，进一步提升综合能力。该校学生近几年在国家级和省市级高职高专技能大赛上均有不错表现，也从一定程度上体现了学校良好的教学效果。

表6.1 重庆旅游职业学院部分旅游相关专业的基本概况

专业名称	培养目标	就业方向	主要课程
旅游管理	培养德、智、体、美等方面全面发展的，具有经济学和管理学的基本知识；掌握现代旅游管理基本原理、方法和手段；熟悉旅游政策法规与国际旅游惯例；了解旅游业发展的基本趋势；具备较强的旅游经济分析和经营管理能力；具有较强的创新精神和实践能力的应用拓展型高素质人才	在各级旅游行政管理部门和旅游企事业单位从事经营、管理、接待和服务以及基础教育或中等职业教育的教学工作等	旅游经济学、旅游政策法规、旅游公共关系理论与实务、旅游资源开发与管理、旅游市场营销管理、旅游管理信息系统、旅行社经营与管理、前厅与客户管理、餐饮与服务管理、导游与领队实务、旅游英语、普通话、现代礼仪
酒店管理	培养德、智、体、美等方面全面发展的，具有经济学和管理学的基本知识；掌握现代酒店管理基本原理、方法和手段；熟悉旅游政策法规与国际旅游惯例；了解酒店业发展的基本趋势；具备较强的酒店市场经济分析和经营管理能力；具有较强的创新精神和实践能力的应用拓展型高素质人才	在星级酒店第一线从事经营、管理、接待和服务等工作	旅游概论、餐饮管理与实务、公共关系与服务礼仪、酒店人力资源管理、餐饮管理与实务、服务心理教程、酒店管理、酒水知识与茶艺服务、康乐服务与管理、酒店财务管理、前厅、客房管理与实务、旅游政策法规、中外民俗
导游	培养适应市场需求的德、智、体、美等全面发展，为我国旅游事业和现代化建设服务的具有大专学历的高等技术应用型人才。要求具有较强的语言表达能力和英语口语能力；具有崇高职业道德和现代服务意识；具有扎实的旅游专业理论知识；具有较强的创新精神和实践能力	在旅行社、旅游景区、星级酒店、旅游行政管理部门及相关企事业单位从事导游和旅游经营管理等相关工作	旅游概论、形体训练、英语口语、导游基础知识、旅游心理学、普通话、现代礼仪、旅游政策法规、旅游公共关系理论与实务、导游业务、模拟导游、旅游市场营销管理、旅游管理信息系统、旅行社经营与管理
景区开发与管理	培养德、智、体、美等方面全面发展的，具有较强的创新精神和实践能力；具有良好的职业素质，拥有较强的景区营销与策划技能，符合旅游景区、旅游营销策划公司等现代旅游企业要求的技术技能人才	在景区、旅行社、线上旅游企业及旅游主管部门等从事营销策划、运营管理、规划设计等旅游新兴产业的紧缺岗位	旅游市场营销、旅游策划实务、旅游市场调查与预测、景区规划与开发、旅游网络营销、旅游形象设计、景区规划设计

续表

专业名称	培养目标	就业方向	主要课程
旅行社经营与管理	培养适应市场需求的德、智、体、美等全面发展，掌握从事旅行社经营管理和导游接待服务的高级技术；为我国旅游事业和现代化建设服务的具有大专学历的高等技术应用型人才。要求具有较强的语言表达能力和英语口语能力；具有崇高职业道德和现代服务意识；具有扎实的旅游专业理论知识；具有较强的创新精神和实践能力	在旅行社、旅游景区、旅游行政管理部门及相关企事业单位从事导游和旅行社经营管理与技术等相关工作	旅游政策法规、导游基础知识、导游实务、旅游心理学、市场营销、中国旅游地理、旅游经济学、人力资源管理、旅游电子商务
旅游英语	培养具有良好思想道德品质、具有较高人文修养与职业素养、具备扎实的英语听说读写译等语言运用能力，能用较流利的英语作为工作语言，在涉外旅游与涉外酒店等企业的一线岗位从事组织、管理与服务工作的中高级技术技能人才	涉外旅行社、涉外酒店及其他相关旅游企业，主要岗位包括涉外旅行社出入境领队、涉外导游、国际票务、管理人员等；涉外酒店前厅接待员、西餐厅服务员等	旅游英语视听说、旅游英语、景区英语介绍、旅游英语翻译、实用英语写作、旅游概论
园林技术	培养适应市场需求的德、智、体、美等全面发展，有良好文化素质和职业道德，掌握园林植物生产、园林植物养护管理、园林景观设计、园林工程施工基本理论和实践能力，具有从事观赏植物生产与养护、园林景观设计、园林工程的施工与管理等专业技能的技术技能人才	园林绿化生产、花木公司、绿化苗圃、物业公司等企业一线从事观赏植物生产、养护管理及销售岗位，园林施工企业施工员等岗位	园林树木、园林植物栽培养护、园林辅助绘图（Photoshop、Auto cad）、园林植物造景、园林规划设计、园林测量、插花与花艺设计、园林工程制图
工艺美术品设计（艺术类）	培养了解工艺美术品设计与制作基本知识，掌握其专业技能与研究能力，分别具备染织、装饰设计、雕刻工艺等领域的设计与制作能力，掌握创意设计核心技能与计算机辅助设计技能，能从事现代工艺美术品设计、制作等工作，会创意、善设计、精制作的高素质高技能人才	从事工艺美术设计、旅游纪念品设计、礼品设计、广告设计、文创设计和美术老师等	工艺美术史论、设计造型基础、专业设计基础、装饰图案设计、综合材料表现与工艺、计算机辅助设计、旅游产品设计、雕刻设计、旅游纪念品设计与开发、民间工艺品制作、民间艺术采风、工艺品包装设计、设计策划与管理

综上所述，重庆旅游职业学院历来坚持按照专业和旅游行业的素质要求和技能要求对学生进行培养，按照旅游行业各环节、各部门的需求进行专业设置，并且将民族文化与技艺带入课堂。经过近十年的发展，学校目前已经成为一所旅游特色突出、专业设置合理、教师队伍过硬、学生培养卓有成效、具有浓厚民族情怀的高职院校。

第二节　彭水产城教融合三方需求分析

在彭水产城教融合发展的探索中，蚩尤九黎城旅游产业的发展带有浓厚的民族文化产业特色，蚩尤九黎城的建设与发展有着深厚的苗族文化背景，而重庆旅游职业学院则是渝东南民族地区的高等职业教育机构，因此，这三方既在地域上有着紧密的联系，又在文化风俗上具有共性，还在区域经济社会的发展中肩负着同样的使命。当然，这三方机构在产城教发展的过程中因各自职能的差异，产生了各自的需求和期望，但是这些发展需求却有交互重叠的地方。如果各方机构能够优势互补，实现资源整合，必能促进三方的共同发展。

一、蚩尤九黎城旅游产业的发展需求

产业的长足发展是产城教融合发展中的关键问题，产业的发展能够为产城教的融合发展提供良好载体。但是，要真正让产业方积极参与产城教的融合发展，则必须提升产业方的积极性，满足产业方的需求。产业方在三方融合发展中的主要需求则是对人才的需求。

首先，蚩尤九黎城旅游业的发展需要高素质、高技能的专业人才。近年来，彭水县不断加大对蚩尤九黎城的扶持力度，多部门多方位对其进行建设指导和政策倾斜，蚩尤九黎城本身也顺利完成了一、二期规划并开始启动第三期规划。可想而知，随着蚩尤九黎城旅游产业的持续发展，其对人才的需求也会不断增大，旅游类、管理类和营销策划类等专业人才的重要作用不言而喻。一方面，蚩尤九黎城旅游产业对高素质人才有着极大需求。这类人才自身有着良好的专业知识和素养，能够对所处行业和岗位的工作内容、发展规划与现存问题有清晰的认识和了解，从而可以更好地去完成这些工作，及时发现不

足并加以修正。另一方面，蚩尤九黎城对有较强动手能力的高技能人才也有着极大需求。高技能人才既能够很快适应自己的工作岗位，降低企业的培训成本，也能够在工作中推陈出新、举一反三，大大提高工作效率。因此，在彭水产城教三方融合发展的过程中，产业方对旅游业各环节、各部门的具有高素质、高技能的专业人才有着极大需求。

其次，民族旅游产业需要具有民族素养和民族情怀的稳定人才队伍。蚩尤九黎城旅游业带有浓厚的苗族文化背景，是典型的民族旅游产业。因此，在蚩尤九黎城旅游业的发展中，所需的不仅仅是掌握旅游行业和具体岗位专业知识与技能的人才，还需要对彭水的历史背景、苗族的文化风俗以及民族企业的管理理念等都有系统了解和强烈认同感的人才。但是这种为企业“量身定做”的人才并不存在，只能通过特殊“定制”来培养。蚩尤九黎城旅游产业定制这样的民族旅游类人才，一方面能够保障行业拥有数量稳定的人才队伍，缓解每年的人才招聘压力，另一方面也能够保障行业拥有质量达标的人才队伍，减轻因员工素质参差不齐带来的管理风险。

最后，蚩尤九黎城旅游业的未来规划需要旅游同行与专家学者的指导。蚩尤九黎城旅游业要实现健康、持续发展，除了自身的努力外，若能与旅游同行以及专家学者及时进行沟通，得到他们的珍贵建议，必将带来莫大帮助。这些专业人士能够提供看待问题的不同视角和解决问题的最佳方案，并能为企业在降低成本、减少风险和改革创新等方面提供有益的建议。但是，行业自身不一定拥有足够的这类人脉，高校则可以弥补行业的这个缺陷。除了校内师生外，高校还拥有大量旅游类专家队伍和人力资源，能起到桥梁作用，为行业的发展带来更好的业务指导。若能得到同行与专家的肯定和推广，行业就有更多的发展机遇。

在对蚩尤九黎城旅游产业进行开发和建设时，彭水县便对其寄予了多重期望，其中一个便是通过旅游产业的发展来提高当地的经济发展水平，优化彭水的产业结构。区域经济基础的发展和人民经济条件的改善是实现美好生活的重要前提，而旅游业是发展生态经济的一个重要产业，是优化产业结构、推动经济转型升级的重要着力点。彭水县丰富的自然资源与文化资源等无形资产若能得到合理的开发利用，必将有利于区域经济的增长，反过来也能为这些资源的保护和利用提供更多更好的保障。

二、蚩尤九黎城的发展需求

蚩尤九黎城有着浓厚的苗族历史文化底蕴，自然景观独特，旅游价值大，识别度高。彭水县对蚩尤九黎城的旅游资源有着正确的认识，希望通过不断加大对它的开发力度和扶持力度，将其打造成彭水的文化名片，从而带动区域经济的增长和社会的进步。不可避免的是，在蚩尤九黎城得到大力开发和推广的同时，相应的领域出现了较大的人才缺口。因此，作为中小城镇的代表，蚩尤九黎城在产城教的融合发展中有自己特殊的人才需求，其新城建设需要大量的人力资源支撑。

首先，蚩尤九黎城的前期发展需要大量规划类和基建类人才。蚩尤九黎城的建设以现有的良好自然风貌与深厚的苗族文化为基础，其新城建设需要智力、人力与财力等各方支撑，绝非一项很快便能完成的简单工程。蚩尤九黎城虽是因产成城，但其长期发展建设的要求远远超过了产业的范围。不论是它的建设规划、区域面积、建设周期、建成状态、游客规模、配套服务，还是它的城镇交通、疾控医疗、环境卫生等等，都需要专业人才的统一规划。在新城的前期发展中，同样需要大量基建类人才将规划落到实处，真正为蚩尤九黎城的长久发展打下坚实基础。

其次，蚩尤九黎城的中期发展需要大量旅游类和管理类人才。蚩尤九黎城是在自然条件基础上建设的苗族文化旅游区，它既能充分利用彭水苗族文化背景和积淀来展现浓厚的苗族文化和人文风情，又能全面展现当地特有的自然风光。若能好好利用这一平台，便能进一步提升区域知名度，推动区域经济进一步发展。因此，有着高素养和高技能的旅游类专业人才是蚩尤九黎城长期需要的人才。同时，蚩尤九黎城的建设发展也需要管理类人才的支撑。这类专业人才具有很强的组织能力和领导能力，能够灵活地整合资源，高效地完成新城区建设的各项目标。

最后，蚩尤九黎城的后期发展需要大量教育、康养、医疗等人才。就目前来讲，蚩尤九黎城的人员主要是旅游从业人员、各地游客以及建设拆迁的安置居民等。这些人员对专业的医疗条件和医务人员有着基本需求。随着蚩尤九黎城的名气与日俱增，人员流动日益复杂，居留时间也逐渐增加。因此，在蚩尤九黎城的发展中不仅要考虑城区居民的现有状况，也要为这些人员的未来生活充分考虑。他们未来的教育、健康及养老不仅需要医疗人才，也需要专业的教育人才、康养人才。因此，在蚩尤九黎城的人才需求中，教育类、康养类人才的缺口不容小觑。

虽然蚩尤九黎城近年来不断加大人才招聘的力度，但是由于自身经济发展与区域地理等因素的限制，招聘的人才数量与质量堪忧。人才的缺乏会拉低经济发展的水平，若这样的情况长久存在，必将阻碍区域的发展和进步。因此，在产城教三方的融合发展中，蚩尤九黎城对各类高级专业人才的大量需求亟待解决。

三、重庆旅游职业学院的发展需求

不论产业方还是城镇方，都对专业人才有着极大需求。因此可以说，产城教三方融合发展的核心在于人才。如果没有人才的支持，产业方与城镇方则很难积极参与，融合发展则不现实。重庆旅游职业学院作为产城教三方中的教育方，对人才培养工作有着义不容辞的责任。但是，学院在尽心尽力培养人才的同时，在产城教融合发展的过程中也有自身的需求。

首先，学校未来发展需要稳定的生源与就业岗位。我国西南民族地区基础设施差、交通条件落后、教育水平偏低、经济发展相对滞后，给当地教育带来不少制约条件，导致民族院校在招生和学生就业上存在较多困难。而招生与就业的困难会直接影响学校声誉和影响力，并进一步影响学校的办学规模和未来发展，因此，招生与就业工作也是民族地区高职院校每年的重点工作。如果能够实现产城教三方的融合发展，就能借助产业方与城镇方的力量，联合推动学院相关工作的开展。一方面，产业方与城镇方能够通过与学校联合开办订单班、联合招生等形式，帮助学校吸引学生报考，发展稳定生源，解决招生困难的问题；另一方面，产业方与城镇方也能够通过提供定向岗位、推荐就业等方式，帮助学生解决就业问题，若能因此在招生就业工作中有所突破，学院也能获得更好的发展机遇。

其次，在校学生需要实训基地与实习岗位。对于民族地区高职院校的学生来讲，实训基地的现场学习与理论知识的专业学习一样重要。高职学生除了应在学校接受理论知识的讲解外，还必须及时在实训基地进行实操训练，才能保证自己的素质和能力符合相关岗位的要求。虽然重庆旅游职业学院现在拥有数目不少的校内实训基地，但是校外实训基地的建设也不容轻视。校外实训基地有着与校内实训基地不一样的管理和氛围，能够带给学生更真实的职业感受。除了实训基地外，产业方和城镇方还能为学生提供相应的实习岗位。这既能为学生提升实践技能带来帮助，也能在一定程度上减轻企业和城镇的季节性用人压力。

最后，学校的工作成果需要政府与企业的认可和推广。学校的人才培养工作绝不是闭门造车式的工作，而是一个需要多方参与、监督与配合的长期性工程。学校对学生的培养效果是否良好、学校的育人理念与育人模式是否合理、学校的专业设置是否符合社会需求，这些都不能单纯依靠学校自己的测评体系，还需要政府、企业、社会、家长和学生等多方面的评价和建议。对于重庆旅游职业学院来讲，多年的办学的确取得了不少成果，如果这些成果能够在产城教融合发展的过程中得到政府和企业的认可和推广，对学校而言将是莫大的肯定，也能助推学校的进一步发展。

第三节　彭水产城教融合的机制构建

在彭水产城教融合发展的案例中，蚩尤九黎城旅游业、蚩尤九黎城与重庆旅游职业学院三方机构通力协作，优势互补。蚩尤九黎城旅游业的代表公司彭水九黎文化旅游投资有限公司不断加强与当地政府、高职院校以及企业商户的合作，蚩尤九黎城在政府的支持下对行业的建设与学校的人才培养提供了大量支持，重庆旅游职业学院则不断寻求与相关行业的合作。这三方机构还与彭水县其他机构部门一起，建立了一系列机制来保障彼此对人才和资源的需求。

一、合作共育机制

彭水九黎文化旅游投资有限公司对旅游相关的专业人才有着极大需求，而重庆旅游职业学院是渝东南唯一一所旅游类高职院校，因此该公司极力促成与重庆旅游职业学院开设“九黎订单班”。对于重庆旅游职业学院来讲，联合订单班的开设一方面可以保障学校有固定的生源，另一方面也可以保障部分学生的稳定就业，同时还能为学生提供就近实习机会，为学校提供新的发展模式，提升学校在区域发展中的地位，符合学校各方面的发展需求。因此，重庆旅游职业学院积极响应彭水九黎文化旅游投资有限公司关于开设联合订单班的提议，由重庆旅游职业学院与彭水九黎文化旅游投资有限公司联合招生、联合培养的“九黎订单班”便在产教双方的共同推动下应运而生。

（一）招生合作机制

重庆旅游职业学院与重庆九黎旅游控股集团有限公司共同拟定招生层次、专业和人数，共同发布和组织招生宣传。招生中除了规定的文化成绩，还需要通过企业的面试，最终确定录取名单。

例如，“九黎订单班”2017年的招生层次为：全日制大学专科，学制三年。招生专业及人数为：舞蹈表演专业10人（男、女各5名），导游专业20人，酒店管理专业10人，共40人。培养对象为：户籍在彭水县辖区内的2017年应届高中毕业生，高考分数达到市定最低录取分数线，贫困户家庭子女优先。

这样的招生模式既保证了高校的生源，又保证了企业对生源地学生的初次筛选，还使定向培养的学生多了一份特殊保障，符合各方的利益需求。从面试现场的情况来看，这样的招生模式极受欢迎。正如不少“九黎订单班”同学所讲的那样，大家面试时都感觉到作为彭水学生的自豪，想要为建设家乡做贡献。

（二）人才培养共育机制

“九黎订单班”学制三年，招生对象为户籍在彭水县辖区的应届贫困家庭高中毕业生。它旨在培养富有彭水地区少数民族文化底蕴、掌握并能熟练运用现代旅游基本理论知识和专业技能的高素质技能型人才。重庆旅游职业学院酒店管理专业、旅游管理专业、导游专业、旅行社经营与管理专业、景区开发与管理专业和园林技术专业的教学团队负责“九黎订单班”的人才培养，每年5—10月采取“工学结合、淡旺互补”的方式组织学生到公司见习或顶岗实习。联合培养的学生完成规定的专业课程后，由重庆旅游职业学院颁发全日制专科毕业证书，在通过相关考核后由公司安排就业。

“九黎订单班”在人才培养过程中结合了重庆旅游职业学院的专业特长和蚩尤九黎城的岗位需求，同时还充分考虑了旅游人才的专业特点和发展需求，以确保学生能够在理论知识和实践经验上都充分满足蚩尤九黎城旅游业的相关要求，能够迅速实现毕业向就业的转变，及时发挥自身价值，为公司发展做出贡献，从而实现产业、学校和学生三方共赢的良好局面。正如彭水九黎文化旅游投资有限公司董事长何良对产教联合开设“九黎订单班”的评价：“这是好事。我们集团的发展需要重庆旅游职业学院培养的专业人才，他们既可以支持彭水的旅游发展，也为学校解决了就业问题，互利共赢。”

表6.2　工作岗位-工作能力-课程设置对应一览表

<table>
<tr><th>工作岗位</th><th>典型工作任务</th><th>职业能力</th><th>课程</th></tr>
<tr><td rowspan="4">酒店服务</td><td>酒店前厅部服务</td><td>语言表达与沟通能力、推销能力、英语口语交流能力、酒店信息系统操作能力</td><td rowspan="4">酒店服务礼仪、餐饮服务与管理、前厅服务与管理、客房服务与管理、酒水知识与酒吧管理、酒店概况、酒店服务质量管理、会计学基础、旅游英语</td></tr>
<tr><td>酒店客房部服务</td><td>观察与应变能力、客房服务能力、语言表达与沟通能力</td></tr>
<tr><td>酒店餐饮部服务</td><td>菜品饮料制作与服务能力、设施设备保养能力、应变能力、英语口语交流能力、语言表达与沟通能力</td></tr>
<tr><td>酒吧服务</td><td>推销能力、应变能力、人际交往能力、酒水制作能力</td></tr>
</table>

续表

工作岗位	典型工作任务	职业能力	课程
酒店管理	酒店前厅部管理	组织协调能力、语言表达与沟通能力、人际交往能力、突发事件处理能力、执行能力	管理学原理、餐饮服务与管理、现代酒店管理、前厅与客房管理、酒店业概况、会计学基础、酒店康乐服务、人力资源管理、市场营销学、酒店英语、旅游经济学
	酒店客房部管理	督导能力、人际交往能力、语言表达与沟通能力、设备维护能力、突发事件处理能力	
	酒店餐饮部管理	管理能力、成本控制能力、督导能力、人际交往能力、业务培训能力	
	酒店康乐部管理	管理能力、协调能力、人际交往能力、市场预测与开发能力、营销策划能力	
	酒店人力资源管理	人力资源管理能力、业务培训能力、人力资源战略制定与规划能力、语言表达与沟通能力、督导能力	
	酒店营销部管理	营销策划能力、商务谈判能力、市场预测与开发能力、宣传公关能力	
景区服务	景区票务服务	售票业务操作能力、突发事件处理能力、沟通和语言表达能力	旅行社计调、酒店服务礼仪、景区综合服务与景区综合管理、管理学基础、园林绿化养护、景区服务规范
	景区讲解	讲解能力、沟通和语言表达能力、突发事件处理能力	
	景区咨询服务	沟通能力和语言表达能力、推销能力、应变能力	
景区管理	景区营销管理	景区经营与管理能力、市场分析能力、创新能力	旅行社计调、酒店服务礼仪、景区综合服务与景区综合管理、管理学基础、人力资源管理、会计学基础、旅游经济学、景区开发与管理、景区管理实务
	景区安全管理	日常管理能力、设施设备安全使用能力、突发事件处理能力	
	景区环境管理	景区环境综合管理能力、景区游客管理能力	
导游	导游讲解	语言表达能力、讲解能力、沟通能力	导游业务、导游基础、旅行社计调、旅游学概论、导游讲解、旅游策划、导游文化基础知识、旅游心理学、旅游政策与法规
	部门衔接	组织协调能力、沟通能力、信息获取能力	
	带团	自我管理能力、常规服务能力、特殊服务及协调关系能力	
	常见问题和事故的处理	组织协调能力、创新能力、灵活应变能力	

续表

工作岗位	典型工作任务	职业能力	课程
计调	旅游产品采购	市场调查和信息获取能力、产品评价能力、人际沟通能力	导游业务、导游基础、旅行社计调、计调实务、计调业务与管理、旅游策划、会计学基础
	旅游线路设计	市场调查和预测能力、创新能力、策划能力	
	旅游产品定价	会计核算能力、市场分析能力	
	会展计调	市场调查和预测能力、创新能力、策划能力、沟通协调能力	

（三）商业合作机制

在蚩尤九黎城的旅游发展中，重庆旅游职业学院不仅能够培养旅游人才，还依托自办的知丘旅行社与蚩尤九黎城景区进行合作，共同推动景区的发展。此外，重庆旅游职业学院依托学院“众创空间”开展民族旅游工艺品的设计和制作，包括西兰卡普、漆画、土陶等。通过发挥“众创空间”的作用，学院为蚩尤九黎城景区提供具有民族特色的旅游产品。“众创空间”以重庆旅游职业学院的学生为主体，既能够作为学生的实训平台，又能够实现经济效益。这些商业合作为各方主体都提供了更多的发展机会。

二、保障机制

（一）学费与资助体系

重庆旅游职业学院在校学生的收费标准为：学费舞蹈表演专业7000元/年，其他专业5000元/年；住宿费1200元/年；教材费500元/年。凡被录取为“九黎订单班”的学生，一律免缴学费及住宿费，由重庆九黎旅游控股集团有限公司全额资助学费，重庆旅游职业学院减免住宿费；学生仅承担教材费和生活费。此外，学生可以同时享受国家奖学金、国家助学金以及学院奖学金和各类资助。“九黎订单班”的学生在九黎城景区实习和实训期间，由景区提供免费的食宿保障。

（二）毕业与就业机制

“九黎订单班”学生完成规定的专业课程，由重庆旅游职业学院颁发全日制专科毕业证书。学生达到重庆九黎旅游控股集团有限公司提出的培养标准，经公司考核合格，由公司以劳务派遣方式安排到所属企业就业。在重庆九黎旅游控股集团有限公司招聘正式员工时，“九黎订单班”学生在同等条件下予以优先录取。

(三)实习和实践机制

“九黎订单班”学生的实习和实践得到了重庆九黎旅游控股集团有限公司的大力协助。公司派出很多有经验的工作人员担任学生实训期间的指导老师,及时将岗位的一手资讯与技能传达给学生,让学生在做中学,不断提高自身素质;为学生提供大量实习实训的岗位,并定期进行转换,以便让学生全面了解公司的岗位职能,为今后选岗定岗打下良好的基础;给学生提供周末及假期到蚩尤九黎城实习或实训的机会,享受同岗位工作人员的相关待遇。通过这样的方式,公司能够及时将实践技能与企业文化传达给学生,也能及时了解每个学生的学习状态与成果,还能填补旅游旺季的人才缺口;学校则能让学生增强自身技能,拉近与企业的距离,提早熟悉并融入公司环境,掌握必备技能。

三、运行机制

(一)县政府

近几年,彭水县政府多次召开专题会议研究蚩尤九黎城的发展。为加快蚩尤九黎城的建设,彭水县政府印发了《关于加快蚩尤九黎城建设的意见》,由县委旅游景区工委、县旅游景区管委会负责统筹蚩尤九黎城规划、开发、建设等事务和旅游区的重点项目建设,对蚩尤九黎城的开发、建设实行统一领导、统一规划、统一建设、统一管理。相关街道和县级相关部门明确1名领导成员负责蚩尤九黎城开发建设的相关工作。建立蚩尤九黎城开发建设联席会议制度,县委旅游景区工委、县旅游景区管委会定期组织召开联席会议,研究解决开发建设管理中的重大问题。此外,县委督查室、县政府督查室加强监督检查。在人才引进方面,县政府大力支持重庆九黎旅游控股集团有限公司加强与重庆旅游职业学院的校企合作,县政府分管副县长出席校企合作签字仪式并讲话。彭水县政府希望通过校企合作的方式,为彭水旅游发展以及蚩尤九黎城的发展提供人才支持。

(二)学校

在合作洽谈过程中,学校由党委书记、院长负责领导,由分管教学和招生就业的副院长负责,由教务处、学生处和相关系部具体落实合作细节。重庆旅游职业学院与重庆九黎旅游控股集团有限公司的校企合作人才培养协议中,明确规定如下内容:

学生管理方面,重庆旅游职业学院对所招收的订单班学生实行单独编班管理,以重庆九黎旅游控股集团有限公司的企业名称冠名,班级名称为“九黎旅游管理订单班”,配一名专职辅导员,一名兼职班主任。

教学方面,重庆旅游职业学院负责向市教育行政主管部门申报专业,制订专业教学计划和招生计划。根据教育部颁发的高职人才培养规定，结合重庆九黎旅游控股集团有限公司所提出的用人标准及要求，科学编制教学计划，优先选派学科教师，以适应订单培养的需求。

实习实训方面，重庆旅游职业学院根据重庆九黎旅游控股集团有限公司的需要，每年5—10月组织学生到公司所属企业进行认知、跟岗、顶岗等实习，参加公司组织的重大旅游节庆活动，并委派专任教师进行跟踪管理。

(三)企业

重庆九黎旅游控股集团有限公司根据自身的发展、经营状况提出所需专业的用人标准和要求(含专业选修课程、职业技能课程设置、外语水平以及其他特殊技能要求)。配合重庆旅游职业学院制订人才培养方案，并尽可能提供专业选修课、职业技能课的师资。此外，还要负责为订单班学生提供实习岗位，并参与学生实习、实训课程的教学指导工作；负责订单班学生的录取面试及实习实训期间的考核工作。培养经费保障方面，订单班学生在重庆旅游职业学院注册入学后，重庆九黎旅游控股集团有限公司于每年秋季学期开学后15个工作日内，将资助学生的费用拨付到重庆旅游职业学院的指定银行账户，学校再统一发放到每个学生手中。

小结

当前，我国正处于全面建成小康社会的决胜阶段，而民族地区的经济和社会发展是事关我国国计民生和社会稳定的重要内容。在新型城镇化背景下，我国的经济持续稳步增长，人民生活水平日益提高。十九大报告指出：“中国特色社会主义进入新时代，我国社会主要矛盾已经转化为人民日益增长的美好生活需要和不平衡不充分的发展之间的矛盾。”可见，发展不平衡不充分是目前尚未解决的突出问题。而民族地区由于地理位置、交通条件、资源投入、文化社会环境等原因，发展相对滞后。受这些因素的影响，民族地区的发展问题更具有特殊性、典型性和多元性。民族地区的发展离不开产业的优化升级，供给侧结构性改革需要通过劳动力、土地、资本、制度、创新等要素的最优配置，提升经济增长的质量和数量。民族地区具有丰富的自然资源、民族文化以及良好的生态环境，这些条件为旅游产业的发展奠定了基础。除了民族地区的资源禀赋和大量的资本投入，旅游产业的发展还需要人力资源的支持。民族地区的旅游产业有其特殊性，对人才的要求也不同于非民族地区。民族地区的产业发展不仅需要了解民族特色、掌握民族特殊技能、能够为民族产业发展做贡献的人才，还需要具有本土民族情怀、愿意为民族地区产业发展服务的人才。这种对专业素质和民族情怀都有要求的人才培养难度大、要求高,因此民族地区的产业发展中一直存在着严重的人才缺口,人才成为民族地区旅游产业发展的关键。与此同时,旅游产业的发展必将增加对旅游专业人才的需求。这种需求一方面可以为旅游类专业的大学生提供更多的就业岗位,促进大学生的就业;另一方面也对地方旅游高职院校的人才培养质量提出了更高的要求。旅游产业的发展与人才的聚集成为民族地区城镇化的一个内生动力。城镇化进程的推进,又会进一步推动旅游产业的发展与人才的培养,以此形成一个民族地区产城教融合发展的良性循环。

彭水产城教的融合发展中,不论是产业、城镇还是教育,都有着浓厚的民族特色。蚩尤九黎城在发展过程中结合了产业、城镇和教育三方的力量。蚩尤九黎城旅游产业的发展需求,一方面要求其不断提升自身实力,另一方面也促成其与城镇、高校开展合作,三方共同为蚩尤九黎城旅游业的发展而努力。通过这样的发展模式,重庆旅游职业学院一方面获得了稳定的生源和学生毕业就业渠道,另一方面也增加了学生实习实践与产学合作的新平台,此外还提升了自身教学实践能力,提高了自己在区域发展中的影响力;彭水的苗族文化和民俗风情得到了宣传和推广的平台;蚩尤九黎城旅游产业因此得到蓬勃发展,游客增加,收入增多,不断提升自身的实力;彭水县因蚩尤九黎城这张名片获得了更高的知名度和认可度,实现经济增长方式的转型,促进社会进一步向前发展。由此可见,彭水产城教融合发展的模式能够为民族地区产城教的融合发展提供一定的启示。

若要实现产城教三方的融合发展,则必须加大民族地区的人才培养力度;若要加大民族地区产城教融合发展的人才培养力度,则必须充分发挥民族高校的作用。民族高校除了普通高校都有的知识传承、人才培养和研究创新等使命外,还肩负着所在区域民族文化传承的独特使命,培养符合民族地区特殊需求的人才也是其人才培养体制中的重要组成部分。民族地区高校的发展,一方面可以推动当地教育水平的提高,另一方面也可以为民族地区的产业发展和城镇化发展做出贡献,因为民族高校既是专业知识的来源,也是专业人才的来源。在产城教三方的融合发展中,专业知识既为一切实践活动提供了理论源泉,也为三方的进一步发展提供核心素养和对策建议。民族地区高校人才的培养更是民族教育工作的重中之重。专业人才的培养能够保障产业和城市的发展拥有数量充足且素质过硬的人才队伍,人才队伍又会给企业和政府带来新鲜的思想、方法与活力,从而保证民族产业和地区的可持续发展。

在三螺旋模型中,人才也会随着产城教三方的螺旋发展而产生流动。人员流动会将一个领域的观念引入另一领域,促成合作项目并提升跨机构的理解。[①]因此,民族地区可

---

① Etzkowitz H. The Triple Helix: University-Industry-Government innovation in action [M]. New York & Abingdon: Routledge, 2008:22.

以通过推动人才流动的方式强化民族地区产城教三方的融合发展。在民族地区产城教三方的融合发展中，各领域的人才承载着先前领域的知识与技能，将其带至另一领域，则可能会找到新的应用领域或产生新的发展思路，使两个领域的观念与技术及时进行交流，互相学习，优势互补，不断更新自己现有的体系，促进工作能力的提高，从而促进两个领域的发展。通过人才的流动，民族地区的产业、城市和教育也得到了有效的联结，既促进了自身的发展，也促进另外两个领域的改进，带动并加强了产城教三方的融合发展。

在产城教三方融合发展的过程中，为了培养符合民族地区城镇化和民族产业需求的人才，民族地区的高校必须与民族区域的政府和民族产业进行交互合作，一方面要充分了解彼此的优势与劣势，另一方面要充分了解对方的发展规划及对人才的需求，此外还要给彼此的合作提供协商的契机，力争在充分考虑各方背景的情况下，用最优的方式，培养最符合民族地区需求的专业人才。如果民族地区的人才培养未能完全契合当地发展的需要，学生就业便会出现问题；就业不好使得人们不愿意报考民族地区的院校，从而出现生源不足的问题；生源不足会导致高校人才队伍缩小，而产业和城市的人才缺口增大。这样的恶性循环不但使学校发展面临威胁，也阻碍了民族地区的未来发展。由此可见，产城教融合得好，对三方均有益；反之，如果产城教三方融合得不好，对三方都不利。因此促进民族地区产城教融合发展是推动民族地区脱贫致富、快速发展的重要路径。

第七章
产城教融合视角下少数民族大学生就业创业的问题与对策

民族地区少数民族大学生的就业创业状况，关系到千千万万少数民族大学生自身以及少数民族家庭的切身利益，关系到少数民族整体的权利与前程，会对民族关系、社会稳定与经济发展带来一系列重大影响。与汉族大学生相比较，少数民族大学生的就业创业状况具有特殊性，且不同民族之间情况也不尽相同。本章在文献调查和田野调查的基础上进行归纳总结，并结合当前少数民族大学生就业创业的客观现实，探讨少数民族大学生就业创业中存在的问题与对策。

第一节　少数民族大学生就业创业中存在的问题分析

在对新疆和田、云南保山、重庆彭水、贵州铜仁等地的少数民族大学生就业创业情况进行了实地调研后，结合关于少数民族大学生就业创业的已有研究，我们可以对少数民族大学生就业创业的问题进行清晰的界定与分类。关于少数民族大学生就业创业的已有研究成果较多，对具有代表性的研究成果进行梳理后，我们发现研究者们重点从少数民族大学生自身、少数民族大学生家庭、学校专业和产业发展等方面进行了详细的调查和研究。关于少数民族大学生就业，赵晓芳指出少数民族大学生一次就业率呈现出逐年下降的趋势；就业过程艰辛，就业成本高，等待就业时间长，就业层次低，平均收入低；从事的工作与所学专业无关，专业不对口。[①]调研的数据也充分显示，少数民族大学生就业率不增反降，虽然在就业中花费的成本较高，但是就业后的收入和成就感却不高。陈君认为产业结构不合理、拉动就业有限造成了就业艰难。[②]朱琳也认为少数民族大学生实际就业率呈下降趋势，结构性（地区性、行业性）失衡日渐突出。[③]调研中我们发现，一些地方优势产业与核心专业失衡，不但使产业发展后劲不足，还对少数民族大学生就业造成了一定的影响。朱琳认为有以下原因：对就业情况认识不够充分；就业期望值过高，功利化倾向较重；对就业选择的盲目性；缺乏就业主动性；职业技能的缺乏；基础文化差异；高校的自身定位；文化背景与家庭教育；少数民族大学生自身不良心态（从众心理与保守心理；依赖心理和焦虑情绪）。[④]调研中我们发现，不少少数民族大学生家庭对孩子的就业期望过高，就业行业规划过于保守陈旧。另外，少数民族大学生择业空间狭小，流动性差；基础教育落后；特有的优势在现有的评价标准中很难体现，等等。[⑤]

有学者专门针对少数民族大学生中的贫困学生就业创业问题进行了研究。拉毛才让认为少数民族贫困生就业难的表现有：专业结构调整的滞后性，课堂学习与就业实际需求的差距过大；经济欠发达，供给的就业岗位偏少；择业观念陈旧，流动性不够；自身综合素质在就业前的欠缺导致就业难；没有规划好自己的职业道路，出现盲目就业现象。[⑥]廖娟认为少数民族贫困大学生就业的特殊性有：贫困生绝对数量增多、贫困程度更重，并且主要集中在民族院校、中西部非重点院校以及地方院校；升学率上升而就业率则逐年降低；就业期望与就业现实反差极大；就业意向更倾向于回到西部偏远地区或生源地，到东中部发达地区就业的比例低；家庭经济困难，就业成本高，就业过程艰辛，待业时间长，就业层次低，平均收入低。[⑦]特困生常常自卑，缺乏自信；畏难、悲观失望；讲实惠，求稳定；补偿、回报心理强。[⑧]调研中我们关注了少数民族大学生群体中家庭贫困的学生群体，他们一般较为自卑，在没有正确教育引导和积极关注的情况下，他们甚至表现出一些病态心理。家庭困难也使得他们难以支付就业成本，导致就业受限，创业受阻。

还有学者专门针对民族地区高校中少数民族大学生的就业压力进行了研究。有研

① 赵晓芳．少数民族大学生就业问题的特殊性及对策建议[J].西北民族研究，2009(03)：216-219.

② 陈君．当前民族地区就业形势分析及今后对策建议[J].民族地区财经，2008(01)：40-44+56.

③ 朱琳．川西南彝族地区高等院校少数民族学生就业倾向调查[D].重庆：西南大学，2008.

④ 朱琳．川西南彝族地区高等院校少数民族学生就业倾向调查[D].重庆：西南大学，2008.

⑤ 拉毛才让．西部少数民族贫困少数民族大学生就业难问题浅析[J].现代企业教育，2007(08)：134-135.

⑥ 拉毛才让．西部少数民族贫困少数民族大学生就业难问题浅析[J].现代企业教育，2007(08)：134-135.

⑦ 廖娟．西部少数民族地区贫困少数民族大学生就业状况研究[J].贵州民族研究，2013(01)：185-188.

⑧ 普丽春．浅析高校少数民族特困生的择业心理[J].云南民族学院学报（哲学社会科学版），2001(02)：91-93.

究认为，民族地区少数民族大学生就业压力主要来源于6个方面，按程度高低排位依次为：社会环境、知识与能力素质、就业期望值、专业、家庭和社会关系、职业规划。少数民族学生感受到的来自知识与能力素质、就业期望值、职业规划等3个因素的压力较汉族学生大。[①]据2005年9月的统计，我国民族高校本专科毕业生初次就业率在73%左右，除少数高校外，有近30%的毕业生不能实现一次性就业，就业率、就业质量都与全国重点高校有较大差距。李贞举认为，民族院校的人才培养计划和培养目标与社会需求严重脱节；民族院校毕业生综合素质和适应能力相对较弱；缺乏解决毕业生就业的相关优惠政策；高等教育的扩张导致社会经济的发展不能提供相匹配的就业岗位。[②]黄立峰认为少数民族地区少数民族大学生的就业受社会严峻的就业形势、招生规模的扩张、产业状况的影响；国家招生政策的限制间接影响了毕业生就业。[③]马钟范等指出少数民族大学生缺乏良好的基础教育，就业观念陈旧，自我评价存在偏差，家庭和个人在社会关系中掌握的关系程度弱化，求职技能缺乏，综合素质不强，就业期望值过高，跳出“农门”的思想严重，自信心不足，过分自卑、保守。[④]

第二节　产城教融合视角下少数民族大学生就业创业问题的原因分析

少数民族大学生就业创业出现的问题是由少数民族大学生就业创业工作的参与主体之间的复杂关系所决定的。从产城教融合的视角分析，我们发现在少数民族大学生就业创业过程中，政府、产业、学校和学生均存在一些问题。政府方面主要是重视学校的宏观规划，而缺少就业工作的统筹引领。产业方面主要是重视成熟人才的引用，缺少对毕业学生的录用与带领。学校方面主要是重视就业创业的表象，缺少对问题的深挖与溯源。学生方面主要是重视学校教育的引导，缺少对自身发展的规划与实践。

① 曹绍平．民族地区大三学生就业压力源因素分析及对策[J]．河池学院学报，2011(05)：116-120.

② 李贞举．浅析当前民族院校学生所面临的就业问题[J]．经营管理者，2010(12)：154.

③ 黄立峰．对新时期民族院校毕业生就业现状的思考[J]．西北第二民族学院学报(哲学社会科学版)，2003(03)：110-112.

④ 马钟范，郑喜淑．民族院校少数民族大学生就业状况调查研究[J]．民族教育研究，2008(04)：36-41.

一、政府重视学校的宏观规划，缺少对就业工作的统筹引领

国家与地方政府在高校宏观规划中发挥着主导作用，他们重视高校的规划在平衡地区发展中的作用，也期待高校在地方经济社会发展中发挥人力资源的“蓄水池”、科学技术的诞生地等作用。政府在大学生就业工作中的作用较为不足，主要体现在两个方面：其一，为少数民族大学生就业提供的公共服务不足；其二，对少数民族大学生就业市场缺乏宏观调控。

（一）为少数民族大学生就业提供的公共服务不足

政府为少数民族大学生就业创业设计的部门统筹服务不够。当前少数民族大学生就业已经完全处于市场环境而非计划环境中。在这一背景下，政府应该充当公共事务的服务者和公共资源的分配者。在当前少数民族大学生就业创业的过程中，政府还没有充分协调人社部门、教育部门、民族部门以及高等院校之间的关系，以使他们形成一个协同统一体，促进少数民族大学生就业创业水平的整体提升。这使得少数民族大学生就业创业的公共资源信息产生浪费或误导等现象。在少数民族大学生的就业选择中，政府还没有让市场发挥支配作用，少数民族大学生也没有形成市场引导的就业理念。

政府为少数民族大学生就业创业服务的方式方法存在缺陷。我国的经济社会发展早已呈现出明显的市场化大趋势，在这一背景下，少数民族大学生就业创业也应呈现出以市场为主导的模式。当前少数民族大学生就业创业中，市场主导作用发挥得还不充分。市场主导的就业创业模式是通过对就业市场的培育和发展，将市场作为人力资源配置的主要手段，在此基础上，劳动者与用人单位之间实现劳动就业的双向选择。[①]以市场为基础进行资源配置有利于优化人力资源配置，同时也可以促进劳动力自身素质的提升，促使劳动力自身的能动性在就业市场中发挥作用。政府在少数民族大学生就业创业中，应该扮演公共服务者的角色，但目前政府利用公共资源进行公共服务的方式、方法还不能满足少数民族大学生就业创业的需要。在少数民族大学生就业创业的过程中，一些领域的“官本位”现象依然严重，出现了职责模糊、就业政策不完善、职业培训不匹配及就业援助流于形式等问题。

政府在少数民族大学生就业创业的选择方面存在新的挑战。就业创业的市场化导向在给少数民族大学生带来挑战的同时，也带来了巨大的机遇。他们在就业创业的过程中，可以充分按照自身的需求在就业创业市场中寻求与专业匹配的行业领域和工作岗位。就业创业的市场化在一定程度上可以促进少数民族大学生就业创业观念的转变。

① 殷笑梅. 少数民族大学生就业问题探析[J]. 黑龙江民族丛刊（双月刊），2009(01)：184-187+192.

值得注意的是,少数民族大学生就业创业的市场化容易出现"经济人"导向,即按照自身的喜好、意愿、利益选择工作,而对自己的家乡、偏远地区、人才紧缺的地区的就业创业选择却变得淡漠,这给政府提出了新的挑战。

(二)对少数民族大学生就业市场缺乏宏观调控

具备良好管理职能的政府是形成良好就业市场环境的重要因素之一。少数民族大学生就业创业已从传统的计划分配转为以市场为主导的双向选择,用人单位的需求与少数民族大学生自身的能力素质是相互选择的主要依据。但是,在少数民族大学生就业创业的客观现实中,因政府调控能力不强而导致资源配置不协调、资源浪费的现象还广泛存在。政府的调控乏力主要表现为以下两个方面。

第一,政府缺乏对专业设置的宏观引导。目前,许多院校在专业设置方面普遍存在与产业市场脱节的现象,而政府对此关注不够、纠偏不力。高校的专业设置关系到大学生就业创业,理应是政府宏观调控的一部分。当前很多院校没有完全按照社会需求设置专业,选择市场中的热门专业、丢弃传统特色专业的现象普遍存在。众所周知,热门专业的称号来自报考学生的数量,而不是市场的切实需求。即使是市场所需的热门专业,如果大量院校纷纷对其进行设置,人才培养就会供大于求。政府在通过专业设置提升民族地区院校的竞争力方面缺乏引导。地区支柱产业、城市发展规划是院校进行专业设置的重要依据,但是政府在这方面存在统筹力度不够、政策措施不实的现象,产、城、教相互脱节,地方发展合力难以形成。

第二,政府缺乏区域间的调控协调能力。城乡发展不平衡、区域发展不平衡导致少数民族大学生在就业创业时表现出明显的差异性。二元劳动力市场理论认为,在劳动力市场中存在两级现象,其中以就业稳定、工作条件好、工资高、升迁机会多为特征的一级劳动力市场往往会被更多的少数民族大学毕业生选择,而那些工资低、工作环境苦、就业不稳定的就业市场往往被遗弃。经济发展的地域性差异,使得劳动力市场也出现明显的地域性差异。一般而言,经济发达的地区往往是以一级劳动力市场为主,而经济发展相对落后的地区则是以二级劳动力市场为主。许多少数民族大学生往往选择在经济发达的地区就业。这是政府在区域经济发展上因调控能力的匮乏而导致的人力资源浪费现象。①

---

① 殷笑梅.少数民族大学生就业问题探析[J].黑龙江民族丛刊(双月刊),2009(01):184-187+192.

二、产业重视人力资源的直接引用，缺少产教融合的探索与实践

一般而言，大学生就业创业的质量和数量与经济社会发展存在一定的正相关关系，但偶尔也会出现不一致的现象，毕业生大面积难以及时就业。究其原因，既可能是高等教育专业结构与经济结构之间的供需矛盾所致，也可能是就业市场供需体制机制不畅使然。①

（一）当前产业发展难以维系持续增长的大学毕业生就业，表现为少数民族大学生就业市场的供大于求

一般而言，产业经济发展速度与大学生就业率呈正相关关系。但当经济发展到某一阶段的瓶颈期时，由于技术、人力、资金、政策等逐渐成熟，并且形成发展惯性，对大学毕业生的容纳度就可能不增反降。在我国最近几十年的快速发展中，经济社会对少数民族大学生就业的容纳量有了明显的提高，但各个产业的吸纳能力出现了非常大的差异，有的产业可以容纳更多少数民族大学生就业，尤其是那些跟少数民族经济社会发展高度相关的产业；有的却趋于饱和，例如那些传统行业。可见，当前产业布局与少数民族大学生就业创业之间出现明显的偏离。当前，在三大产业对少数民族大学生就业创业的吸引力方面，第一产业的贡献能力依然相对较小；第二产业相对较高，依然是吸纳少数民族大学生就业创业的主体；第三产业对少数民族大学生就业创业的吸纳能力逐渐提升，但行业之间的比例失衡。参照欧美发达国家三大产业对大学生就业创业的容纳度，结合我国第三产业吸纳大学生就业人数的发展趋势，不难发现，第三产业将成为我国少数民族大学生就业创业的主体。近年来，我国少数民族大学生就业创业越发困难，除了高校规模性扩招外，我国民族地区第三产业发展相对滞后也是主要原因。相较于欧美发达国家，我国的经济发展规模可以容纳更多的少数民族大学生就业创业。但问题在于，我国经济发展依然是以资源密集型和劳动力密集型为主，尤其是民族地区，产业结构没有调整和升级，高校专业设置没有更新，造成产业结构升级与专业人才供给的契合度不高。在这种情况下，少数民族大学生就业创业过程中的阶段性问题必然出现，其外在表现便是少数民族大学生就业难和创业难。

（二）高校专业设置相对于产业结构调整较为滞后，表现为少数民族大学生的结构性失业

高校的专业设置是一个多维度、多层次的工作，除了专业数量和专业学生人数的增减外，还包括专业内部培养目标和培养方向的转变；既包括国家或区域内部高校的专业

① 马廷奇.产业结构转型、专业结构调整与大学生就业促进[J].中国高等教育，2013(15)：56-59.

布局的调整,也包括高校内部专业布局的优化。高校专业布局是经济发展对人才需求的反映,而经济结构的战略性调整必然要求高校对运作模式和人才培养模式及目标进行相应的调整。而在现实中,受传统的管理体制、管理结构和惯性思维的约束,高校的专业布局往往与产业结构之间存在着阶段性的滞后和错位。其一,在市场经济大背景下,高校专业设置和产业发展已经摆脱了计划经济的约束,两者之间的关系变得复杂且难以计划。高校专业设置和人才培养难以快速适应经济社会发展的需要,相对于产业布局的调整速度,高校专业的调整相对滞后。高校的人才培养工作是一个长期的过程,高校在进行专业调整时不但要考虑专业人才的现实需要,还应考虑专业人才的长远需求。当前,政府对高等教育的专业设置和调整仍然侧重于资质审核、总量控制、程序管理等方面,布局调整、质量监督、信息发布、规范发展等功能没有得到充分发挥。高等教育专业设置与调整仍然处于无序和自为的状态。[①]在这种现实状态下,结构性失业便成为少数民族大学生就业创业的常态。麦可思中国大学生就业报告表明,2009—2012年,大学生就业红牌专业(即失业量较大、就业率和就业满意度较低的专业)基本相同:本科就业红牌专业主要集中在动画、法学、生物技术、生物科学与工程、数学与应用数学、体育教育、生物工程、计算机科学与技术、英语、国际经济与贸易等专业;高职高专就业红牌专业主要集中在临床医学、法律文秘、计算机科学与技术、国际金融、工商管理、法律事务、汉语言文学教育、计算机应用技术、电子商务等专业。[②]这反映出相对于产业结构调整,高校专业结构的调整具有明显的滞后性。其二,某一经济结构不仅要求高校专业的数量结构与其适应,还要求高校专业人才培养的学历类别、层次和技能素质与其相适应,因为经济社会发展不仅需要学术型、研究型专业人才,还需要技术型、实操型人才,所以,高校专业人才培养目标和人才培养方式应该适应经济社会发展对各类人才的需求。但在现实的高校人才培养过程中,专业雷同、扎堆申报,重理论知识、轻实操技能的现象还普遍存在,这与民族地区产业经济发展对人才的需求不协调、不适应,势必造成少数民族大学生的结构性失业。

(三)高校人才供给与产业转型之间的衔接机制不健全,表现为少数民族大学毕业生的摩擦性失业

产业结构和高校专业设置之间的平衡取决于产业转型与高校专业人才培养的合理性、人才资源的自由流动、大学生及时充分就业三者之间的适应。当前,我国少数民族大学生就业市场的大环境是,新兴产业所需专业人才供不应求,出现了岗位空缺;衰退产业

① 马廷奇.产业结构转型、专业结构调整与大学生就业促进[J].中国高等教育,2013(15):56-59.

② 马廷奇.产业结构转型、专业结构调整与大学生就业促进[J].中国高等教育,2013(15):56-59.

专业人才供大于求,容纳力降低。在少数民族大学生就业的过程中,由于产业与专业之间的矛盾而引起的摩擦性失业较为普遍。如果少数民族大学生可以在各个产业、地区之间自由流动,并且就业市场的信息是准确和快速的,即使不能完全消除少数民族大学生就业难的现象,也可以减少少数民族大学生的摩擦性失业,这与劳动力市场的成熟度有密切的关系。我国少数民族大学生的摩擦性失业有三方面的原因。其一,少数民族大学生就业市场的信息不及时、不完善,主要表现为就业政策传递不畅、人才需求的区域性壁垒、人才需求的信息不对称等,这直接导致少数民族大学生寻找就业信息的成本居高不下,市场对少数民族大学生就业调节机制失灵。其二,由于高校人才培养模式较为单一,少数民族大学生的通识能力较差,在我国产业结构调整的大背景下,由于各个产业、各个区域、各个部门对人才需求的差异性,少数民族大学生无法在区域间、岗位间、产业间进行自由的流动。其三,当前就业市场中少数民族大学生就业服务机构数量众多,但服务质量和服务效率较为低下,他们的主要职责依然停留在就业咨询、信息服务、程序性管理等方面,在与用人单位和就业市场的沟通协调方面还存在明显缺失,这使得少数民族大学生难以充分就业。

三、学校重视就业创业的表象,缺少对问题的深挖与溯源

高校注重少数民族大学生就业率、就业质量和创业成功率,但他们更重视数据,因为这是上级主管部门要检查和核对的重要指标。因此,高校往往只重视少数民族大学生就业创业的表象,缺少对问题的深挖与溯源。事实上,无论是少数民族大学生就业创业问题的政策背景,还是高校自身的专业设置,或是高校内部的就业创业指导,都值得去深入研究,以全面寻找少数民族大学生就业创业问题的根源所在。

(一)高校大幅度扩招对少数民族大学生就业的影响

扩招使得大学生数量在短时期内骤然增加,这使高校难以快速适应。高校扩招后,急剧增长的大学生数量使很多高校的基础设施、教学设备以及师资队伍难以在短时期内适应这一巨变。在经费保障方面,国家和高校对高校运作经费的投入不能满足扩招后规模发展的需求。《国家中长期教育改革和发展规划纲要(2010—2020年)》规定,国家财政性教育经费支出占国民生产总值的比重应达到4%,而实际上我国教育投入长期不能达到这个标准。在师资队伍方面,教师的配备难以跟上扩招的步伐,出现师资数量不足、师资专业不符、教师超课时工作等现象。国际惯用的高校教学质量评估体系一般认为生师比为14:1对教学质量最为适宜。教学量过重会导致教师疲于应付,很少有时间和精力进行知识的更新和教学研究。在高校扩招形势下,大部分高校远远超过了这一比例。民族

地区很多高校为了缓解教师的教学压力,招聘大量本、专科生担任助教,这造成教师队伍学历层次偏低。为了缓解就业压力,不少民族地区的高校甚至自产自销,大量留用本校毕业生补充教师队伍,这严重影响了教师结构。另外,很多民族高校和在民族地区的高校缺少具有较强实践经验和实践指导能力的教师,难以对少数民族大学生的技能锻炼和社会实践进行有效的指导。

(二)高校专业设置对少数民族大学生就业的影响

当前,高校学科与专业设置不能有效适应我国经济发展的需要。我国自从恢复高考至今,学科和专业结构不合理的现象就一直不同程度地存在。高校扩招使大学生绝对人数增长,专业调整却显得较为滞后,大量的学生充斥在原有的专业结构框架内,就业问题难以避免。很多民族地区的高校由于经费不足,使得他们忽视市场需求,仅以学校自身条件为依据进行专业设置,一些技能型专业由于缺乏基本的实训条件而无法扩招,而一些不需要较多实训、实操的理论型专业却大幅扩招,这造成学科和专业的结构性失衡,导致少数民族大学生产生结构性失业。

在调研中,很多少数民族大学生对学校的专业设置、教学手段和教学内容提出了意见和建议,主要包括以下几个方面:第一,专业设置过于细化,缺少通识能力的培养。目前民族地区高校的专业设置存在明显的过于细化的问题,特别是一些实操性强的理工科专业,只为少数民族大学生提供狭窄的专业领域进行学习,让他们难以适应市场变化,进行跨地区、跨行业的就业和创业。第二,专业设置与市场需求不适应。民族地区高校的专业设置与市场需求脱节,往往从校本位出发,以自身资源为基础、以自身利益为目的进行专业设置,而无视专业设置与少数民族大学生就业之间的关系。这可能会让高校出现"繁荣"的局面,学生数量众多、学校专业众多,但是这一"繁荣"与少数民族大学生就业创业中的困难局面形成了极大的反差。第三,教学方式和教学手段落后,教学内容过于陈旧,缺乏适时更新。民族地区高校依然大量延续传统的"填鸭式"教学,教师无休止地讲解,学生无休止地被灌输。这种教学方式适用于某些专业,但是不能适用于所有专业。一些实操性强、更新速度快的专业需要教师加强实践教学、加强日常训练,否则,人才培养目标将难以实现。这些问题的存在,直接影响着少数民族大学生的就业竞争力以及就业态度、就业心理、就业技能、就业技巧,会降低少数民族大学生的就业率和创业的成功率。

(三)就业指导体系对少数民族大学生就业的影响

当前,为了帮助大学生就业,各高校纷纷成立就业指导中心,这对大学生就业创业有积极的促进作用,但运行过程中的一些问题也值得我们关注。第一,对指导主体和指导对象的认识不到位，就业指导的对象仅局限为毕业生，到毕业时才开就业指导课；指导主体仅局限于学校就业指导中心的专业指导教师，而没有广泛动员到全专业和全校教师。第二，指导机构不健全。多数高校没有成立专门的指导机构，而是由分管学生工作的领导和工作人员兼任，甚至有的高校的就业指导服务机构还与招生或学生工作合并办公。不少高校没有专门的就业活动场地和师资配备等。第三，指导内容不到位。不少高校将就业指导和就业服务混同，以为就业指导的内容主要是签合同时盖章，向学生发布就业信息，组织供需单位招聘会等。

大多数少数民族大学生认为就业前的培训指导课对他们的就业起着较大的作用。我们通过访谈了解到，一些少数民族毕业生认为就业前的培训指导课对大学生的就业起着巨大的作用，也有一部分少数民族学生认为目前民族地区高校的就业指导培训课对找工作作用一般。少数民族毕业生们认为，在学校的就业指导中，学校向社会宣传、发布毕业生信息不够。此外，少数民族学生们普遍认为学校与毕业生的沟通和个别咨询、指导不够。民族地区高校的就业指导中心就业指导形式单一，缺少专业的指导教师，就业指导仅停留在信息服务上，如举办各种招聘会等。此外，由于多方面的原因，如信息网络不畅通、本地经济落后、社会需求量低等，也对少数民族大学生的就业创业产生了一些影响。高校与毕业生的沟通和个别咨询、指导不足。民族地区各高校基本上成立了专门的就业指导机构，但和学生的实际需求差距仍然很大。现有就业指导机构都是从计划经济下的毕业分配管理办公室转化而来，行政指令模式大于服务模式，可供专门招聘、面试、笔试的场地缺乏，专门性就业指导资料缺乏，网络信息资源缺乏。就业指导工作人员大都忙于事务性工作，如招聘单位的联系、学生的签约管理等等，缺少专业的就业指导能力和职业生涯规划能力，难以为学生提供专业的咨询、指导和规划服务。

四、学生重视学校教育的引导，缺少对自身发展的规划与实践

在国家扩招政策的实施过程中，大学生数量的增加使得这个群体的培养质量受到一定程度的影响，素质出现了良莠不齐的现象。一方面，更多的少数民族学生拥有了上大学深造的机会，有了发展自我的平台；另一方面，少数民族大学生重视学校教育的引导，忽视自我发展的规划与实践，导致内力不足，就业困难。

（一）少数民族大学生对个人能力概念不清、规划不明

黄细良将大学生个人能力分为六种：适应社会能力、组织管理能力、文字表达能力、人际交往能力、开拓创新能力和决策能力。基于此，我们针对民族地区少数民族大学生

的具体情况，将少数民族大学生个人能力划分为学习能力和实践能力两种，其中学习能力包括对外语的掌握能力、对汉语的掌握能力、计算机操作能力等；实践能力则包括对知识的更新能力、创新能力、人际交往能力等。少数民族大学生进入大学之后，往往按学校的引导来进行自我能力的提升，缺少自我规划。例如，随着民族地区经济社会的不断发展，区域间的交流逐渐增多，汉语水平日益成为少数民族大学生能否顺利就业的重要影响因素。为了提高少数民族大学生的汉语水平，他们在入校第一年往往都要接受汉语预科的学习。各高校还对民族班学生实行汉语授课、汉语考试，但由于大部分少数民族大学生在其学习语言的关键时期和成长期更多接受的是本民族语言教育，以及受家庭语言氛围和习惯的影响，练习汉语的机会很少。尽管在大学三到五年的学习过程中，教师基本上运用汉语授课，但课后同学之间、师生之间的交流大都使用本民族语言，这就导致相当多的少数民族大学生在毕业时还不能自如地运用汉语交流，从而影响了他们与用人单位之间的沟通。此外，计算机、外语方面的能力也较汉族毕业生差。这些因素导致他们在就业竞争中明显处于劣势地位，影响他们的就业率。

（二）少数民族大学生的择业观念相对陈旧、缺乏转变

随着高等教育体制改革力度的逐步加大和人事制度改革的不断推进，我国在计划经济体制下所形成的“统包统分、包当干部”的高校毕业生就业体制逐渐被“双向选择、择优录取”的就业制度所取代。过去的少数民族大学生是天之骄子，所以有着较高的心理期望值，求高薪、求舒适的心态在少数民族大学生中比较普遍。目前少数民族大学生普遍感到找不到理想的单位，而许多基层一线的用人单位急需人才却招聘不到大学生。这在一定程度上归因于少数民族大学生择业观念的陈旧。

当前，我国少数民族大学生就业观念存在的问题主要表现在以下方面。第一，少数民族大学生自我就业意识不足，依然依靠国家政策、学校政策、民族优势等外力就业，而通过自我提升、自我规划充实就业能力的意识不足，“等、靠、要”的思想依然存在。第二，少数民族大学生就业的期望值过高，与现行的经济发展对人才的需求不协调。少数民族大学生在步入社会之际，应该了解自身的不足，与社会发展需求之间的差异，并且努力在最短时间内弥补自身的缺陷，提升自身的就业能力，尽快从“精英”观念转向“劳动者”观念，顺利实现从“天之骄子”到“有知识的普通劳动者”的转变。少数民族大学生陈旧的就业观念与家庭中就业观念的引导也存在密切关系。我国几千年来积淀的传统思想和文化很大程度上影响了当今大学生家庭的就业观念，部分少数民族大学生及其家长还固守过去的观念，把目光聚集到社会认可度最高的行政单位、企事业单位、部队等。他们认为机关、事业单位才是人们公认的“正经单位”，在这些单位上班工作相对稳定，生活有保

障。被调查的少数民族大学毕业生中有67%都存在这种思想。在市场经济条件下，职业和岗位的变动更加频繁，大学生端着“铁饭碗”的时代已成为历史，“一次就业定终身”的现象将不复存在，而少数民族大学生应有的“先就业、后择业、再创业”的意识需加强。

（三）少数民族大学生就业追求立竿见影，排斥障碍和困难

少数民族大学生处在人生的特殊阶段，社会阅历较浅，心理尚未成熟，择业时一旦遇到挫折就容易受到伤害。少数民族大学生择业时的不良心态表现在以下方面：第一，追求立竿见影，忽视循序渐进。少数民族大学生追求理想的职业，追求实现自身价值，是一种正常的要求。在市场经济时代，大学教育的成本对少数民族学生家庭而言是一笔不小的开支。在这一压力下，少数民族大学生期盼通过就业迅速缓解家庭经济压力，收回教育成本。在被调查的少数民族家庭中，51.92%的家庭年收入在2万元以下，而子女在校期间每年的平均花费是12000元左右，在生活费和学费上的投入占家庭收入的50%以上，有的家庭甚至负债供子女读书。在问卷调查中，有一半以上的学生在大学里感到最困难和棘手的问题是学费、生活费紧缺，因此完成学业并在短期内得到回报的迫切心情不难理解。当少数民族大学生的主观愿望超过了客观条件，由于缺乏应有的思想准备，一旦遇到困难和挫折就过低地评价自己，对前途丧失信心。理想与现实的强烈反差，导致大部分少数民族大学生对自己的学识、能力和前途失去信心。第二，从众和保守心理。有些少数民族大学生在择业时，没有树立正确的择业观，没有明确的求职标准，更没有总体职业规划。媒体的宣传导向导致少数民族大学生忽视自身的特性，而参照社会的取向，随波逐流。当前几乎所有的大学生都会参加各种事业单位的考试、公务员考试，因为这是当前较多贫困学生的选择。少数民族大学生明知自己根本就没有实力考过，却要跟着周围的人考，既浪费时间，又浪费金钱。第三，焦虑情绪和依赖心理。有些少数民族大学生虽然完成了自己的学业，具备了一定的专业技能，但由于他们成长过程一般比较顺利，分析问题和解决问题的能力没有得到锻炼。在择业时，面对选择不能很好地依据自身的特点和优势，做出合理的决策，而是依赖父母和其他人的意见进行取舍。择业的失败体验又加剧了急于求成的心理，再加上招聘的残酷竞争和时间的无情推进，更加剧了少数民族大学生心理的不安、烦躁、着急、焦虑，使他们对自己的能力产生怀疑。

第三节　产城教融合推动少数民族大学生就业创业的对策分析

一、以政府为主导，建立产城教融合发展的框架

少数民族大学生就业涉及国家宏观的人才战略，对国家与民族发展意义重大。因此，全社会应该共同关注少数民族大学生就业，共同搭建少数民族大学生就业的公共服务平台。政府应该承担起少数民族大学生就业创业的责任，从政策上、资金上积极扶持少数民族大学生就业，从产业发展、城市规划、高校专业布局等方面进行统筹规划，促进少数民族大学生就业创业工作的健康持续发展。

（一）引导全社会共同关注少数民族大学生就业

少数民族大学生就业工作应引起全社会的关注，政府应该发挥其在媒介宣传上的优势，服务于少数民族大学生就业，让更多的人知道少数民族大学生的诉求与想法。首先，政府应该让主管宣传的部门对少数民族大学生就业工作给予足够重视，要求各类宣传媒介对少数民族大学生就业加大宣传力度，这样才能在全社会引起共同关注，让少数民族大学生真正感觉到全社会对他们的关心，促使少数民族大学生发挥自己在就业过程中的积极性。此举也会促使其他就业市场主体给予足够的重视，增强责任感，并规范自己的行为。政府还要对媒介在少数民族大学生就业过程中所履行职责进行考核，只有将这种考核机制细化，形成长期有效的机制，才能对媒介进行监督。其次，政府要特别关注媒介的宣传是否流于形式。媒介宣传如果不深入少数民族大学生群体和社会实际需求之中，就很容易形式化，因此，媒介要深入到少数民族大学生群体与社会之中，了解社会需求，并第一时间将这些信息宣传到位，让用人单位与学生及时掌握。媒介可以邀请专家、企业家与少数民族大学生进行座谈，分析现代企业对少数民族大学生的需求总体情况，开阔少数民族大学生的就业视野，引导他们树立正确的就业观念，并科学合理地择业。

媒介可以发挥自身的优势，联合相关部门，比如人社部门、教育部门、著名企业等，举办就业专题讲座与就业主题竞赛。一方面，这些讲座与竞赛可以让更多的少数民族大学生获得就业与创业经验；另一方面，也让社会组织通过这样的活动认识到少数民族大学生就业的重要性，并以实际行动来支持少数民族大学生就业。除此之外，媒介还要关注特殊的少数民族大学生就业群体，比如家庭困难的学生、偏远地区的学生等，给予他们特别的关注，及时宣传他们的生活状况，并积极推荐这些学生。

(二)搭建就业市场公共服务平台

搭建就业市场公共服务平台是促进少数民族大学生就业的重要举措,政府与各级就业市场应该加强与高校、企业之间的联系,深入学生群体、企事业单位了解实际情况,提高相关人员的专业化水平,完善各类就业政策,从求职者的角度审视目前就业市场的不足,强化就业市场的建设,真正促进少数民族大学生就业。当前,少数民族大学生在就业市场上的需求不仅限于找工作,就业市场也不能只提供这种单一的服务形式。少数民族大学生在就业过程中,希望就业市场能够提供更多的服务,比如档案管理、落户移户等,还希望就业市场能够将所有的人事问题统一办理,通过互联网实现异地办理,方便快捷地解决就业的现实问题。就业市场应该依托自身优势,同用人单位建立密切的联系,通过网络将企业的需求信息及时公布出来;同时,就业市场也应该积极地同高校联系,了解高校毕业生的具体情况,在调查的基础上,积极向用人单位推荐匹配的人才。这样就避免了用人单位与高校之间信息不畅通的局面,既尊重了少数民族大学生的个性化特征,也为用人单位提供了大量的合适人选。要为那些经济困难和就业困难的少数民族大学生开设绿色通道。

各级主管部门要转变服务观念,从求职者的角度寻找自身在服务过程中的不足,并通过奖励的形式,树立先进个人与先进组织,以此来激发公共服务平台的热情;定期开展工作经验交流会,并以制度的形式固定下来,交流彼此的经验,一起讨论解决方案,将这些方案在全行业内进行交流。

提高从业者的任职素质与任职水平,对于服务窗口而言,不仅是就业市场形象的展示,也是对政府形象的展现。因此,从业人员的服务质量直接关系到公共服务的形象,必须提高从业者的门槛,加大专业素养培养力度。从业人员一定要具有相应的专业背景和工作经验,并在日常的培训中,专门邀请心理学、管理学、礼仪学等方面的专家以及企业家来进行培训,让从业者把握专业知识、提高专业素养。

除此之外,还要注意硬件的建设。要规划好相关的设施,要注重网络信息化系统的投入与升级,方便少数民族大学生通过网络渠道与用人单位建立联系。

(三)鼓励自主创业,实现自谋职业

少数民族大学生自主创业也是就业的重要方式之一。在一些经济发达的省份,政府对少数民族大学生自主创业给予了一定的支持与帮助,而且起到了实际效果,少数民族大学生也因此实现了自己的价值。随着经济的不断发展,政府应该对少数民族大学生自主创业在政策和资金上予以支持。教育主管部门应该重视对少数民族大学生自主创业能力的培养,鼓励高校设置创业教育课程,并对那些已经取得创业成绩的少数民族大学

生予以奖励。高校也可以邀请一些创业成功人士讲授他们的成功经验,让这些成功的创业者成为兼职老师,指导学生创业。政府可以联合高校一起创建少数民族大学生创业园,并通过这样的平台,吸引企业直接参与,使少数民族大学生能够在学习期间就通过这样的平台了解企业,掌握创业方面的专业知识,增强实践创新能力。政府还要简化少数民族大学生创业的相关手续,降低相关费用,进行资金扶持,协调银行与少数民族大学生之间的信贷关系,鼓励银行在贷款门槛上降低要求,下调利率,弥补少数民族大学生创业初期在资金上的短缺。推动具有一定规模的企业积极参与少数民族大学生创业,提供企业管理以及技术创新上的支持。鼓励大企业以参股的形式参与少数民族大学生创业,在资金上帮助少数民族大学生,而企业也可以在少数民族大学生创业过程中获益,最终实现双赢。

二、以产业为主导,发挥产教融合的带动作用

产业对高校的专业设置、人才培养等方面具有重要的引导作用和促进作用。对于大部分高校而言,优势产业中的龙头企业依然是他们进行专业设置、人才培养的重要参考。产业应该进行战略调整,合理规划经济发展与高等教育发展的关系,引导高校调整专业结构,促使其形成主动适应产业结构调整的机制;引导少数民族大学生就业市场的建设,促进少数民族大学生的自由流动。

(一)促进产业结构调整,合理规划经济发展与高等教育发展的关系

产业结构调整既包括国家层面的宏观产业结构调整,也包括不同区域的产业结构调整。各级政府要根据经济发展和宏观经济结构调整的趋势,因地制宜地规划产业结构转型战略和措施。这也是促进少数民族大学生充分就业的基本途径。当前,第二产业虽然规模较大,但就业需求量相对饱和,就业弹性系数不高。第三产业还远远没有达到应有的少数民族大学生就业容量。解决这一结构性矛盾的根本途径就是通过技术进步和调整产业结构,创造更多的就业机会。作为政府来说,今后调整产业结构的方向是适当压缩劳动密集型行业的发展,加快发展知识和技术行业,着力发展第三产业,尤其要重视信息、计算机服务、软件、文化创意、金融等行业的发展。从发展趋势而言,这些行业的发展能够对少数民族大学生就业产生强大的吸纳效应。值得注意的是,由于区域之间地理、资源禀赋、政策空间差异较大,产业结构调整不能一刀切,必须根据不同区域的实际情况,把产业结构调整与高等教育发展规划结合起来。还要关注少数民族大学生的流动对区域就业结构的影响,把产业结构调整与少数民族大学生流入政策结合起来。对于企业

来说，随着我国人口红利逐渐消失，简单依靠廉价劳动力获得经济效益的做法越来越没有优势。在这种背景下，企业必须顺应劳动力市场供求形势的变化，推进企业技术进步，提高劳动生产率，把经济发展转移到更多依赖大学生就业的轨道上来。

(二)引导高校调整专业结构，促使其形成主动适应产业结构调整的机制

在调整产业结构的过程中，少数民族大学生由于就业结构和就业素质与产业结构不协调，产生了结构性失业。因此，针对少数民族大学生的供给结构和就业素质存在的主要问题，我们要优化高等教育专业结构，主动适应产业结构调整对人才的要求。在政府层面，教育主管部门要着重从宏观调控、信息系统建设、总量控制、区域布局等方面加强对高等教育专业设置与调整的管理，下放高等教育专业设置权限，放松对专业目录的限制，给予高校更多的专业设置自主权。探索、建立高校分类体系，制定分类管理办法，克服同质化倾向，针对不同的学校和专业制定不同的准入标准与质量标准。地方政府要统筹高等教育发展，制定高等教育专业结构的规划，在充分调研和摸清情况的基础上，根据国家战略、区域经济发展需要、市场需求与发展潜力，合理布局学术型、应用型和技能型专业的设置比例，避免重复设置和资源浪费。国家和省级政府要根据少数民族大学生就业与失业情况、市场需求态势、经济发展趋势等建立专业预警机制，并从招生计划、专业存废、准入审批等方面进行调节和控制。在高校层面，不同高校要根据各自的办学定位、人才培养目标、服务对象等，实施差异化发展战略，确定相应的学科专业结构，把改造旧专业与建设新专业结合起来，一方面要通过拓宽专业口径、确立新的培养方向、充实现代教学内容等途径提升传统专业品质，整合相关专业；另一方面要根据新兴产业发展趋势，在市场需求调研和专业论证的基础上，设置和建设新兴产业相关专业。不同专业要根据学术教育、职业教育的不同定位，确立培养目标，创新人才培养模式，调整课程体系与教学内容，尤其要把培养少数民族大学生的就业能力和实践能力贯穿于人才培养的全过程。

(三)引导大学生就业市场建设，促进大学生人才资源的自由流动

合理的专业结构只是缓解大学生就业难的必要条件，要达到人才供给结构与产业结构需求的平衡，还取决于自由流动市场机制的形成。计划经济体制下形成的劳动力市场依然具有强大的惯性，如户籍制度、社会保障、工资待遇等，使少数民族大学生自由流动受到很大限制，致使相关区域和行业无法适应产业结构升级对少数民族大学生的需求。因此，少数民族大学生就业市场建设要打破地方保护主义，消除制度障碍，通过市场机制来实现大学生人才资源的合理配置和高就业效率，建立覆盖全国、区域之间共享的少数民族大学生就业信息平台，引导少数民族大学生有序、高效流动，建立城乡、区域、行业一

体化的社会保障体系，包括医疗保险、失业保险、养老保障、区域补助等，免除少数民族大学生自由流动的后顾之忧。在尊重人才市场规律和市场机制的基础上，充分运用政策杠杆，包括产业发展和产业转移政策、少数民族大学生就业促进政策等，来驱动少数民族大学生跨行业、跨区域就业，把稳定本区域少数民族大学生就业与引进区域外大学生就业结合起来。

三、以城镇为依托，增强城镇对人才的吸纳能力

民族地区大中城市数量较少，小规模城镇是民族地区城镇化的主要载体。传统观点认为，民族地区没有大中城市的支撑，难以吸引顶尖人才，并且小城镇之间彼此分离，难以形成吸引人才的规模优势。随着经济结构转型、社会认知变化，尤其是十九大提出的乡村振兴战略，以及近期出台的《乡村振兴战略规划（2018—2022年）》，城乡关系有了新的变化。在此基础上，小城镇的衔接带动作用逐渐凸显，成为连通大中城市与乡村地区的纽带。新的角色定位为小城镇吸纳人才提供了重要的平台和基础。所以，民族地区可以依托小城镇在新时代的新定位，发挥对少数民族大学生的吸引力，为少数民族大学生就业创业提供新的平台与机遇。

（一）发挥民族地区小城镇的城市功能，增强对少数民族大学生的吸引力

相对于乡村而言，城镇发挥着重要的生产功能、服务功能、管理功能、协调功能、创新功能。相对于大中城市，民族地区小城镇的上述功能还处于发展期。这些功能虽然不及大中城市成熟与壮大，但这恰恰说明民族地区小城镇具备较大的发展潜力。少数民族地区小城镇城市功能的发挥更需要具有开阔的眼界、知识储备丰富、能力较强的人才，少数民族大学生是这一群体的重要组成部分。

在生产功能方面，除了本研究提到的支柱产业之外，还有大量的非支柱产业服务于中小城镇市民的日常生活需求。这些非支柱产业是民族地区中小城镇不可缺少的重要组成部分，也是增加民族地区中小城镇吸引力的重要因素。非支柱产业的生产活动更需要当地的少数民族同胞来完成，有利于保持民族地区中小城镇的民族特色。它是城镇可持续发展的重要参考，服务功能的高低直接影响民族地区中小城镇的吸引力。整齐划一、高度标准化的城市服务固然重要，但凸显民族要素的城市服务也是民族地区中小城镇不可或缺的。少数民族大学生既具备较高的知识素养，也具有浓郁的民族文化内涵，是提供民族特色服务、打造集标准化与民族化于一体的城镇服务的重要群体。管理功能主要是指政府的公共行政管理和应该提供的公共服务。政府公共管理的现代化，既需要

标准化的行政管理体制,也需要有特色的公共服务能力。促进政府公共管理现代化的核心因素是政府机构的人员组成,少数民族大学生兼具知识素养和民族文化情结,理应成为民族地区中小城镇政府管理机构的核心。城市的协调功能既包含纵向的上至国家、下至辖区的协调,也包含横向的城市之间的协调,还包含国际城市之间的协调。城市的协调功能促成城市发展的整体性,避免城市发展的孤立与封闭。民族地区小城镇也是如此,做好协调发展工作,发挥城市协调功能,是其可持续发展的必要环节。少数民族大学生具备提升城市协调功能的知识水平与能力水平,理应成为提升少数民族地区中小城镇协调功能的中坚力量。党的十九大提出,创新是引领发展的第一动力。在新形势下,少数民族地区中小城镇的创新功能应得到充分发挥,以创新驱动发展,促进少数民族地区中小城镇高质量发展。城市创新功能的发挥要依靠科技、知识、人力、文化、体制等创新要素,而民族地区具备这些创新要素与能力的正是少数民族大学生群体,所以,对少数民族大学生群体中创新人才的引用,是提升少数民族地区中小城镇创新功能的重要路径。

(二)发挥民族地区小城镇的承接功能,提高对少数民族大学生的承载量

城市的承接功能与其行政体系、地理位置等方面的定位有密切的关系。在行政体系中,城市上接国家、省级行政机构,下辖区县、乡镇行政机构;在地理位置上,大多城市地处所在区域的几何中心位置,具备发挥承接功能的客观条件。少数民族地区中小城镇在衔接上下级行政机构、联系区域内地理布局方面发挥着重要的作用,尤其是在我国幅员辽阔的少数民族地区,中小城镇的承接功能尤其重要。

城市的承接功能主要体现在承担其他城市的部分功能与带动下级行政区域发展两个方面。发挥少数民族地区中小城镇的承接功能可以有效扩充工作岗位,提升对少数民族大学生的承载量。在承担其他城市的部分功能方面,少数民族地区中小城镇可以扩展出大量的行业业态,而这些新增的行业业态需要相当数量新兴骨干的支撑,这需要少数民族地区中小城镇加大对少数民族大学生的引进力度,增加核心行业、支柱产业、关键岗位的人才储备。在带动下级行政区域发展方面,少数民族地区中小城镇更是大有可为。党的十九大以来,乡村振兴战略被提升为国家战略。习近平总书记指出,乡村振兴是一盘大棋。要下好这盘大棋,少数民族地区中小城镇的定位至关重要。刘守英等认为,我国已经由乡土社会转变为城乡社会,这意味着城乡互动协同发展是未来我国整体系统发展的必然路径。①少数民族地区中小城镇在乡村振兴中发挥着产业引领、社会引领、人才引领等核心作用,应该通过关注乡村、发展乡村的方式促进自身价值的提升,促进自我功

① 刘守英,王一鸽.从乡土中国到城乡中国——中国转型的乡村变迁视角[J].管理世界,2018(10):128-146+232.

能的扩充。少数民族地区中小城镇对乡村发展的带动功能需要一批接地气、本土化的人才队伍,而少数民族大学生则是这一群体的不二之选。发挥好少数民族地区中小城镇的上下承接功能,可以有效提高对人才的需求量,提高对少数民族大学生的承载量,就不会出现少数民族大学生走出去回不来的尴尬局面。

四、以学校为主体,夯实学校教育的基础作用

高校是人才培养的主战场,理应承担少数民族大学生就业创业工作的核心职责。高校应该创新人才培养模式,平衡理论教学与实践教学,树立少数民族大学生的实践能力培养观念,充分利用周边企业资源,促进少数民族大学生校内学习与校外见习相结合,加强双师型教师队伍建设,促进学校实践化教学水平的提升。高校应该优化学科专业设置,应以产业发展、地区发展和学生需求为导向设置专业。高校应积极培养少数民族大学生就业创业能力,注重少数民族大学生就业与政策需求的结合,与兴趣特长的结合,与客观现实的结合,以及与区域、与民族文化的结合。高校还应该以国家民族整体观支持少数民族大学生的创业精神,以民族文化指导他们的创业方向。

(一)创新人才培养模式

高校要根据市场需求权衡理论教学与实践教学。当前,随着经济社会的快速发展,无论传统产业还是新兴产业,都对大学生的基本素质和实操能力提出了新的要求,更加注重学生的人力资源价值。高校要提高少数民族大学生的就业创业成功率,就要进行教学模式的改革。第一,树立少数民族大学生的实践能力培养观念,根据学校定位、专业定位和少数民族大学生就业创业方向的定位,权衡学校教学的方向和模式,转变以往大学教学重理论、轻实践的教育模式,根据市场需求和少数民族大学生自身的职业规划,增加实践教学,提升他们的实践能力和人力资源价值。第二,充分利用周边企业资源,促进少数民族大学生校内学习与校外见习的结合。建立密切的校企合作,不但可以为少数民族大学生提供实操性强、前沿性高的实训场所,提升少数民族大学生就业创业的意识、能力和技巧,还可以在一定程度上节约学校的实训教学成本,提高学校的资源利用效率。第三,加强双师型教师队伍建设,促进学校实践化教学水平的提升。教师队伍是少数民族大学生人才培养的核心和关键,充分发挥教师的作用提升少数民族大学生的综合能力,需要学校根据自身需求,对教师队伍进行能力提升与技能训练。要根据人才培养的需要,对教师岗位进行细分,涉及实训课程的教师应进行双师型教师培养,通过行业锻炼、企业挂职提升他们的实操能力,保障教学的实操性和高效率。

实行产城教有机结合的人才培养模式,实施“订单式”的人才培养路径。研究与实施

产城教融合的人才培育模式，是促进学生将理论知识转化为实践能力、提高学生综合素质与创新素质的有效途径，这也是发达国家高等教育成功的宝贵经验。实行产城教融合，不仅能为少数民族大学生提供稳定的校外实训、实践基地，还可以为专业人才培养方案的制定、校内实训基地的建设、专业课的实践教学、人才综合素质的培养等提供强大的支持。同时，通过"订单式"培养，可实现人才数量、质量上的按需培养，学校与企业之间的双向培养，就业上的定向培养，规格标准上的量身定做培养。它打破了学校的常规培养模式，增强了学校教育教学的针对性，使人才培养从学校和课堂走向社会，促进了人才培养与就业的零距离对接。

（二）优化学科专业设置

高校专业设置应在当今经济发展的背景下，注重前瞻性、合理科学，否则会出现就业市场的供需矛盾。"办大学就是办专业"，这句话已经深入到每位高校从业人员心中，高校的专业设置已经成为高校日常工作的核心内容之一。如何通过专业设置促进少数民族大学生就业创业能力的提升，是民族院校和在民族地区的高校教育从业人员应该关注的问题。第一，以产业发展为导向进行专业设置。专业对应产业，产业与专业之间相互引导、协同共进是促进产业与专业协调发展的必备条件。高校的专业设置要以产业为指引，促进专业布局的合理化与效率化。例如，重庆市彭水县是一个典型的以旅游为支柱产业的民族自治县。周边的高校有位于黔江区的重庆旅游职业学院，有位于涪陵区的长江师范学院。这两所院校在进行专业设置时，要充分考虑彭水县及渝东南地区旅游产业的发展定位，使其成为引导学校进行专业设置的重要因素之一。重庆旅游职业学院形成的以旅游为主导的专业体系与彭水的旅游产业布局形成了良好的互动，例如"九黎订单班"的实施等。长江师范学院管理学院的旅游管理专业也与彭水旅游产业发展进行了充分对接，学院的师资为产业的未来发展提供了大量的规划与建议。第二，以地区发展为导向进行专业设置。我国重视高校布局的地域性，不断平衡地区之间的高校数量与质量，不断缩小地区之间高校的差距。例如，在某地区成立新学校，把某学校升级为本科院校，把某本科院校作为重点建设院校等等。政府在高校规划布局上的区域性考虑，目的是发挥高校对地区发展的促进作用。鉴于此，高校除了以产业为引导外，还要以区域发展为引导，并以此为途径促进少数民族大学生就业创业。例如，有些地方需要大学生村官，有些地方需要城建人员，有些地方需要城市服务人员等，这为少数民族大学生就业创业提供了新的契机。所以，高校要以此为指导进行专业调整和专业设置。第三，以学生需求为导向进行专业设置。学生的需求有些来自自身的感性需求，有些来自理性需求，例如，有些少数民族大学生就业需求比较感性，喜欢"高、大、上"的就业岗位与工作环境，有的少数民族大学生的就业需求比较理性，例如，继承自家产业、贡献家乡发展、满足自身特长、传承民族文化等。高校的专业设置要充分考虑少数民族大学生的理性需求，通过专业调整与专业设置，满足少数民族大学生就业创业的同时，形成学生与学校之间、地区与学校之间、目标与产业之间的协同与共荣。

（三）培养大学生良好的就业观和创业精神

就业观念的培养可以有效促进少数民族大学生就业率的提升，创业精神的打造可以有效促进少数民族大学生人力资本价值的挖掘与显现。所以，高校要通过培养少数民族大学生的就业观念和创业精神，促进少数民族大学生就业创业水平的整体提升。

少数民族大学生就业观念的培养需要注意以下几点。其一，注重少数民族大学生就业与政策需求的结合。当前，国家与地方政策对少数民族大学生就业有一定的倾斜，这对于少数民族大学生就业而言，是一个非常大的优势。高校作为政策与少数民族大学生之间的重要传播媒介，要对此进行重点关注、详细解读。高校把相关政策及时准确地传达给少数民族大学生，让他们充分了解政策、积极响应政策，促进自身职业发展与政策需求之间的融合与互动。其二，注重少数民族大学生就业与兴趣特长的结合。少数民族大学生就业不能仅仅停留在毕业有工作，还要注重工作的持续性，而少数民族大学生就业的持续性与他们自身的兴趣有很密切的关系。但是当自身兴趣与社会现实发生矛盾时，他们迫于生计，往往选择后者。作为教书育人的主体，高校要积极引导少数民族大学生勇敢坚持自身兴趣特长，积极从事与此相关的岗位与工作，促进自身就业的持续性，提升自身的就业价值。其三，注重少数民族大学生就业与客观现实的结合，特别是与自身民族文化的结合。少数民族大学生的就业预期与就业现实往往呈现出巨大的落差，这需要高校对这一心理落差进行详细的分析和评价。对少数民族大学生群体非理性的预期要及时进行教育与纠偏，使其勇敢面对客观现实，尽快融入社会发展，尽快提升自身价值。

要注重少数民族大学生创业精神和创业方向的培养。我国少数民族地区和少数民族群体有大量的民族文化值得发扬光大、长久传承。而当前，这一工作的主力军依然是当地土生土长的居民，甚至是那些没有较多社会交往、地区交流、文化基础的民族文化传承人。这些民族文化传承人在促进民族文化传承与传播过程中发挥着巨大的作用，但是他们的传播力量依然有限，传承效果依然不佳，这需要新生力量的介入与充实。少数民族大学生是我国民族群体的重要力量，是民族与世界交流的重要窗口，他们对于民族文化的传播与传承是强有力的支撑。有的民族文化需要传承，有的民族文化需要挖掘，有的民族文化需要保护，这些都可以通过少数民族大学生的创业得以实现。高校要积极培养少数民族大学生的创业精神和创业方向，以民族精神支撑他们的创业精神，以民族文化指导他们的创业方向。

五、以学生为主位，激发学生自身的能动作用

当前少数民族大学生就业存在困难的根本原因依然在于他们本身。少数民族大学生要把握就业的主动权，就必须注重自身能力的培养与素质的全面提高，切实按照国家的教育方针和社会需要塑造自己。同时，就业形势的变化要求少数民族大学生必须更新就业观念，使自己的思想从陈旧的条条框框的束缚中解放出来，积极主动地适应新形势和新变化，根据自身需求与现实要求，全面提高自身整体素质。少数民族大学生要想在择业、就业中处于有利地位，就必须努力培养和提高自身的各方面素质。这不仅包括少数民族大学生的专业能力与专业素质，还包括他们的心理素质、人格品质、创新素质等。

培养和提高自身的人格品质，塑造和提升良好心理素质。当前，越来越多的用人单位看中大学生的人格品质，他们认为这是决定该毕业生是否能成为单位人力资源、是否具备人力价值的重要因素。现实中，用人单位的经历也不断验证着：一个具有良好人格品质的从业人员，可以更好地促进单位的长远发展。所以，少数民族大学生应严格要求自己，培养自身良好的人格品质和修养。应该积极培养和提升自身敬业爱岗、乐于助人、勤劳善良等人格品质，不断向那些积极向上的员工看齐，使自己具备快速融入单位群体、快速成为单位骨干的能力与素质。少数民族大学生应端正择业心态，培养主动经营自己人生的信心，培养自己应对挫折的能力，培养自己敬业的心理素质。据调查显示，目前，少数民族大学生因职业选择而引发的心理障碍，已位居心理问题的第四位。所以，少数民族大学生应积极关注健康向上的成功案例，要勇于面对挫折和压力，要勇敢面对现实的阻碍与挑战。少数民族大学生就业的期望值要根据自身实力、社会需要、客观现实等进行预估，不要期望过高，也不要过于悲观。要在学校就业指导老师和国家地区政策的引导下，客观真实地判断自己的就业方向与就业水平。

学习专业知识，提升专业水平，培养创新和创业能力。专业知识指少数民族大学生各自所学的专业知识，是关系到少数民族大学生是否有一技之长的重要基础，是少数民族大学生知识结构中的主要内容，也是少数民族大学生思维意识的外在显示。扎实的专业知识是用人单位非常看重的要素，是一名少数民族大学生能否成为一名专业工作人员的重要考量。少数民族大学生在校期间的主要任务是学习专业知识，锻炼专业技能，培养自身就业的“压仓石”。当前，高校人才培养中，要注意提高少数民族大学生对专业知识的认可度和学习力，优化教师对专业知识的传授方式和方法。所谓创新创业能力，可以称为创造力。创造力是当代高校对少数民族大学生重点培养的一种能力。少数民族大学生要善于发现可以使自己进行创新创业的重要因素和条件。这些因素和条件来源于特色优势、政策支持、兴趣特长、民族文化等方面。少数民族大学生除了要接触本民族

之外的新鲜事物外，还要继续保持民族心态，要意识到具有民族特色是创新创业的资源，勇于将民族文化、专业知识、社会环境进行对接，形成创新创业成果。少数民族大学生要积极关注国家和地区政策，善于响应与把握各种政策，积极应用到自身的创新创业中来，使自身的创新创业事半功倍。少数民族大学生要坚守自身兴趣与特长，在校期间就要努力展示这些兴趣与特长，形成自身的独特优势，这不但可以为少数民族大学生的创业提供重要方向，还能培养少数民族大学生良好的、自信的创业心态。

主要参考文献

A. 专著类

[1] 常璩. 华阳国志[M]. 重庆:重庆出版社,2008.

[2] 顾明远. 教育大辞典(增订合编版上)[M]. 上海:上海教育出版社,1997.

[3] 贺星岳等. 现代高职的产教融合范式[M]. 杭州:浙江大学出版社,2015.

[4] 贺耀敏,丁建石. 职业教育十大热点问题[M]. 北京:中国人民大学出版社,2015.

[5] 黄尧. 职业教育集团化办学的理论研究与实践探索[M]. 北京:高等教育出版社,2009.

[6] 李根源. 永昌府文征[M]. 昆明:腾冲美利公印,1941.

[7] 刘霞,匡志强. 摇篮:催生英才的20所顶级大学[M]. 上海:上海文化出版社,2007.

[8] 卢现祥. 新制度经济学(第二版)[M]. 武汉:武汉大学出版社,2011.

[9] (德)马克思,恩格斯. 马克思恩格斯全集(第1卷)[M]. 北京:人民出版社,1995.

[10] (德)马克思,恩格斯. 马克思恩格斯全集(第16卷)[M]. 北京:人民出版社,1964.

[11] (德)马克思,恩格斯. 马克思恩格斯全集(第23卷)[M]. 北京:人民出版社,1972.

[12] (德)马克思. 资本论(第1卷)[M]. 北京:人民出版社,2009.

[13] 毛泽东. 毛泽东选集(第1卷)[M]. 北京:人民出版社,1967.

[14] 谭志松. 多民族国家大学的使命——中国大学的功能及其实现研究[M]. 北京:民族出版社,2008.

[15] 王军. 文化传承与教育选择——中国少数民族高等教育的人类学透视[M]. 北京:民族出版社,2002.

[16] 王善迈. 公共财政框架下公共教育财政制度研究[M]. 北京:经济科学出版社,2012.

[17]（明）徐弘祖，朱惠荣校注．徐霞客游记校注[M]．昆明：云南人民出版社，1985.

B.论文类

[1] 白亮，万明钢．西部地区少数民族大学生就业问题研究——基于教育供给侧的分析[J]．高等教育研究，2016(07).

[2] 陈年友，周常青，吴祝平．产教融合的内涵与实现途径[J]．中国高校科技，2014(08).

[3] 冯振业，杨鹤．对大学的第四职能：国际文化交流与合作的一些理解[J]．国家教育行政学院学报，2003(06).

[4] 冯瑛，王一帆．就业结构性型矛盾下的民族高校学生内职业生涯发展对策[J]．教育与职业，2013(12).

[5] 高卫东．职业教育集团的内涵、类型与功能[J]．职业技术教育（教科版），2004(34).

[6] 高岳涵．国内少数民族大学生就业问题研究综述[J]．贵州民族研究，2015(09).

[7] 高岳涵．西北少数民族大学生就业影响因素的性别差异化研究[J]．西北师大学报（社会科学版），2016(03).

[8] 耿俊茂，张瑞．西南民族地区大学生失业群体就业保障机制探究[J]．山东社会科学，2015(S2).

[9] 李晓旭．教育生态学视角下民族院校学生就业实效性研究[J]．中国成人教育，2016(21).

[10] 李玉雄．民族地区大学生就业选择的社会行动视角[J]．广西民族大学学报（哲学社会科学版），2010(05).

[11] 李玉珠．产教融合制度及影响因素分析[J]．职教论坛，2017(13).

[12] 刘俊心．结合高职教育特色构建产教结合的办学模式[J]．教育与职业，2005(36).

[13] 刘立新．德国职业教育产教融合的经验及对我国的启示[J]．中国职业技术教育，2015(30).

[14] 刘雪梅．少数民族与汉族大学生就业价值取向比较研究[J]．贵州民族研究，2014(07).

[15] 罗汝珍．市场经济背景下高等职业教育产教融合机制研究[J]．教育与职业，2014(21).

[16] 马廷奇．产业结构转型、专业结构调整与大学生就业促进[J]．中国高等教育，2013(15).

[17] 马钟范,郑喜淑.民族院校少数民族大学生就业状况调查研究[J].民族教育研究,2008(04).

[18] 普丽春.浅析高校少数民族特困生的择业心理[J].云南民族学院学报(哲学社会科学版),2001(02).

[19] 綦群高,贾友军.论促进新疆少数民族大学生就业的政府责任[J].教育与职业,2007(05).

[20] 钱素平.协同发展 构建应用型人才成长立交桥[J].中国职业技术教育,2014(06).

[21] 郄海霞,陈超.城市与大学互动关系探讨——以纽约市与其高等教育系统的互动为例[J].清华大学教育评论,2013(01).

[22] 任国防.CBE教育模式对普通学科教育的启示[J].河南师范大学学报(哲学社会科学版),2012(09).

[23] 芮国星,袁祖社.加强少数民族大学生创业教育问题与对策研究[J].西安电子科技大学学报(社会科学版),2012(03).

[24] 孙嫱,王向然,朱娜等.新疆少数民族大学生就业问题的调查与分析[J].西北民族研究,2012(04).

[25] 温爱花,姚辉.西南民族地区高校专业结构与行业就业结构的适应性评价——基于云南省的实证分析[J].民族教育研究,2014(01).

[26] 汪子云.西北地区少数民族大学生就业状况与对策探析[J].中央民族大学学报(哲学社会科学版),2012(04).

[27] 王丹中,赵佩华.产教融合视阈下高职院校协同育人机制探索[J].中国高等教育,2014(21).

[28] 王扎西,钟福祖,董化琪等.少数民族大学生就业问题研究——以西北民族大学为例[J].西北民族大学学报:哲学社会科学版,2007(05).

[29] 王璐.基于心理应激理论的少数民族大学生就业研究[J].青海民族研究,2012(02).

[30] 夏伟.职业教育的国家战略:对澳大利亚TAFE的思考[J].中国高教研究,2012(01).

[31] 夏雪花,陈多宁.贫困大学生就业难问题的思考与对策探讨——以宁夏大学少数民族贫困大学生为例[J].宁夏大学学报(人文社会科学版),2009(05).

[32] 向前.对民族地区院校大学生就业偏见的实证研究——以四川民族学院为例[J].长春大学学报,2016(08).

[33] 徐顽强,孙丹.大学生就业地域歧视现象的理性反思[J].黑龙江高教研究,2014(08).

[34] 阎光才.大学与城市、社区间关系的历史与现实[J].比较教育研究,2006(06).

[35] 杨如安,张诗亚.少数民族地区高职院校产城教融合的理论基础与实践探索[J].民族教育研究,2016(03).

[36] 杨善江."产教融合"的院校、企业、政府角色新探——基于"三重螺旋"理论框架[J].高等农业教育,2014(12).

[37] 杨蔚宁,张海姣.农村城镇化中的产城互动关系研究[J].安徽农业科学,2014(29).

[38] 阳镇,李烜.民族地区农村大学生就业选择的实证研究——基于人力资本与家庭资本的视角[J].农业部管理干部学院学报,2015(01).

[39] 殷笑梅.少数民族大学生就业问题探析[J].黑龙江民族丛刊,2009(01).

[40] 占堆,李良玉,贾学渊.西藏藏药产业发展现状分析与对策建议[J].西藏大学学报(汉文版),2006(04).

[41] 张诗亚.发展民族特色职业教育促进民族共生教育体系建立[J].民族教育研究,2013(24).

[42] 赵沁平.发挥大学第四功能作用 引领社会创新文化发展[J].中国高等教育,2006(Z3).

[43] 赵晓芳.少数民族大学生就业问题的特殊性及对策建议[J].西北民族研究,2009(3).

[44] Etzkowitz H, Carvalho de Mello J M, Almeida M. Towards "meta-innovation" in Brazil: the evolution of the incubator and the emergence of a triple helix[J]. Research Policy, 2005.

[45] Etzkowitz H, Klofsten M. The innovating region: toward a theory of knowledge-based regional development[J]. R&D Management, 2005.

[46] Herliana S. Regional Innovation Cluster for Small and Medium Enterprises (SME): A Triple Helix Concept[J]. Procedia - Social and Behavioral Sciences, 2015.

[47] Jon Whittle , John Hutchinson. "Mismatches between Industry Practice and Teaching of Model-Driven Software Development", Models in Software Engineering, 2012.

[48] Kari Laine. "Open Innovation Between Higher Education and Industry", Journal of the Knowledge Economy, 2015.

[49] Leydesdorff L, Deakin M. The Triple-Helix model of smart cities: a neo-evolutionary perspective [J]. Journal of Urban Technology, 2011, 18(2).

[50] Leydesdorff L, Dolfsma W, van der Panne G. Measuring the knowledge base of an economy in terms of triple-helix relations among 'technology, organization, and territory' [J]. Research Policy, 2006, 35(2).

C.硕博士论文类

[1] 曹玉杰.探寻大学、城市之源与缘——西欧中世纪大学与城市关系探究[D].上海:华东师范大学,2009.

[2] 陈千柳.少数民族地区双语教育与就业的关联性研究——以阿坝藏族羌族自治州为例[D].成都:西南交通大学,2016.

[3] 陈婷婷.四川省少数民族毕业生就业创业现状及对策研究[D].呼和浩特:内蒙古师范大学,2016.

[4] 范春芳.少数民族药产业科学发展的路径研究[D].北京:中央民族大学,2010.

[5] 高艳.职教教师教育一体化体系构建研究[D].秦皇岛:河北科技师范学院,2014.

[6] 高岳涵.西北地区少数民族大学生就业预期研究——基于八所本科院校的实证调查[D].兰州:兰州大学,2016.

[7] 郭小兰.教育实习对师范生教师职业认知发展的影响研究[D].临汾:山西师范大学,2015.

[8] 刘欢.高职院校注册入学招生保障机制研究[D].重庆:西南大学,2015.

[9] 吕东梅.就业压力下广西体育专业大学生心理健康状况的研究[D].桂林:广西师范大学,2009.

[10] 祁帆.民族高校大学生社会实践机制研究——以中南民族大学为例[D].武汉:中南民族大学,2010.

[11] 孙芳.浙江省高职院校"双师型"教师培养机制研究[D].重庆:西南大学,2014.

[12] 吴胜男.少数民族大学生和汉族大学生就业期望对比分析[D].乌鲁木齐:新疆财经大学硕士论文,2015.

[13] 许涛.职业教育集团化办学的理论分析与个案研究[D].上海:华东师范大学,2011.

[14] 徐玮嘉.新疆少数民族大学生就业遭遇与困境的研究[D].石河子:石河子大学,2016.

[15] 夏劲钢.贵州省少数民族大学生的就业困境和对策研究[D].贵阳:贵州大学,2010.

[16] 杨建超.新疆南疆维吾尔族大学生就业现状与维汉民族关系的相互影响——以喀什师范学院为个案[D].兰州:兰州大学,2012.

[17] 杨杰.上海流动人口特征及其空间差异性分析[D].上海:华东师范大学,2013.

[18] 杨兆梅.大学生就业与高等教育质量观研究——以某985高校电子信息类专业本科生就业为例[D].济南:山东大学,2010.

[19] 张薇.教育视野下新疆少数民族社会分层流动研究——以维吾尔族家庭为例[D].石河子:石河子大学,2013.

[20] 朱琳.川西南彝族地区高等院校少数民族学生就业倾向调查——西昌学院个案研究[D].重庆:西南大学,2008.

后　记

在教育部民族教育发展中心的支持下，以“产城教融合”推动少数民族大学生就业创业的实证研究课题组经过4年多的努力，足迹遍布新疆、云南、贵州、青海、广西、重庆六省市区的10个田野考察点，对10所高职院校以及周边的产业、城镇进行了考察，对毕业生的就业创业进行了访谈，收集了大量的就业创业的典型案例。

在此基础上，我们运用产教融合、产城融合、城教融合和三螺旋理论，对产业、城镇化、职业教育进行了系统分析，认为民族地区的职业教育必须为区域产业和城镇化建设服务，两者只有有机融合，才能实现双赢。对于民族地区的职业教育来说，产城教融合发展是人才培养的重要方式，是少数民族大学生知识、技能和综合素养养成的“内生”过程，而少数民族大学生就业则是其知识、技能、综合素养“外化”的展示。只有深厚的“生”，才有良好的“化”。因此本书将书名确定为“少数民族大学生就业创业的内生与外化”。

在项目研究的过程中，得到了西南大学西南民族教育与心理研究中心张诗亚教授、张学敏教授、么加利教授、倪胜利教授、孙振东教授、吴晓蓉教授的关心、帮助与指导。在研究过程中，得到了国家民委文宣司钟廷雄先生，重庆市民族宗教委唐步新先生、向远道先生、任华女士、何松涛先生、吴涛先生的帮助与指导。在调研过程中，得到了和田师范专科学校、新疆维吾尔医学专科学校、保山学院珠宝学院、滇西科技师范学院、重庆旅游职业学院、重庆经贸职业学院、铜仁职业技术学院、凯里职业技术学院、桂林旅游学院、青海畜牧兽医职业技术学院、重庆彭水县蚩尤九黎城等单位的大力支持，在此致以深深的谢意！

在出版过程中,得到了西南师范大学出版社的大力支持,特别是职教分社杨景罡、钟小族先生的帮助与支持。硕士研究生潘中多、黄娇在书稿的校对过程中做了大量的工作,在此一并致以感谢!

本书作者:绪论:刘耀;第一章:肖泽平;第二章:杨如安;第三章:赖昀;第四章:周丹丹;第五章:潘中多;第六章:王宇;第七章:史玉丁。全书由重庆师范大学杨如安统稿。

课题组

2020年5月